韓国「建国」の起源を探る

三・一独立運動とナショナリズムの変遷

小野容照

慶應義塾大学出版会

韓国「建国」の起源を探る——三・一独立運動とナショナリズムの変遷

はじめに

ＢＴＳ（防弾少年団）と原爆／光復節Ｔシャツ

二〇一八年に日本から大韓民国（以下、韓国）に渡航した人は二九〇万人以上にもおよんだ。二〇二〇年に入り新型コロナウイルスの感染拡大によって日韓の往来が難しくなっても、いくつかの韓国ドラマが日本でヒットを飛ばした。もはや第何次の韓流ブームが到来しているのかわからなくなるほど、韓国の文化は日本で身近な存在になっている。

その一方で、日韓関係は悪化し続けている。以前から日韓は竹島／独島問題、従軍慰安婦問題などで対立を繰り返していたが、とくに二〇一八年一〇月に韓国の最高裁判所にあたる大法院が日本の企業に対して韓国の元徴用工への損害賠償命令を下して以降、日韓関係は「戦後最悪」とまでいわれるようになった。

日韓関係が悪化した主な背景には、一九一〇年から四五年にかけての日本の朝鮮に対する植民地支配をめぐる両国の歴史認識の隔たりと、それに起因するナショナリズムの対立がある。仮に日韓の政治的対立にこれといった関心をもたず、純粋に韓国の文化やエンタメを楽しむという立場をとっていたとしても、韓国の歴史認識やナショナリズムを意識せざるをえない場面は増えてきているのではないだろうか。

その顕著な例が、韓国のヒップホップ・グループＢＴＳ（防弾少年団）の「原爆Ｔシャツ」騒動であろう。大法院が損害賠償命令を下した直後の二〇一八年一一月初旬、ＢＴＳのメンバーの一人が、原爆投下により発生したきのこ雲と、植民地支配からの「解放」を迎えて万歳を叫ぶ朝鮮の民衆の写真、太極旗、そして「PATRIOTISM」「OUR HISTORY」「LIBERATION」「KOREA」の英文がプリントされたTシャツを過去に着ていたことが、日本の一部メディアで「反日」的であるとして問題視され、日本のテレビ局の音楽番組への出演が直前になって取りやめになったのである。このTシャツは、韓国のourhistoryというメーカーが八月一五日の光復節（日本の植民地支配からの解放記念日）を記念して発売したものであり、韓国では「光復節Tシャツ」、あるいは「光復Tシャツ」と呼ばれる。韓国メディアは日本が「光復節Tシャツ」を「反日」と決めつけ、文化の領域にナショナリズムの問題を持ち込んでいると批判した(1)。

原爆が数多くの死者や被爆に苦しむ人を生み出したこと(2)、八月一五日に日本の各地で戦没者を追悼する行事が開かれていることを考えれば、原爆／光復節Tシャツを作成し、それを日韓で活動する人物が着ることは、多かれ少なかれ「反日」的な要素を含むものであり、何よりも日本のナショナリズムを刺激する行為であったことは間違いないだろう。

他方、韓国の人々が抱く「PATRIOTISM〔愛国心〕」と植民地支配からの「解放」との結びつきは密接である。「光復節Tシャツ」という韓国での呼称が示すように、このTシャツを作ったり着たりする目的はあくまでも「解放」を記念することにあり、原爆が「解放」をもたらした要因として強調されているにせよ、原爆投下それ自体を祝福しているわけではない。したがって、たとえこのTシャツに「反日」の要素が含まれるにしても、この点のみを取り上げて問題視することもまた、植民地支配を経験した韓国の人々にとっての「解放」がもつ重みへの理解を欠いているといわざるをえないであろう。

いずれにせよ、今日の日韓関係で直接的な争点にはなっていない八月一五日の位置づけ一つをとっても、両国の歴史認識には大きな溝があり、そのことが文化の領域を巻き込んだナショナリズムの対立を引き起こしているのである。

BTSが示すアンビバレントな歴史認識

「原爆Tシャツ」に比べると注目度は低かったが、二〇一八年一一月に日本ではBTSの別のメンバーの過去のSNSでの発言が掘り起こされ、一部メディアが「反日」的であるとして取り上げた。問題にされたのは二〇一三年八月一五日のツイッターで、「今日は光復節‼ 歴史を忘れた民族に未来はありません。お休みするのもいいですが、殉国された独立闘志のみなさまにあらためて感謝を捧げる一日になることを願います！ 大韓独立万歳！」という内容である[3]。

「歴史を忘れた民族」とはサッカーの日韓戦で韓国側の観客が横断幕で使用したフレーズであり、このツイートが「反日」要素を含むことは否めない。ただ、ここで筆者が注目したいのは、BTSのメンバーが「光復節」を「独立闘志のみなさまにあらためて感謝を捧げる一日」と位置づけていることである。原爆／光復節Tシャツによれば、朝鮮「解放」の主たる要因はアメリカが投下した原爆であった。それに対してこのツイートは、「独立闘志のみなさま」、すなわち植民地時代に命がけで日本の支配に立ち向かった朝鮮人自身の功績を称え、彼らの独立運動によって「解放」がもたらされたと認識していることを示している。

こうした認識はBTSに限られたものではない。このツイートから約二週間後の二〇一三年八月三〇日に検定を通過した韓国の高等学校「韓国史」教科書（金星出版社）には、「八・一五解放は連合国の勝利がもたらした結果物でもあるが、長い歳月わが民族が国内外各地で展開してきた民族運動の重要な結実だった」と書かれている。[4] つまり、韓国では一九四五年八月一五日の朝鮮の「解放」が、アメリカをはじめとする第二次世界大戦の連合国によって与えられたという認識と、朝鮮人が独立運動によって勝ち取ったという認識が併存しているといえる。

日韓関係の悪化を受けて、二〇一八年一一月に日本で「反日」的であるとされたＢＴＳの二つの行動は、実は韓国での朝鮮「解放」の要因をめぐるアンビバレントな歴史認識を示してもいるのである。

国民的記憶としての独立運動

果たして独立運動を、連合国の勝利／日本の敗戦と肩を並べるほどに、朝鮮「解放」に多大な影響を与えたものとして評価しうるのか。本論で述べるように、この点については韓国で否定的な見解ももちろんある。だが確実にいえるのは、独立運動の歴史が韓国で国民的記憶になっているということである。

たとえば、韓国には日本の祝日に相当するものとして、国家の慶事を記念する国慶日が五つある。そのうち、三月一日の三一節、七月一七日の制憲節、八月一五日の光復節の三つが近現代の歴史的な出来事に由来する。三一節は一九一九年三月一日に起こり、現在にいたるまで最大の独立運動と評価されてきた三・一独立運動を、制憲節は四八年七月一七日の大韓民国憲法の公布（制定は七月一二日）を祝う日である。先述したように、光復節は「解放」を祝うと同時に、それをもたらした独立運動家に感謝する日でもあるから、近現代の出来事に由来する三つの国慶日のうち二つは独立運動に関するものだといえる。さらに、制憲節は休日ではないので、国慶日に指定された休日に絞れば、すべて独立運動と関連することになる。

国慶日だけではない。韓国の歴史教育においても、たとえば高等学校「韓国史」教科書の植民地時代に関する叙述は、独立運動が中心である。また、韓国のちょうど中心に位置する独立記念館（天安市）は、小中学生が学校行事の一環として見学に訪れる施設である。独立運動という国民的記憶を創り出すための仕組みが、韓国にはいたるところに存在している。

本書が取り上げるのは、植民地時代の最大の独立運動として韓国で評価されている一九一九年の三・一独立運動の歴史である。とくに、この運動がなぜ起こり、その後の朝鮮独立運動にどのような影響を与えたのか。その歴史的経緯を、朝鮮を取り巻く当時の国際関係や第一次世界大戦（一九一四～一九一八）との関係に注目しながら、グローバルな視点で跡づけていく。

本書が朝鮮独立運動の歴史に着目する理由の一つは、それが韓国のナショナリズムを理解するカギになると考えられるからである。ナショナリズムは多様な意味をもつ概念であり、また時代や文脈によってその用語の使われ方も異なる[5]。だが、ナショナリズムがある特定の国家・民族に所属する人々の帰属意識や一体感を高めたり、統合を促したりする側面をもつ点は、いつの時代も変わらない。国民的記憶となっている独立運動の歴史が韓国ナショナリズムの形成と維持に果たす役割は、非常に大きいといえるだろう。

では、独立運動の歴史のなかで、なぜ三・一独立運動に焦点を当てるのか。それは、この運動が最大の独立運動だったからという理由だけではない。

いま、なぜ三・一独立運動か

近年、韓国では独立運動に対する評価はかつてないほどに高まっている。先の「解放」の要因をめぐる二つの歴史認識でいえば、連合国によって与えられたという認識が消えたわけではないものの、独立運動によって勝ち取ったという認識が勢いを増している。その認識の根拠となっているのが、三・一独立運動なのである。

毎年、三月一日の三一節では韓国の各地で記念行事が開かれ、大統領が祝辞を述べる。二〇一九年の三一節は、一〇〇周年の節目に日韓関係の悪化が重なったこともあり、日本では文在寅《ムン・ジェイン》大統領が祝辞で日本批判を繰り広げるのではないかという懸念も一部ではもたれていた。しかし、文在寅は三・一独立運動に対する当時の日本の厳しい弾圧については言及したものの、現在の日本政府を批判することはなかった。それは、彼が悪化の一途をたどる日韓関係に配慮したこともあるだろうが、何よりも三・一独立運動の歴史的意義について新たな解釈を打ち出すことに主眼を置いていたことが大きい。

文在寅は祝辞で、「あの日、私たちは〔朝鮮〕王朝と植民地の民から共和国の国民として生まれ変わりました。独立と解放を超え民主共和国のための偉大な旅程を歩みはじめました」と述べた。現行の大韓民国憲法の第一章第一条は「大韓民国は民主共和国である」と謳っており、祝辞にある「民主共和国」は韓国を指す。つまり、文在寅は「植民地の民から共和国の国民として生まれ変わ」ったと述べていることからもわかるように、三・一独立運動によって韓国が実質的に「建国」されたという認識を示したのである。そして、こうした文在寅の歴史認識は韓国社会でも受け入れられており、三・一独立運動を、韓国「建国」をもたらした「三・一革命」として褒め称える傾向が顕著になっている。

以上のように近年の韓国では、日本の支配の打倒を目指した独立運動から、現在の韓国を生んだ「建国」革命へと、三・一独立運動の記憶が書き換えられたといえる。そしてこうした記憶の書き換えは、韓国ナショナリズムもまた、「反日」よりもむしろ、一〇〇年にもおよんで民主共和国を営んできたことへの誇りや自負心を中核として韓国国民を統合するものへと変化していることを示している。

だが、歴史的事実としては、一九一九年の三・一独立運動は日本の植民地支配を打倒することはできなかった。朝鮮が「解放」されたのは日本が敗戦した一九四五年八月一五日であり、韓国という独立国家が「建国」されたのはその三年後の四八年八月である。

にもかかわらず、三・一独立運動という「革命」によって実質的に韓国が「建国」されたとする一見すると無理のある歴史認識が提示され、それが韓国社会に浸透した背景には、二〇一七年の保守派の朴《パク》槿《ク》恵《ネ》から進歩派の文在寅への政権交代と、それにともなう韓国社会の分裂という政治的要因がある。そして政権交代以降、韓国の独立運動史研究も文在寅政権の歴史認識を積極的に援護し、学問としての歴史学と政治との結びつきという問題が深刻化した。また、文在寅政権は朝鮮民主主義人民共和国（以下、北朝鮮）に宥和的な政権として知られており、実際、三一節の祝辞では統一についても強く呼びかけている。だが、まだ南北に分断していなかった一九一九年に韓国が誕生したという主張は、四八年に「建国」された北朝鮮の正統性を実質的に否定するものであり、実は深刻な矛盾を孕んでいる。

本書が扱う三・一独立運動は、約一〇〇年前の出来事である。しかしそれは、ナショナリズム、保守派と進歩派の政治的対立、政治と学問、そして南北関係など、韓国の現在進行形の問題を理解することと深くつながっている。本書が、日韓関係が悪化を続ける今日において、韓国を理解する、少なくともそのための知識を得る一助となれば幸いである。

歴史の分析に先立って、まずは序章で、韓国の成り立ち、憲法、独立運動史研究と歴代政権の関係、二〇一九年の一〇〇周年記念事業などを概観し、三・一独立運動をめぐっていま韓国で何が起こっているのかを論じる。そして、本書の具体的な分析の視点を示したうえで、時間軸を一九一〇年代に戻し、第一章から第四章にかけて三・一独立運動の歴史過程について見ていくこととしたい。

目次

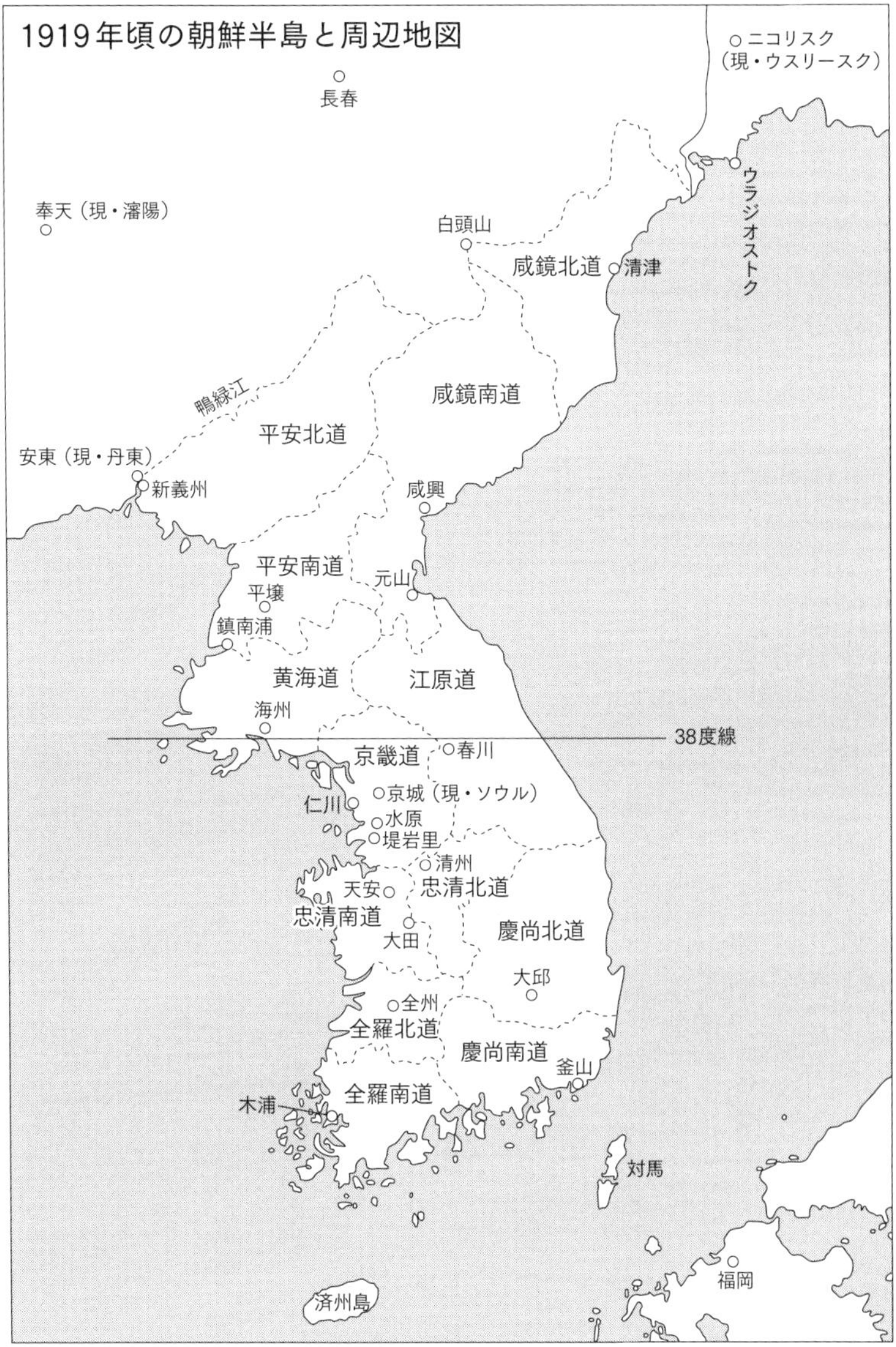
1919年頃の朝鮮半島と周辺地図
ニコリスク
（現・ウスリースク）
長春
ウラジオストク
奉天（現・瀋陽）
白頭山
咸鏡北道
清津
咸鏡南道
鴨緑江
平安北道
安東（現・丹東）
新義州
咸興
平安南道
元山
平壌
鎮南浦
黄海道
江原道
海州
38度線
京畿道
春川
京城（現・ソウル）
仁川
水原
堤岩里
清州
天安
忠清北道
忠清南道
大田
慶尚北道
大邱
全州
全羅北道
慶尚南道
釜山
全羅南道
木浦
対馬
福岡
済州島

凡例

・引用文は本文より二字下げるか、「　」で括った。引用文中の（　）は原注、〔　〕は筆者注である。なお、……はその箇所に応じて中略か後略を示す。

・史料の引用にあたっては、朝鮮語の文献を含めて漢字を新漢字に改めた。仮名遣いも現代仮名遣いに改めたり、カタカナをひらがなにしたり、句読点を補うなどの修正を施した。外国語文献の引用は右の方法で現代日本語訳したが、読みやすさを考慮して、原意を損なわない限りにおいて意訳した箇所もある。

・引用文中、現在では不適切な語彙や表現があるが、歴史用語としてそのまま引用した。ご理解いただきたい。

・韓国の研究文献は、著者名を含めてすべてハングルで表記されている場合があるが、原則として著者名を含めて漢字表記に改めた。ただし、著者の漢字表記が不明な場合はそのままハングルで記した。

・本書では、一九四八年の大韓民国と朝鮮民主主義人民共和国「建国」以前の朝鮮半島の国家、地域、民族に関して、原則として朝鮮（人）という用語を使用している。一八九七年一〇月から一九一〇年八月まで朝鮮は大韓帝国という国号を用いていたが、この期間についても、本書では大韓帝国を韓国と省略したり、その国民を韓国人と呼称したりはせず、朝鮮人で統一する。

韓国「建国」の起源を探る——三・一独立運動とナショナリズムの変遷

序章　三・一革命――独立運動と変容する韓国ナショナリズム

1　大韓民国憲法・前文

国家の公式見解

一九一〇年に日本の植民地となった朝鮮（当時の国号は大韓帝国、日本による同国の植民地化は韓国併合という）は、四五年八月一五日の日本の敗戦により「解放」を迎えた。その後、朝鮮半島の北緯三八度線以南をアメリカが、以北をソ連が占領したのち、四八年、南では八月一五日に韓国が、北では九月九日に北朝鮮が、それぞれ「建国」され、今日まで続く分断体制が確立する。

それでは、韓国はどのようにして「建国」されたのだろうか。また、それは植民地時代の独立運動とどのように結びつくのだろうか。これについては国家の公式見解が用意されている。一九八七年一〇月二九日に改正・施行された現行の大韓民国憲法の前文は、次のようになっている。

悠久の歴史と伝統に輝くわれら大韓国民は、三・一運動によって建立された大韓民国臨時政府の法統と、不義に抗拒した四・一九民主理念を継承し、祖国の民主改革と平和的統一の使命に立脚して、正義・人道と同胞愛をもって民族の団結を強固にし、すべての社会的弊習と不義を打破し、自律と調和にもとづいて自由民主的基本秩序をより確固にし、政治・経済・社会・文化のあらゆる領域において各人の機会を均等にし、能力を最高度に発揮せしめ、自由と権利にともなう責任と義務を完遂せしめ、〔国〕内には国民生活の均等な向上を期し、〔国〕外には恒久的な世界平和と人類共栄に貢献することで、われわれとわが子孫の安全と自由と幸福を永遠に確保することを誓いつつ、一九四八年七月一二日に制定され、八次にわたって改正された憲法を、いま国会の議決を経て国民投票によって改正する(1)

つまり、韓国は一九一九年の「三・一運動」によって同年四月に上海で樹立された「大韓民国臨時政府」を「継承」する国家であることが、憲法で明確に謳われているのである。では、韓国「建国」に先立つ「一九四八年七月一二日に制定され」た最初の憲法(制憲憲法と呼ばれ、同年七月一七日に公布された)の前文はどうだろうか。

悠久の歴史と伝統に輝くわれら大韓国民は己未〔一九一九年〕三一運動により大韓民国を建立し世界に宣布した偉大な独立精神を継承し、いま民主独立国家を再建するにあたり正義人道と同胞愛をもって民族の団結を強固にし、すべての社会的弊習を打破し、民主主義諸制度を樹立し政治、経済、社会、文化のすべての領域において各人の機会を均等にし、能力を最高度に発揮せしめ、各人の責任と義務を完遂せしめ、内には国民生活の均等な向上を期し、外には恒久的な国際平和の維持に努力して、われわれとわが子孫の安全と自由と幸福を永遠に確保することを決意し、われわれの正当

かつ自由に選挙された代表により構成された国会で檀紀四二八一（一九四八）年七月一二日、この憲法を制定する(2)

現行の憲法と類似した内容だが、韓国の起源に関して、「三一運動」によって成立したのは「臨時」ではない「大韓民国」そのものであり、それを「再建する」としている点が異なる。要するに制憲憲法は、約一ヶ月後の一九四八年八月に控える新たな国家の誕生を、「建国」ではなく一九一九年の時点ですでに「建立」されていた韓国の「再建」と位置づけたのである。事実、一九四八年八月一五日に執り行われたのは、「建国式」ではなく「大韓民国政府樹立宣布式」であった。

憲法改正と大韓民国臨時政府

それでは、一九四八年の韓国の誕生が「建国」ではなく「再建」である根拠とされている大韓民国臨時政府とはどのような組織なのだろうか。これについては第四章でも扱うが、ここでは概略について簡単に述べておきたい。

大韓民国臨時政府は一九一九年の三・一独立運動で朝鮮の知識人や民衆が独立を宣言したことを受けて、同年四月一一日に上海のフランス租界で設立された(3)。韓国併合以前、朝鮮は王制国家だったが（朝鮮王朝。一八九七年に国号を大韓帝国に変更して以降は帝政）、大韓民国臨時政府はこれを廃止し、憲法に相当するものとして制定した大韓民国臨時憲章の第一条で「大韓民国は民主共和制とする」ことを宣言した。また、臨時議政院という議会も設けた。とはいえ、「政府」を名乗ってはいるものの、実際はどの国からも国家としての承認を得られなかった。それゆえ、実態としては独立運動団体の一つ、あるいは「疑似政府」といったものだった。

独立運動団体としてみると、大韓民国臨時政府は、民族主義者からソ連とつながりのある共産主義者までを網羅する独立運動家の集合体ではあった。しかし、内部対立が激しく、設立から数年で有名無実化し、初代大統領に就いた李承晩《イ・スンマン》も一九二五年に弾劾されている。その後は、独立運動家の金九《キム・グ》が大韓民国臨時政府を率いるようになり、一九三〇年代に入ると中国各地を転々とした。日本軍の中国大陸への進出を受けて一九四〇年に重慶に移転すると、同年九月に軍隊である光復軍を組織したが、日本と交戦することなく「解放」を迎えた。

一九四五年八月の「解放」後、アメリカは大韓民国臨時政府を正式な政府として認めなかった。そのため、大韓民国臨時政府は組織として南朝鮮（一九四八年八月以前の三八度線以南の朝鮮の名称）に戻ることは許されず、同年一一月、金九らはあくまでも個人として南朝鮮に帰った。換言すれば、この時点で組織としての大韓民国臨時政府は実質的に消滅したことになる。

憲法の制定を含め、一九四八年の新政府の樹立に金九ら大韓民国臨時政府を率いていた主要勢力は参加していない。にもかかわらず、制憲憲法の前文に一九一九年に樹立された「大韓民国」が挿入されることになったのは、韓国の初代大統領となる李承晩の意向による。弾劾されたとはいえ李承晩は大韓民国臨時政府の初代大統領だったため、制憲憲法で大韓民国臨時政府と韓国の連続性を示すことにより、自身の韓国の初代大統領としての正統性を示そうとしたようである(4)。また、韓国に続き九月九日には北朝鮮が「建国」されるという状況において、一九一九年の三・一独立運動と大韓民国臨時政府に起源を求めることで、北朝鮮に対する韓国の正統性を確保する狙いもあったといわれる(5)。

こうして制定された制憲憲法の前文の内容は、一九六〇年の改憲まで維持された。しかし、同年四月一九日に民衆のデモによって大統領の李承晩が下野し（現行の憲法前文にある「不義に抗拒した四・一九民主理念」はこの出来事を指す）、翌一九六一年五月一六日に軍事クーデターによって朴正熙《パク・チョンヒ》が政権を掌握すると、状況は変わる。一九六三年の改憲で朴正熙政権は憲法前文から一九年に「大韓民国を建立」したという記述を削除し、「三・一運動の崇高な独立精神を継承し、四・一九義挙と五・一六革命に立脚して新しい民主共和国を再建する」という文言に改めたのである。(6) 軍事クーデターを「五・一六革命」と表現しているように、朴正熙政権はその正統性を示すために、憲法の前文を書き換えたといえるだろう。その後、韓国が民主化された一九八七年の憲法改正によって、憲法前文で韓国が「大韓民国臨時政府の法統」を継承する国家であることが謳われるようになり、現在にいたる。

このように、憲法前文において三・一独立運動は常に韓国の起源として明記され続けてきた。一九四九年から三月一日が祝日となったことも含め、三・一独立運動は韓国ナショナリズムの形成を担う独立運動の記憶のシンボルとして機能し続けてきたのであり、それゆえ、膨大な研究蓄積を誇っている。他方、大韓民国臨時政府は常に政治に利用され、その歴史的位置づけも政治情勢に左右されてきた。

そして現在、大韓民国臨時政府はかつてないほどに韓国において重要視されているのだが、その背景にも韓国における建国記念日の創出という政治的要因がある。次節で詳しく見ていこう。

2　ニューライトと建国節

韓国「建国」をめぐる歴史認識の対立とニューライトの登場

これまで一九四八年の韓国の樹立に関してカッコつきの「建国」としてきたのは、それが政治的ニュアンスを多分に含む問題だからである。九月九日を建国記念日（人民政権創建日）として祝日にしている北朝鮮とは異なり、韓国において八月一五日は祝日だが、「はじめに」で述べたように「光復節」という日本の植民地支配からの解放記念日であり、建国記念日ではない。加えて、先述したように一九四八年八月一五日に執り行われたのは「大韓民国政府樹立宣布式」だったため、これを「建国」とみなすかをめぐっては、韓国内で認識が対立している。

たとえば、二〇一五年八月一五日、当時の大統領の朴槿恵は光復節の慶祝辞で「本日は光復七〇周年であると同時に、建国六七周年を迎える歴史的な日であります」と述べた。しかし、この発言は実質的に一九四八年を韓国の「建国」とみなすことになり、憲法違反や歴史歪曲にあたるという批判を、朴槿恵は浴びることとなった(7)。朴槿恵は翌年の慶祝辞でも同様の発言をしたが、これに対し、当時、野党の「共に民主党」の代表だった文在寅は「これまで大韓民国の歴代政府は一九四八年八月一五日を建国日ではなく、政府樹立日として公式に表記してき」たので、これを「建国」とすることは、「歴史を歪曲し、憲法を否定する反歴史的、反憲法的主張であり、大韓民国の正統性を自ら否定するまぬけな主張」だと激しく批判している(8)。

一般的に朴槿恵は保守派（あるいは右派）、文在寅は進歩派（あるいは革新派、左派）に分類される政治家である。端的にいえば、朴槿恵政権の与党だったセヌリ党（現・国民の力）を中心とする保守派の政治家が一九四八年を「建国」だと唱え、「共に民主党」を中心とする進歩派の政治家が、これを憲法違反、歴史歪曲だと批判する構図である。この構図は二〇一七年の政権交代によって、文在寅が大統領、「共に民主党」が与党となった現在も、変わっていない。

前節で述べたように、韓国には、一九一九年に「建立」された「大韓民国臨時政府」を「継承」するのが韓国であるという、憲法の前文に明記されている公式見解がある。それゆえ、憲法違反や歴史歪曲という批判の妥当性はともかく、一九四八年が「建国」だと唱えることが、憲法や従来の国家の公式見解から大きく逸脱することはたしかである。

こうした流れをつくったのが「ニューライト」である。ニューライトとは従来の保守・右派（オールドライト）とは異なる、新しい保守・右派を志向する運動やその勢力を指し、ソウル大学校名誉教授の安秉直《アン・ビョンジク》らが代表的である。

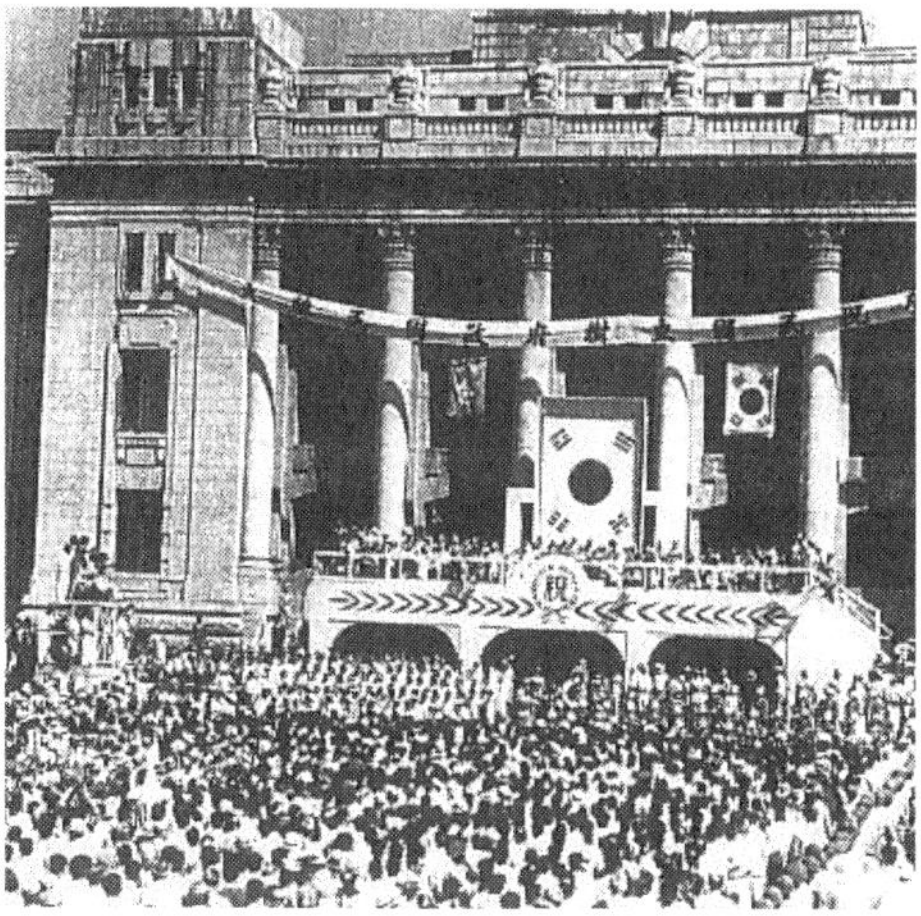

図０－１　1948年8月15日の大韓民国政府樹立宣布式

保守派の知識人にとって、一九九八年から二〇〇八年までの金大中《キム・デジュン》・盧武鉉《ノ・ムヒョン》の進歩派政権の時代は「失われた一〇年」であった。とりわけ盧武鉉が親日派（植民地時代に日本の支配に協力した人物）などの「過去事精算」事業や、国家保安法（主に反共産主義の維持を目的とする治安立法）の廃止を目指すなど各種の改革に着手した二〇〇四年頃から保守派の危機感が高まった。これに北朝鮮のミサイル開発による南北関係の悪化が重なり、ニューライト運動が本格化した。従来の右派であるオールドライトは反共（およびそれと結びついた反北朝鮮）を理念とし、「解放」後の韓国で長らく続いた軍部の独裁や権威主義体制を支持してきた。一方、ニューライトは自由市場経済を最も重要な理念として掲げ、「新自由主義の韓国的変形」を目指す。そのため、軍部独裁や権威主義をオールドライトの限界とみなし、批判している。また、安秉直はマルクス経済学の立場から朝鮮経済史に関する実証的研究を積み重ねてきた経済学者であり、彼のほかにも左派から転向した知識人が多数参加しており、担い手もオールドライトとは異なる[9]。

とはいえ、当然ながら新自由主義は共産主義とは相容れない。新自由主義を志向するニューライトは、反共・反北朝鮮を通してオールドライトと結びつき、勢力を拡大することとなった[10]。そして二〇〇八年、約一〇年振りの保守政権となる李明博《イ・ミョンバク》政権が誕生して以降、ニューライト系の知識人は政権の支持を得たうえで、その歴史観や理念を韓国社会に浸透させることを目指していく。

ニューライトの歴史観

ニューライトが自身の歴史観や理念を浸透させるために着目したのは、一つは歴史教科書であり、もう一つは記念日の創造である。まずは前者の歴史教科書問題をニューライトの基本的な歴史観とともに概観しておこう。

ニューライトを代表する経済学者である李栄薫《イ・ヨンフン》は、二〇〇五年に「教科書フォーラム」を結成し、同団体は〇八年に『代案教科書　韓国近・現代史』（以下、『代案教科書』）を刊行した。その序文によれば、同書は「民族中心の歴史観を抑える」ことを目指しており、そのために「われわれの民族」の代わりに「韓国人を歴史的行為の主体として設定」する。そして近現代史のなかでも、とくに「大韓民国という国が生まれる歴史的過程」を重視するとしているのだが、その理由は韓国が「人間の生活を自由で豊かにするのに適切な」制度である「自由民主主義と自由市場主義経済に基礎を置いている」からであった。ところが「既存の教科書」は「この国が過去六〇年間の建国史で何を成し遂げてきたのかを真摯に扱っていない」。こうした状況を正すための「代案」を示すのが同書の刊行目的だという。[11]

ニューライトが批判する「民族中心の歴史観」とは、国際関係を軽視するといったような、いわゆる一国史的な歴史観という意味合いも含まれる。しかし、「韓国人を歴史的行為の主体として設定」していることが示すように、韓国と北朝鮮の両方を扱う朝鮮民族の歴史ではなく、韓国のみの歴史を提示することに重きが置かれている。では、ニューライトの批判する「既存の教科書」において、韓国と北朝鮮の歴史はどのように描かれているのだろうか。

韓国の歴史学界では、一九八七年の民主化以前から、南北の統一を志向する歴史学が目指されてきた。こうした傾向を代表する著作が、一九七八年に刊行されて以降、学界を超えて一般にも広く読まれた姜《カン・》万吉《マンギル》『分断時代の歴史認識』である。

分断体制は、民族史上においては明らかに否定的な体制であり、克服されなければならない体制である。国史〔朝鮮史〕学が分断体制を克服するのに貢献する道は……分断体制から顔を背けるのではなく、分断体制を現実として直視して、それと対決することであり……分断体制を克服するための史論を樹立することである。[12]

韓国の歴史教科書はこうした「分断時代の歴史認識」にもとづいて、南北の統一を志向する「民族史」を前提として編まれてきており、ニューライトが提示する代案はこれを実質的に否定するものであった。[13]

もちろん、『代案教科書』に南北統一を明確に否定するような文言が見られるわけではないし、北朝鮮の歴史についても補論というかたちで言及している。ただしそれは、「この国が過去六〇年間の建国史」で「成し遂げてきた」もの、すなわち韓国が「自由民主主義と市場経済に立脚して自由で平等で豊かな社会を建設してきた」ことを強調するためである。たとえば、『代案教科書』の冒頭では、自由市場経済を導入して豊かになった韓国と、飢餓や貧困、国際的孤立に苦しむ北朝鮮を対比させ、どちらの体制が正しいのか考えるように促している。また、韓国が「内外の共産主義勢力の挑戦を追い払い、理念と基礎制度を自由民主主義によって確固たるものにし」てきたことを高く評価する記述もある。[14]

このように『代案教科書』は南北統一を明確に否定するわけではないが、脅威や貧困を強調するなど北朝鮮を否定的に描くことにより、新自由主義体制をとる韓国の優越性を強調する。反共ありきではなく、新自由主義を絶対視する立場から反共・反北朝鮮の立場をとるニューライトの歴史観をよく示しているといえるだろう。

さらにニューライトは、「代案」を示すだけでなく、高等学校の「韓国史」教科書への介入を深めていった。韓国の歴史教科書は朴正熙政権時代の一九七四年以来、国定制だったが、進歩派の盧武鉉政権時代に検定制に移行することが決定し、二〇一一年に完了した。朴槿恵政権が発足した二〇一三年、ニューライト系の学者が執筆した高等学校「韓国史」教科書が教学社から出版され（以下、教学社版）、検定に合格した。『代案教科書』とは違い、教学社版は古代から現代までの通史だが、近現代史に関する叙述の傾向はほぼ同じである。また教学社版には、朴正熙による民主化運動弾圧を正当化する記述もあったため、朴槿恵政権にとっても都合のよいものであった。

二〇一五年、朴槿恵政権は二〇一七年度からの歴史教科書（中学校、高等学校）の国定化を発表する。[15]この発表に対して市民による反対デモが相次いだが、政権側が受け入れることはなく、二〇一七年一月に国定の高等学校「韓国史」教科書が公開された。しかし、同年五月に朴槿恵から文在寅に政権が交代したため、結局、「韓国史」教科書の国定化は撤廃された。

一方、その後も議論が続いたのが記念日の創造をめぐる問題である。ニューライトは教科書の執筆と並行して、八月一五日を「建国節」として記念することを目指していた。

建国節の論理――建国史観と自虐史観

教科書フォーラムを立ち上げた翌年、二〇〇六年七月三一日付『東亜日報』に李栄薫は「われわれも建国節をつくろう」という一文を寄せた。そのなかで李栄薫は、既存の歴史教科書が一九四八年八月一五日を「南韓〔韓国〕だけの単独政府の樹立という不幸な事件」として描いてきたため、韓国の若い世代の多くが八月一五日に韓国が建てられたことを知らず、「大韓民国の建国を称える国民的記憶がない」と嘆いている。そして、一九四八年から六〇周年を迎える二〇〇八年に「大韓民国の六〇年の建国史を尊重する」政権が発足することを願いつつ、光復節を建国節に変えるべきだと主張した[16]。

二〇〇八年に発足した李明博政権は、まさに「大韓民国の六〇年の建国史を尊重する」政権であった。同年八月一五日、李明博は「第六三周年光復節および大韓民国建国六〇年慶祝辞」を朗読し、「大韓民国建国六〇年」が「成功の歴史」にして「発展の歴史」であり、「自由の価値を守るために自由を脅かすあらゆるものと堂々と闘ってきた」ことを強調した。「解放」から二〇〇七年まで、政権の性格とは関係なく韓国政府は八月一五日を光復節として記念してきたので、李明博の祝辞は一九四五年よりも四八年を重視する新たな政府解釈を示すものだった[17]。

また、李明博の前任の盧武鉉大統領は、光復節だけでなく、八月一五日にもう一つの意味を見出していた。二〇〇七年の慶祝辞で盧武鉉は「解放」を祝うと同時に、「六二年前、われわれは分断を自分たちの手で防ぐことができませんでした。しかし、南北がともに協力し、共同繁栄の道に進むことは、いま、われわれの意思にかかっています」と述べた。つまり、一九四五年の八月一五日を現在まで続く分断の起点と捉え、毎年の八月一五日を統一への決意を新たにする日と位置づけているのである。[18] その場合、一九四八年の八月一五日は分断が固定化した瞬間となってしまう。他方、「大韓民国建国六〇年」を「成功の歴史」と表現する李明博の慶祝辞は、朝鮮半島が南北に分断し、韓国だけが繁栄している現状を実質的に肯定するものである。結局、一九四八年八月一五日を韓国の「建国」とみなすか否かという問題は、南北統一を志向するか否かという問題に帰結する。おそらく、李明博の慶祝辞にある「自由を脅かすあらゆるもの」には、共産主義や北朝鮮が含まれているのだろう。

ともあれ、こうした認識にもとづき、八月一五日を正式な建国節にする動きが進んでいく。最初の動きは盧武鉉政権下の二〇〇七年で、当時野党だったハンナラ党（現・国民の力）の議員が、光復節を建国節に改称することを骨子とする「国慶日に関する法律改定案」を国会に提出した。これは廃案に追い込まれたが、翌年には李明博政権が国務総理室の傘下に「建国六〇年記念事業推進企画団」を設置して、建国節制定に向けて準備を進めた。[19] この試みも実現しなかったが、先述したように、朴槿恵政権下においても八月一五日を建国節とみなす立場は堅持された。

では、ニューライトはどのような論理で建国節の意義を主張したのだろうか。ニューライト系の学者のなかで建国節を主張する代表的な論者が政治学者の金暎浩《キム・ヨンホ》である。

金暎浩によれば、韓国の歴史認識は「建国史観」と「分断史観」で対立している。「世界で最も貧しい国の一つとして出発した大韓民国が世界一〇位圏の経済大国へと成長」したのは、韓国が自由民主主義と市場経済に立脚したからであり、建国史観とは「大韓民国の誕生と発展と試練を中心に韓国現代史を証明する歴史認識」だという。しかし、従来の歴史観の主流は分断史観であった。これは南北統一による分断体制の克服を重視する歴史観であり、分断国家であるという理由で韓国を「不具性」のある「未完成」国家とみなす。金暎浩は「建国」以来「発展を繰り返してきた」韓国の誕生に自ら否定的評価を下す分断史観に対して、「自虐史観」にほかならないと激しく批判している。[20]

さらに金暎浩は、アメリカでは七月四日、フランスでは七月一四日が「それぞれ建国節」として記念されたことが「国民統合の契機」になったことを強調する。[21] つまり、自由民主主義と市場経済の理念を共有する政治共同体として韓国国民を統合するために、建国節という記念日の創造が必要だと主張しているのである。それゆえ、一九四五年八月一五日の「解放」は、日本の敗戦によって与えられたものであるため、四八年の「建国」に比べるとはるかに歴史的意義が劣るものの、直接的な批判対象とはならない。金暎浩が何よりも問題視するのは、韓国国民の統合を阻害する分断史観=自虐史観にあった。

こうしたニューライト、あるいは保守政権による建国節の提唱に対しては、当然ながら反対の声も大きかった。その主な批判の方向は二つに分けることができる。

一つは、新たな記念日を設けること自体が「韓国民の分裂」や葛藤をもたらすという批判である。その場合も、金暎浩と同様にアメリカの七月四日や、フランスの七月一四日が引き合いにだされるが、七月四日が実際はアメリカの建国記念日ではなく独立記念日であることや、フランス革命の記念日が七月一四日に決定する過程で、国民的葛藤が生じたことなどが強調される。[22]

もう一つが、建国節の主張が憲法違反や歴史歪曲にあたるという批判であり、憲法の前文に登場する大韓民国臨時政府の歴史的位置づけをめぐって論争が巻き起こることになる。

3　変容する大韓民国臨時政府の歴史的位置づけ

「一九一九年建国」史観の登場

八月一五日を建国節とする主張が憲法違反にあたると批判されるのは、韓国の起源を一九一九年の大韓民国臨時政府に求めない点が、憲法の前文に反するからである。他方、歴史歪曲にあたるという批判は、建国節が、韓国における独立運動の歴史的意義を実質的に否定するものだからだといえる。

憲法の前文を一九八七年に改正した際、「大韓民国臨時政府」を復活させた目的は二つあった。一つは、従来通り北朝鮮との競争において韓国の正統性を示すためであり、もう一つは、朝鮮の「解放」が日本を敗戦に追い込んだアメリカによって与えられたものであるという認識を、それ以前に樹立されていた大韓民国臨時政府に韓国の起源を求めることで、改めるためであった[23]。すなわち、一九四五年の「解放」や四八年の韓国の樹立が独立運動によって自力で勝ち取ったものであることを示すために、憲法の前文に「大韓民国臨時政府」を盛り込んだのである。その結果、「はじめに」で紹介したBTSのSNSや高等学校「韓国史」教科書の事例に見られるように、現在韓国では「解放」を独立運動の成果と捉える認識が広く定着しているのである。

先述したように、ニューライトにとって光復節は、その評価こそ低いものの直接的な批判対象だったわけではない。しかし、光復節は単純に日本の支配からの「解放」を祝うだけでなく、その「解放」をもたらした要因の一つである独立運動の歴史を称える日でもある。それゆえ、光復節を建国節に変えるということは、一九四五年までの独立運動の歴史よりも四八年以降の韓国の歴史を重視することにほかならず、独立運動という国民的記憶の忘却の促進につながりかねない。建国節問題は、こうした危機感を韓国の歴史学界、とくに独立運動史研究者にもたらした。

そのなかで建国節批判の中心を担ったのが、大韓民国臨時政府の研究者であった。彼らは一九八七年の憲法改正によって、朝鮮の自力「解放」の根拠を示すという課題を与えられたといえる。大韓民国臨時政府研究の第一人者である金喜坤《キム・ヒゴン》は、二〇一五年に『臨時政府時期の大韓民国研究』を刊行し、次のように建国節の主張に反論している。

> 大韓民国はいつ建てられたのか？　大韓民国という言葉自体がはじめて生まれたのはいつなのか？そのときが、まさしく一九一九年四月一一日だ……国家の構成三要素である領土・主権・国民がないまま、亡命地で生まれたため、不完全ではあった。しかし、不完全とはいえ亡命地で政府（臨時政府）と議会（臨時議政院）の組織を備えていて、国家（大韓民国）を運営していた事実だけは明らかだ……大韓民国は不完全だったとはいえ一九一九年に建てられた事実だけはたしかだ。ところが、一九四八年八月にはじめて大韓民国が建てられたと主張する場合もある……南北に分かれた韓〔朝鮮〕半島で、南だけに狭められた領土と主権、国民だけの大韓民国が、彼らのいう大韓民国だ。[24]

金喜坤は「国家を運営していた」大韓民国臨時政府が一九一九年に「建てられた〔세워진〕」と述べている。「建国」という言葉こそ避けているが、これは実質的に韓国が一九一九年に「建国」されたという主張である。金喜坤によれば、書名を『臨時政府時期の大韓民国研究』としたのは、大韓民国臨時政府は「臨政」と略されることが多いが、この略称では臨時政府が大韓民国という国家を運営していた

という事実が伝わりにくいからだという。(25)

ニューライト系学者の金暎浩は、二〇一五年に発表した著書で、大韓民国臨時政府とのつながりを根拠に、韓国が一九一九年に「建国」されたとする歴史観は最近になって登場したものであるとして、これを「臨政史観」と名づけている。(26) 事実、建国節が提唱される以前の二〇〇四年に金喜坤自身が発表した『大韓民国臨時政府研究』は、「〔一九一九年から四五年までの〕二六年におよんで独立運動に力を傾けた臨時政府の努力は、世界のどの団体や組織の活動を見ても、類例を探すのが難しい」と述べているように、臨時政府が独立運動に貢献したことに力点を置いていた。(27)

このように、韓国が一九一九年に「建国」されたとする新たな歴史観は、独立運動の歴史の否定や忘却につながる建国節への対抗措置として生まれたのである。

国家の三要素

それでは、果たして大韓民国臨時政府は国家と呼びうるのだろうか。この点について批判しているのが、ニューライト系政治学者の梁東安《ヤン・ドンアン》である。

梁東安は政治学における国家の概念について、①特定の地域を排他的に支配しており、②その地域に居住する人民に対し政府が望む秩序を強制することができ、③その地域の統治や諸外国との関係において諸外国からの干渉を受けない、という領土・国民・主権の「国家の三要素」を満たした政治結社であると定義する。そして、これらの要素を欠く場合、その政治結社は国際社会から国家として扱われないため、大韓民国臨時政府は国家の三要素を一つも満たさない、たんなる政治結社（独立運動団体）でしかなかったと主張している。(28) また、金暎浩は国民の語源であるネイション（nation）とは、言語や文化を共有するエスニック・グループではなく、特定の理念を共有する政治的集団を指す概念であるとし、その定義に従えば「自由民主主義体制」を共有する国民は一九四八年にはじめて誕生したと述べている。[29]一九四八年八月一五日に執り行われたのは「大韓民国政府樹立宣布式」であり、「建国」を宣布したわけではなかったにもかかわらず、ニューライトがこれを「建国」とみなす根拠こそ、国家の三要素であった。

これに対し、大韓民国臨時政府研究者の金喜坤は、先の引用文中にあるように、国家の三要素がなかったことは認めつつも、「政府（臨時政府）と議会（臨時議政院）の組織を備えてい」たことを根拠に、「国家（大韓民国）を運営していた」と主張している。他方、国家の三要素にもう少し踏み込んでいるのが、白凡（大韓民国臨時政府を率いた金九の雅号）思想研究所副所長のチェ・ヘソンで、①植民地時代に朝鮮人が朝鮮を日本の領土と認めていたわけではなく、②自分たちを日本人と考えていたわけでもない、という事実を踏まえて国家を定義する必要があり、③三要素のうち主権については、議会をもつ政府に代えるべきだと反駁する。[30]

つまり、国際関係（国家主権）や欧米由来の政治学を根拠に一九四八年の「建国」を主張するニューライトに対して、「一九一九年建国」史観は国際関係を度外視して、韓国独自の国家概念を設定することで理論武装するという構図になっているのである。

「継承」をめぐる論争

このように、ニューライトは大韓民国臨時政府を国家として認めない。しかし、韓国が「大韓民国臨時政府の法統」を「継承」していることを批判しているわけでもない。それどころか、梁東安は「ほぼ完全に継承した」とまで述べている[31]。

先に引用したように、金喜坤は「南だけに狭められた領土と主権、国民だけの大韓民国が、彼らのいう大韓民国だ」とニューライトを批判している。換言すれば、金喜坤は大韓民国臨時政府を南北統一の観点から捉えているということであり、「継承」をめぐる解釈も、大韓民国臨時政府が統一国家を志向していたか否かで対立する。

梁東安と金喜坤の両者が共通して注目するのが、大韓民国臨時政府が一九四一年一一月に発表した「大韓民国建国綱領」である。これは「解放」を達成した後に設立する国家のビジョンを示したものだが、韓国最初の憲法である一九四八年七月の制憲憲法と一致する部分が多い。そのため、「大韓民国臨時政府の法統」の「継承」を示すものとして注目を集めてきた。

大韓民国建国綱領は、民主主義に根差し、国民の権利（参政権、労働権、休息権など）、自由（居住や言論、出版、集会など）、平等を保障する国家像を提示している。とりわけ特徴的なのが経済的平等を徹底するために土地と企業を国有化するとしている点である。制憲憲法と大韓民国建国綱領で大きく異なるのがこの点であり、前者は自然エネルギーに関する資源は国有にするとしているが、土地と企業の私的所有は認めている。

梁東安によれば、大韓民国建国綱領に「社会民主主義」の要素が含まれることは否定できない。しかし、大韓民国建国綱領の国家ビジョンはあくまでも「未来の希望」にすぎず、必ずしも実施しなくてはならないものではない。実際、国民経済が脆弱ななかで自由民主主義体制をとる韓国が土地と企業を国有化することは現実的ではなかった。むしろ、こうした困難な状況のなかで、制憲憲法と大韓民国建国綱領の内容が国有化の問題を除いてほとんど一致するという事実こそ、前者が後者を最大限反映させたこと、すなわち韓国が「大韓民国臨時政府の法統」を「ほぼ完全に継承した」ことを示しているという。[32]

他方、金喜坤は大韓民国建国綱領を当時の独立運動の状況から生まれたものとして理解する。金喜坤によれば、大韓民国建国綱領は、左派の独立運動団体である民族革命党の綱領とほぼ一致し、同団体は一九四二年に右派の金九が率いる大韓民国臨時政府に合流する。つまり、大韓民国建国綱領は独立運動の左右合作の産物であり、「資本主義や社会主義国家ではない……全民的国家」という理念を示すものであった。そのため、制憲憲法は字面ではたしかに大韓民国建国綱領とほぼ一致するが、肝心な理念が抜け落ちたため、「不完全な継承」であったと主張している。[33]

このように、ニューライトを批判し、一九四八年八月一五日を「建国」の起源とみなすべきでないとする金喜坤が、現在の韓国は大韓民国臨時政府の「不完全な継承」であると主張する。その一方で、一九四八年以降の歴史を重視し、大韓民国臨時政府の意義を低くみるニューライト側が、「ほぼ完全」な「継承」であると主張するという逆転現象が起こっている。建国節問題は、大韓民国臨時政府の歴史的位置づけや性格の解釈をめぐる論争をも引き起こしたのである。しかし、どちらの主張にも問題点がある。

まず、梁東安らニューライトの主張は恣意的なものである。ニューライトにとって重要なのは、あくまでも一九四八年以降の韓国の歴史であり、憲法違反や歴史歪曲という批判をかわすために、韓国が大韓民国臨時政府を「ほぼ完全」に「継承」していると主張すること自体は矛盾していない。しかし、反共を掲げるニューライトにとって、一九四一年の大韓民国建国綱領に土地と企業の国有化という社会主義的内容が含まれていることは動かしようのない不都合な史実である。それゆえ、これといった史料的根拠を挙げることなく、この綱領が「未来の希望」を示したものにすぎないという解釈を示したり、これは社会主義ではなく「社会民主主義」であるという言い方をしているのである。

他方、南北統一を重視する金喜坤の立場からすれば、一九四八年の韓国「建国」は分断が固定化した瞬間であるため、韓国が大韓民国臨時政府を完全に「継承」したと主張した場合、臨時政府の活動は南北分断にいたる歴史の一コマに成り下がる。それゆえ、これは「不完全な継承」だと主張せざるをえないのである。しかし、そもそも一九四二年の左右合作はアジア・太平洋戦争が勃発して間もない状況において独立運動を有利に展開するための戦略であり、それを「資本主義や社会主義国家ではない……全民的国家」の理念とまで言い切れるのかは疑わしい。金喜坤の大韓民国建国綱領の解釈には、当時の独立運動家には想像できなかった「解放」後の分断状況やその克服という課題が、過剰に投影されているのは間違いない。加えて、憲法の前文に大韓民国臨時政府が盛り込まれた背景には北朝鮮に対する正統性を確保する目的もあったことを想起すれば、北朝鮮に対抗する概念でもある大韓民国臨時政府と南北統一を結びつけるのは、実はそもそも矛盾を含む主張である。にもかかわらず、この矛盾を埋める論点として、大韓民国臨時政府の左右合作という史実しか提示されていないという問題がある。

ともあれ、ニューライトの主張からはじまった建国節をめぐる論争は、独立運動史研究、とくに大韓民国臨時政府の歴史的位置づけにまで飛び火し、各々の論者の都合のいいように解釈された。そして朴槿恵から文在寅に政権が交代する二〇一七年頃から、韓国が一九一九年に「建国」されたとする歴史観は勢いを増し、大韓民国臨時政府のみならず、三・一独立運動の歴史的位置づけをも規定していくことになる。

4　「三・一革命」論の台頭とその論理

「民主共和国一〇〇年史」

二〇一七年五月の政権交代で大統領となった文在寅は、同年八月一五日の光復節の慶祝辞で「国民主権は臨時政府樹立を通して大韓民国建国の理念」となり、「国民が主人となる国を建てようという先代たちの念願は、一〇〇年の時間をつないでき」たと主張した。また、与党の「共に民主党」のスポークスマンも「建国一〇〇周年までわずか二年に迫ってい」ると述べるなど、文在寅政権は「一九一九年建国」を公式化したといえる[34]。

さらに二〇一八年に入ると、文在寅は大統領直属の「三・一運動および大韓民国臨時政府樹立一〇〇周年記念事業推進委員会」を発足させた。同委員会は主たる活動として国民参加型の記念行事の推進とともに、「大韓民国一〇〇年の発展・省察」、「民主化と人権の『民主共和国一〇〇年史』の考察」を掲げている[35]。この「民主共和国一〇〇年史」は、現行の大韓民国憲法の第一章第一条「大韓民国は民主共和国である」と、一九一九年四月一一日の大韓民国臨時政府樹立とともに宣布された大韓民国臨時憲章の第一条「大韓民国は民主共和制とする」に由来する。

つまり、大統領直属の「三・一運動および大韓民国臨時政府樹立一〇〇周年記念事業推進委員会」は、「民主共和制」の連続性を根拠に「一九一九年建国」史観を韓国社会に浸透させようとしたのである。これまで見てきたように、大韓民国臨時政府は北朝鮮に対して韓国の正統性を示すためのツールであったり、朝鮮の自力「解放」、あるいは南北統一のシンボルであったりした。時の政治状況に左右されたり、論者ごとにさまざまな願望を託されたりしてきた大韓民国臨時政府は、少なくとも文在寅政権期の政府見解においては、現在の韓国と結びつく民主共和制を提唱したことにその最大の歴史的意義が認められるようになったといえる。

二〇一九年の三・一独立運動の一〇〇周年記念事業は、こうした大韓民国臨時政府と紐づけられるかたちで展開された[36]。換言すれば、三・一独立運動は、その解釈が正しいのかどうかはともかく、民主共和制を志向し、大韓民国臨時政府を生んだ運動として記念されることとなったのである。「解放」後から独立運動のシンボルであり続ける三・一独立運動を利用することで、大韓民国臨時政府の権威づけを図ったといってもよいかもしれない。

文在寅政権が推し進める記念事業に対しては、当然ながら、野党に転落した保守政党の自由韓国党（現・国民の力）が批判を繰り広げた。たとえば二〇一八年九月の国会では、同党の議員がニューライトの主張する国家の三要素を根拠に「一九一九年建国」史観を批判し、政府が進める一〇〇周年記念事業は「国論分裂を惹起」するものだと主張している[37]。李明博政権とニューライトが提唱した建国節に対して向けられた、国民の「分裂」を引き起こすという批判が、立場を変えて展開されているといえる。

だが、「国論分裂」と呼べるほど、現在の韓国で一九四八年「建国」説を支持する声は大きくない。少なくとも韓国の歴史学界では、ニューライトの建国節に批判の声を上げたのとは対照的に、大韓民国臨時政府を積極的に評価する流れが大勢を占めているのである[38]。

民衆史学の転向――「民主共和制」という妥協点

三・一独立運動を大韓民国臨時政府と紐づけて解釈する傾向は、大韓民国臨時政府研究においては古くから見られるものであった。大韓民国臨時政府の研究はその樹立から五〇周年を迎えた一九六九年を契機に本格化し、「［大韓民国臨時］政府の樹立こそ三・一運動の結実的精華」という評価のように、当初から三・一独立運動を大韓民国臨時政府を生んだ運動として捉える研究も発表されていた。大韓民国臨時政府研究のこうした傾向は、一九八七年の憲法改正で前文に「三・一運動によって建立された大韓民国臨時政府の法統」を韓国が「継承」しているという文言が挿入されたことによってさらに後押しされ、より顕著なものとなっていった。(39)

しかし、大韓民国臨時政府の研究者は「大韓民国建国六〇年」にあたる二〇〇八年頃から、ニューライトと保守政権が提唱する建国節制定の動きへの対応を余儀なくされた。前節で述べたように、大韓民国臨時政府の研究者は「一九一九年建国」を提唱することで建国節の動きに対抗していたが、その際、「民主共和制」を強調するようになっていく。たとえば、金喜坤は『臨時政府時期の大韓民国研究』において、「三・一運動は近代国民国家樹立運動だという意味」で、「韓民族史において最初に樹立された民主共和政府」である「臨時政府の樹立に帰結」すると述べている。同様に張錫興《チャン・ソクフン》も三・一独立運動を民主共和制の実現を可能にした「革命」であると評価した。(40)

このように、現在の韓国と結びつく「民主共和制」であることに大韓民国臨時政府の最大の価値を見出し、三・一独立運動をよりどころとすることでその権威づけを図る文在寅政権の一〇〇周年記念事業のロジックの原型は、大韓民国臨時政府の研究者がニューライトの主張する建国節に対抗するなかで出来上がっていたものだといえる。

だが、韓国の歴史学界において、大韓民国臨時政府が一貫して高い評価を得たり、重視されたりしてきたわけでは決してない。とくに韓国で民主化運動が高揚したり、憲法が改正されたりした一九八〇年代後半以降は、進歩派学者による「民衆史学」と呼ばれる研究潮流が台頭し、彼らは大韓民国臨時政府を激しく批判していた。(41)

民主化運動の高まりを背景として台頭した民衆史学は、歴史の変革の主体として民衆を見出し、その立場から大韓民国臨時政府を次の二点で否定的に評価した。一つは、民衆が求める独立運動の指導部としての力量を大韓民国臨時政府は有しておらず、それゆえ、その活動も衰退せざるをえないという限界を抱えていたということである。もう一つは、実際のところ独立運動団体の一つにすぎない大韓民国臨時政府を、憲法前文が謳うように現在の韓国の起源という理由で研究することは、歴史資料にもとづいた実証というよりも、政治的判断を優先させた行為だという批判である[42]。つまり大韓民国臨時政府の研究者は、ニューライトが建国節を提唱する以前は、民衆史学からの批判に対して臨時政府の意義を示さなければならなかった。それゆえ金喜坤は、二〇〇四年に発表した著書で「二六年におよんで独立運動に力を傾けた臨時政府の努力」という点を強調していたのである。

とはいえ、進歩派学者を中心とする民衆史学にとって、ニューライトの建国節は容認できる主張ではない。そうしたなかで、かつて大韓民国臨時政府研究を政治的行為であると批判し、歴史の変革主体として民衆を重視してきた民衆史学が、一転してニューライトへの対抗を目的に憲法前文と大韓民国臨時政府を擁護するようになったのだが、そのための妥協点こそ、「民主共和制」であった。つまり、多くの民衆が参加した三・一独立運動が民主共和主義の実現を求める運動であり、こうした民衆の要求を汲んで大韓民国臨時政府が民主共和制を採択し、この民主共和制を継承したのが現在の韓国であるというロジックを提示することで、民衆史学は自己矛盾の解消を図ったのである。

このロジックは先述した金喜坤や張錫興ら大韓民国臨時政府の研究者と共有しうるものである。換言すれば、ニューライトや保守政権という「共通の敵」の登場こそが、一九八七年の憲法改正以来、長らく対立していた大韓民国臨時政府と民衆史学の研究者を「民主共和制」を共通項として団結させたのである。かくして韓国の歴史学界では、朝鮮近代史における民主共和概念の変遷に注目が集まったり[43]、大韓民国臨時政府を積極的に評価したりする傾向が顕著になった。もちろん、大韓民国臨時政府の研究は民主共和制を採択した大韓民国臨時政府に、民衆史学は民主共和主義の運動としての三・一独立運動に、それぞれ力点を置いているが、これら二つの別個のイベントを一つに結びつけている点は共通する。文在寅政権の一〇〇周年記念事業は、こうした歴史学界の動向に国家のお墨付きを与えるものだったのである。

「三・一革命」論

三・一独立運動を「三・一革命」と呼称する動きも、こうしたニューライトへの対抗の過程で登場する。その発端は二〇一四年であり、先述した『分断時代の歴史認識』を著した姜万吉や独立運動家の遺族を中心に「三・一革命一〇〇周年記念事業推進委員会」が結成された。同委員会の趣旨は「三・一運動の歴史的性格」を独立運動から大韓民国臨時政府の樹立によって確立される「民主共和国志向」の「革命」として再定立するとともに、その名称を「三・一革命」に変更することであった[44]。また、韓国の独立記念館の館長を務めたことのある金三雄《キム・サンウン》は、二〇一六年に「〝三・一革命〟正名回復の意味」という論考を発表し、「三・一革命」と呼称すべき理由として、三・一独立運動が自主独立を宣言して日本の植民地支配を拒否するものであったことに加え、「四千年のあいだ維持されてきた封建王朝体制を拒否しながら……民主共和主義を主張した」点を挙げている。金三雄はとくにこの運動に女性が参加していたことを、「世界の革命史において〝男女老小〟という言葉が実際に登場したのは三・一革命が最初だった」と高く評価している[45]。要するに、韓国併合まで君主制（王制、一八九七年以降は帝政）国家だった朝鮮が大韓民国臨時政府の樹立によって共和制に転換したこと、三・一独立運動がこれを成立させただけでなく、年齢、身分、男女の別に関係なく民衆が参加したことにより彼／彼女らが「〔朝鮮王・韓国皇帝の〕臣民」から「市民」に転換したこと、以上を根拠に、三・一独立運動は「三・一革命」であると主張しているのである[46]。

そして「三・一運動および大韓民国臨時政府樹立一〇〇周年」である二〇一九年に入ると、「三・一革命」や「革命」という用語を冠した書籍や論文が相次いで発表された。まず一般読者向けの書籍では、金三雄が『三・一革命と臨時政府――大韓民国のルーツ』を刊行した。論旨は二〇一六年に発表した論考とほぼ同じだが、「大韓民国臨時政府を樹立させるほどに汎民族的だった己未〔一九一九〕年三・一革命を〝運動〟という用語で一〇〇周年を越すのは先烈〔独立運動家〕に対する礼儀になっていない」と述べるなど、民主共和制を採択した大韓民国臨時政府の意義を力説する内容になっている[47]。

一方、学術書としては、民主化運動記念事業会・韓国民主主義研究所編『韓国民主主義、一〇〇年の革命　一九一九～二〇一九』という九名の寄稿者からなる論集がある。同書は韓国の民主主義の起源を「三・一運動」に設定し、民主共和制を採択した大韓民国臨時政府、「解放」後の韓国における民主化運動、朴槿恵政権を退陣に追い込んだ「ろうそく革命〔一般的には、ろうそくデモと呼ばれる〕」など、一九一九年から二〇一九年まで一〇〇年にわたって民主主義「革命」が持続してきたことを強調する[48]。一〇〇年間を扱うため大韓民国臨時政府に割かれる紙幅は多くなく、寄稿者は共通して「三・一運動」という用語を使っている。しかし、実質的に三・一運動を前近代的な身分の解体と民主主義を進展させた「革命」として描き、大韓民国臨時政府についても臨時憲章で民主共和制の採択を謳ったこと、それを韓国が継承したことを強調しており[49]、論旨自体は金三雄と大差ない。なお、同書の寄稿者の一人であるイ・ナミは二〇一九年に発表した別の論考では、「三・一革命によって誕生した大韓民国臨時政府」と述べている。[50]そのほか、憲法史の観点から三・一独立運動を大韓民国臨時政府と関連させて「三・一革命」として記念すべきであると主張した論文も発表された。[51]

これらは論者によって力点の置き方（三・一独立運動か大韓民国臨時政府か、共和制か民主主義か）に差異はある。だが、三・一独立運動が、①朝鮮の前近代的な身分制の解体を促し、②身分や男女を問わず民主共和主義を志向し、③君主制を廃止して共和制を採択した大韓民国臨時政府を成立させたと主張している点は共通する。要するに「三・一革命」論は、三・一独立運動のなかから中国の辛亥革命やヨーロッパの市民革命と類似した要素を探し出し、強調し、「革命」として記念することで、大韓民国臨時政府研究者と民衆史学がニューライトに対抗するために構築したロジックや、文在寅政権の一〇〇周年記念事業を補強せんとするものなのである。

もっとも、韓国のすべての朝鮮史研究者が「三・一革命」の立場をとっているわけではない。たとえば、独立運動に関する数多くの著作をもつ朴賛勝《パク・チャンスン》の『一九一九――大韓民国最初の春』は、二〇一九年に出版された三・一独立運動に関する書籍を代表するものの一つである。同書は学術的水準を維持しつつも、一般読者を対象に海外での三・一独立運動の準備過程から朝鮮半島内でのデモの展開、意義などを要領よくまとめたものである。朴賛勝はこの運動の意義の一つとして朝鮮人のあいだで性別や身分の差別が撤廃される契機になったことを挙げているが、[52]「革命」としては描いておらず、呼称も「三・一運動」である。ただ、副題からもわかるように、同書もまた大韓民国臨時政府の樹立を「三・一運動の最も大きな成果物」と述べ、民主共和制を採択したことを高く評価して締めくくっている。また、これを「独立したわれわれの〝新しい国〟の胎動」であると表現するなど、実質的に文在寅政権の一〇〇周年記念事業を補強する政治性を帯びた内容になってしまっている[53]。

三・一独立運動に関するもう一つの代表的な研究が、韓国歴史研究会が編集した全五巻からなる論集『三・一運動一〇〇年』である。同書の注目すべき点は、三・一独立運動を大韓民国臨時政府と紐づけるのではなく、史学史や、文化、社会、日本の支配政策に与えた影響など幅広い視点から、この運動の多様性を追究していることである[54]。

この点と関連して紹介したいのが、「三・一運動および大韓民国臨時政府樹立一〇〇周年記念事業推進委員会」の委員である朴杰淳《パク・コルスン》の『韓国独立運動と歴史認識』である。同書は三・一独立運動のみに焦点を当てたものではないが、序文で「三・一運動という歴史的用語を〝革命〟に直すべきだという主張」に理解を示しつつも、「〝運動〟を新たな時代を志向する広範な歴史的変革の意味をもつものと評価するため、同意しない」と述べている[55]。先述した『一九一九』で朴賛勝が三・一独立運動を「革命」として描かなかったのも、朴杰淳が「広範な歴史的変革の意味」を重視するのと同様に、この運動の歴史的位置づけを、民主共和制を志向して大韓民国臨時政府を成立させた運動に限定するのを避けるためだった可能性がある。もっとも、朴杰淳にせよ朴賛勝にせよ、三・一独立運動が民主共和主義を志向する側面があったこと自体を否定しているわけではなく、この運動によって成立したとされる大韓民国臨時政府が民主共和制を採択していたことも評価している[56]。その意味では、彼らが危惧しているのは「三・一革命」論の中身というよりも、「革命」を過剰に強調することによって三・一独立運動の歴史像が固定化することにあると考えられる。

このように「三・一革命」論に対しては研究者によって温度差があり、疑問をもつ者もいる。しかし韓国の歴史学界において、三・一独立運動と大韓民国臨時政府の樹立を結びつけ、前者に民主共和主義の要素を見出し、民主共和制を採択した後者を現在の韓国の起源に定めようとする傾向が、大統領直属の「三・一運動および大韓民国臨時政府樹立一〇〇周年記念事業」という政治的要因と絡み合いながら肥大化していったことに、疑いの余地はないだろう。

5 「三・一革命」を乗り越える

独立運動と韓国ナショナリズム

序章を終えるにあたって、これまで見てきた韓国における独立運動の記憶の変遷を、「韓国人」の創出というナショナリズムの観点から再整理し、そのうえで、第一章以降で描かれる三・一独立運動の歴史的経緯を分析する際の具体的な視点を提示していきたい。

一九四八年八月に三八度線の南側で「朝鮮人」ではなく「韓国人」という新たな国民を創り出す際、新生韓国政府は独立運動の記憶を活用し、韓国最初の憲法の前文で、「大韓国民」を「三一運動により大韓民国を建立し世界に宣布した偉大な独立精神を継承」するものと規定した。とりわけ三・一独立運動は、記念日が設けられたり、その後の改正においても憲法に記載され続けたりするなど、現在にいたるまで独立運動のシンボルとして重視されており、韓国ナショナリズムの形成と維持に大きく貢献した。

とはいえ、たしかに三・一独立運動は「独立精神」を示すものではあったが、実際には日本の支配を打倒して「独立」を達成することはできなかった。そこで、韓国人が独立運動に対してより誇りをもてるようにすべく韓国政府が注目したのが、大韓民国臨時政府である。すなわち、大韓民国臨時政府を継承した国家として韓国を位置づけることで、植民地期の独立運動によって、朝鮮は自力で日本の支配からの「解放」と韓国の樹立を勝ち取ったという認識を韓国人に浸透させようとしたのである。その試みはある程度成功したといえるが、大韓民国臨時政府への言及は、一九六三年から八七年の改正までは憲法の前文から削除されていた。一九八七年に復活して以降も、韓国の独立運動史研究では大韓民国臨時政府の意義や実態について否定的にみる傾向が根強くあり、三・一独立運動のように常に肯定的な評価を得ていたわけでは決してなかった。

また、大韓民国臨時政府は、南北分断の状況のなかで、北朝鮮に対する韓国の国家的正統性を示すための手段でもあった。つまり韓国ナショナリズムとは、韓国が日本の支配を打倒するほどの力をもった独立運動によって打ち立てられ、さらに北朝鮮に対しても正統性を有しているという認識を、三八度線以南の住民に浸透させるためのイデオロギーだといえる。

一方で韓国には、北朝鮮との統一によって朝鮮民族による単一の国家を築くことを願う統一ナショナリズムも存在する。北朝鮮に対する韓国の正統性を示す根拠であるはずの大韓民国臨時政府を南北統一の観点から捉える、一見すると矛盾した研究が発表されるのは、三八度線以南の韓国ナショナリズムと朝鮮半島全体の統一ナショナリズムが併存しているからである。

韓国ナショナリズムと統一ナショナリズムが併存した結果、南北分断が確定した瞬間である一九四八年八月一五日の韓国「建国」は、「政府樹立」といった曖昧な表現でぼかされ続けた。こうした状況をニューライトと二〇〇八年以降の保守政権が一八〇度転換させようとしたことにより、韓国ナショナリズムは変容していくことになる。

ニューライトや保守政権は統一ナショナリズムをもたないため、韓国が一九四八年八月一五日に「建国」されたという観点を明確に打ち出した。そして、韓国ナショナリズムから独立運動の記憶を実質的に切り離し、一九四八年八月一五日以降に韓国が資本主義と民主主義の国家として目覚ましい発展を遂げたことへの誇りや自負心を中核に据えて、「大韓国民」を統合し直そうと試みた。二〇一二年に当時の大統領であった李明博が竹島／独島に上陸して日韓が対立したように、保守政権が「親日」的だったわけでは決してない。だが、日本の支配の打倒を目指した独立運動を「大韓国民」が共有すべき記憶から除去しようとしたことが示すように、保守政権が創り出そうとした韓国ナショナリズムは、従来に比べて「反日」の要素は薄いものであったといえる。

ニューライトや保守政権はこうした新たな韓国ナショナリズムを定着させるべく記念日や歴史教科書を活用した。しかし韓国社会の反発は大きく、十分な成功を収めることができないまま、二〇一七年に進歩派の文在寅政権が誕生し、韓国ナショナリズムはさらなる変貌を遂げる。

文在寅政権は、韓国の起源に関する憲法前文の解釈を踏襲して、再び韓国ナショナリズムと独立運動の記憶を結びつけた。その意味では、ニューライトが台頭する以前の韓国ナショナリズムに回帰したといえるが、独立運動の扱いは大きく異なる。

文在寅政権は、かつては意図的に曖昧にされてきた韓国「建国」の時期を、一九一九年の民主共和制を採択した大韓民国臨時政府の樹立時に定め、保守政権時代に実質的に不必要なものとされた独立運動の記憶を復権させた。それと同時に、三・一独立運動の記憶を、日本の支配からの「解放」を目指す独立運動から現在の韓国を生んだ民主共和主義の「革命」に書き換えた。大韓民国臨時政府は独立運動による朝鮮の自力「解放」の意味ももつから、「建国」時期の明確化によって、韓国における独立運動の記憶の重要性はかつてないほどに高まることとなった。

その一方で、独立運動の意義を韓国「建国」を成し遂げたことに見出すことによって、日本と闘争したこと、すなわち「反日」運動としての側面は強調されなくなった。文在寅政権が重視するのは一九一九年の「建国」と、「民主共和国一〇〇年史」というスローガンが示すように、一〇〇年におよぶ民主共和制の国家を韓国人が営んできたことに対する誇りや自負心であり、「反日」は副次的なものとなったのである。「はじめに」で取り上げた文在寅の三一節の祝辞は、このことをよく示している。

要するに、現在の文在寅政権下の韓国ナショナリズムは、「大韓国民」を一九一九年の「建国」以来、一〇〇年におよぶ民主共和制国家を維持し、発展させてきた国民として再統合するためのイデオロギーだといえる。そして、こうした韓国ナショナリズムを理論的に支えているものこそ、ニューライトに対抗するために、(当然ながら批判的な論者もいるにせよ)独立運動史研究者と進歩派政権が官民一体となって構築した「三・一革命」論なのである。

歴史資料にもとづく史実の復元

筆者は、三・一独立運動によって韓国が一九一九年に「建国」されたという見解には否定的である。三・一独立運動によって朝鮮が「解放」されなかったことは厳然たる歴史的事実であり、一九一九年の「建国」は、ニューライトや保守政権に対抗するために歴史学という学問と進歩派政権との結びつきが深まることで形成されたきわめて政治的な主張だからである。こうした状況を踏まえて、本書では次の二つの視点を重視して、三・一独立運動の歴史過程を跡づけていく。

一つ目は、現在の韓国の政治的状況からできる限り距離をとって、歴史資料にしっかりともとづきながら史実を復元していくことである。独立運動、とくに三・一独立運動研究は時の政権によって描き方が大きく左右され、近年では大韓民国臨時政府と紐づけられた民主共和主義の「革命」へと格上げされた。だが、今後、韓国で政権交代が起きた場合、三・一独立運動の描かれ方が再び変わる可能性は十分にありえる。そのため、まずは政権の変化に左右されない史実を復元していく必要がある。

そしてこの作業は、韓国と北朝鮮で共有できる独立運動史を描くための基礎にもなると考えられる。文在寅政権は北朝鮮との宥和を重視する立場をとっているが、その一方で、南北の歴史認識の溝は深まるばかりである。

北朝鮮における「革命運動史〔独立運動史の北朝鮮での呼称〕」研究は、同国を「建国」した金日成《キム・イルソン》による独立運動や社会主義に最大の価値を置く。それゆえ、一九一二年生まれの金日成がほとんど参加していない三・一独立運動は「三・一人民蜂起」と呼称され、韓国に比べればはるかに評価が低い(57)。ましてや、韓国側の正統性を示すための根拠でもある「上海臨時政府〔大韓民国臨時政府の北朝鮮での呼称〕」を北朝鮮が肯定的に評価するはずはなく、「ブルジョア民族主義運動の上層部」が組織し、農民や労働者から支持を得られなかった「亡命団体」であると切り捨てられている(58)。つまり、三・一独立運動を大韓民国臨時政府と紐づけることで、北朝鮮が全民族的運動として多少なりとも評価していた三・一独立運動に対する南北の記憶の共有までも、難しくなっているのである。事実、文在寅政権は三・一独立運動一〇〇周年の南北共同の行事を開催しようとしたが、北朝鮮側の理解を得られず、実現しなかった。

本書では、三・一独立運動によって韓国が「建国」されたという結論ありきではなく、北朝鮮を生み出した社会主義など歴史のさまざまな可能性にも着目しながら、歴史資料にもとづいて三・一独立運動の歴史過程を跡づけていく。

グローバルな視点で捉える

次に本書が重視するのは、グローバルな視点をもって、三・一独立運動と当時の国際社会との関連性を解明することである。植民地時代の独立運動は、国民が共有すべき記憶として、韓国におけるナショナリズムの形成と維持に活用されてきた。それゆえ、従来の独立運動史研究は、韓国の人々が植民地時代の歴史のなかで自信をもちうる要素、すなわち日本に対する闘争性や新国家建国のための努力といったような朝鮮人独立運動家の主体性の解明に重点を置いてきた。しかしその反動として、国際情勢や他民族の運動が朝鮮独立運動に与えた影響といった外的な要素を十分に検討することなく、一国史的に分析してきた[59]。

三・一独立運動の場合も、この運動が勃発した直接的な契機は第一次世界大戦が展開する過程で「民族自決」が提唱され、これを議題の一つとして一九一九年一月から開催されたパリ講和会議に朝鮮人が期待を寄せたことにあった。しかし、こうした国際的背景と向き合った研究はごく一部にすぎず[60]、未解明な点が依然として多い。一例を挙げれば、一九一九年から現在にいたるまで朝鮮(韓国)で使われている「民族自決《ミンジョクチャギョル》(민족자결)」という翻訳語の語源は、周知のようにSelf-Determinationである。直訳すれば「自己決定(自決、自定)」となるが、語源に「民族」の意味は含まれておらず、実は翻訳語としては不適切である(それゆえ、以下、本書ではSelf-Determinationを「自決」と記す)。しかし、どのような経緯で「自決」が「民族自決」と訳され、朝鮮で使われることになったのかを突き止めようとした研究は皆無である。その一方で、近年は三・一独立運動を「革命」として描くために、共和制や民主主義の要素を探し出すことに研究の関心が集中し、この運動がパリ講和会議や「自決」への期待を背景に勃発したという、周知でありながらも未解明な点の多い事実は、ますます忘れ去られようとしているのである。

国際的背景の解明を抜きにして、三・一独立運動を理解することはできない。そこで本書では、「自決」が提唱されたり、パリ講和会議が開催されたりする要因となった一九一四年の第一次世界大戦の勃発に遡り、大戦の影響を受けて朝鮮独立運動がグローバル化していく過程から叙述することとしたい。その意味で本書は、朝鮮独立運動史研究の一国史的な研究状況を克服するとともに、第一次世界大戦を共通項とする、朝鮮史研究と他国・他民族の歴史に関する研究との対話を促すものでもある。

これと関連して、本書は三・一独立運動と日本との関係にも着目する。三・一独立運動は日本の植民地支配からの「解放」を目指した運動だが、日本は「敵」としてのみこの運動と関わっていたわけではない。当時の日本の思想や国際社会に関する情報、そして人的交流など、さまざまな面で影響をおよぼしていた。

これまで述べてきたように、三・一独立運動を知ることは、現在の韓国を理解することと結びつく。だが、日本ではこの運動が日本の支配に対する不満や、「自決」を背景にして勃発したこと以外には十分に知られていない。そこで本書では、この運動が日本でより身近なものとなるように、日本との関係についても意識的に叙述していく。

本書の内容

以上の点を踏まえて、第一章以下の内容について簡単に述べておこう。

第一章では一九一四年の第一次世界大戦の勃発によって国際関係が変化するなかで、朝鮮独立運動がグローバル化していく過程を論じる。また、この過程で、現在の「三・一革命」の根拠の一つである「共和制」の問題が独立運動と結びつくため、この点についても詳しく見ていきたい。

第二章では、アメリカの参戦やロシア革命の勃発によって大戦の戦局が大きく変わる一九一七年から一九年に三・一独立運動が勃発する直前までの時期を扱う。とくにアメリカ大統領のウッドロウ・ウィルソン（Thomas Woodrow Wilson）が一九一八年に提唱したことで知られる「自決」を朝鮮人独立運動家がどのように受け止めたのかに注目する。また、「自決」と「民主主義」は表裏一体の関係にあるため、「三・一革命」の根拠になっている「民主主義」を朝鮮人がどう受容したのかも明らかになるだろう。

第一章と第二章の内容を踏まえて、第三章では一九一九年三月一日に朝鮮半島でいかにして三・一独立運動が起こったのかを扱う。その際、とくにこの運動と日本がどのような関係にあったのかを具体的に明らかにしていく。

第四章は、三・一後に朝鮮独立運動がどのように変化したのかを探る。同章では韓国「建国」問題の核心である大韓民国臨時政府の樹立についても国際的な視野から跡づけていくが、ソヴィエト・ロシアやコミンテルンといった社会主義の問題にも着目し、当時の朝鮮独立運動がさまざまな可能性を秘めていたことを論じていきたい。

最後に終章では、本書の内容を整理しつつ、三・一独立運動とは何だったのかを、あらためて考えてみたい。

第一章　第一次世界大戦――共和制か帝政か

1　朝鮮半島から海外へ――韓国併合と武断政治

三・一独立宣言書の起草者

我等は茲に我朝鮮の独立国たること及朝鮮人の自由民たることを宣言す。此れを以て世界万邦に告げ人類平等の大義を克明し此れを以て子孫万代に誥へ民族自存の正権を永有せしむ。

これは一九一九年三月一日に朝鮮の各地で配布された独立宣言書（以下、本書では三・一独立宣言書と表記する）の書き出しである。この宣言書を手にした民衆が「独立万歳」を叫びながら一ヶ月以上ものあいだデモ行進を繰り広げたのが、三・一独立運動である。

三・一独立宣言書を起草したのは、当時二九歳にして、すでに朝鮮を代表する言論人としての名声を得ていた崔南善《チエ・ナムソン》である。彼は宣言書の冒頭で世界に向けて独立を宣言した後、続けて朝鮮人の「生存権」が「剝喪」されたり、「民族的尊栄」が「毀損」されたりするなど、一九一〇年以来の日本の植民地支配がどれだけ厳しいものであったかを指摘する。その一方、彼は朝鮮人にとって重要なことは今後「新運命を開拓」していくことであって、過去の日本の支配を「責めんとする」ことではないと説き、日本との「真正なる理解と同情とを基本とする好友的新局面を打開」しようと呼びかけている。

このように崔南善が起草した三・一独立宣言書は、植民地支配への厳しい批判が含まれているものの、決して日本を敵視する内容ではなかった。もちろん、彼が日本を憎んでいなかったわけではないし、第三章で述べるように、彼が一人で宣言書の内容を考えたわけでもない。しかし、日本と「好友的」関係を築くべきだという宣言書の主張は、彼の本心であっただろう。なぜなら、崔南善は日本から積極的に学ぶことで、言論人として成長した人物だからである。

まずは、崔南善が言論人として台頭していく過程を追いながら、朝鮮が日本によって植民地化される経緯を概観することからはじめよう。

大韓帝国の植民地化と崔南善

崔南善は一八九〇年、朝鮮王朝の首都漢城（現・ソウル）で薬屋を営む裕福な家庭に生まれた。彼が生まれた四年後、日清戦争が勃発する。一三九二年の建国以来、朝鮮王朝は中国（最初は明、のちに清）の属国だったが、日清戦争で日本が勝利した結果、朝鮮と清の宗属関係が廃止された。朝鮮王朝は清から独立したことを世界に示すため、一八九七年に国号を大韓帝国に変更して帝政国家となり、朝鮮王の高宗（こうそう／コジョン）は初代大韓帝国皇帝となった。崔南善はこの頃から、世界の動向に関心をもつようなったようである[1]。

一九〇四年二月、日露戦争が勃発する。満洲と朝鮮の権益をめぐって日本とロシアが争うなかで、日本は同年八月に大韓帝国と第一次日韓協約を締結した。これは日本政府の推薦する人物を大韓帝国政府の外交、財政顧問として雇用させるものであった。このように大韓帝国に対する日本の支配が着実に強まりつつあるなか、崔南善は大韓帝国の皇室特派留学生に選ばれ、はじめて日本に留学した。彼は趙素《チョ・ソ》昻《アン》、崔麟《チェ・リン》らのちに独立運動家として名を残す人物とともに東京府立第一中学校（現・東京都立日比谷高等学校）に通ったが、家庭の事情などもありわずか一ヶ月で退学し、帰国してしまう[2]。

一九〇六年、崔南善は私費で再び日本に留学し、早稲田大学高等師範部に入学する。だが、彼が最初に日本に留学したときとは、大韓帝国の状況は大きく異なっていた。日露戦争に勝利した日本が、一九〇五年一一月に大韓帝国と第二次日韓協約を締結し、大韓帝国から外交権を剝奪して保護国化したのである。

国が存亡の危機を迎えるなかで、朝鮮人が展開した抵抗運動は二種類あった。一つは義兵を組織して、日本人の所有する建物を焼き討ちにするなど武力で日本に抵抗する義兵闘争である。もう一つは、大韓帝国の国民としての意識が希薄な民衆に愛国心をもたせて団結させ、さらにさまざまな近代的な知識を啓蒙することで、日本に奪われた国権を取り戻し、独立国家としての地位を維持するための朝鮮人全体の実力を養成しようとする愛国啓蒙運動である。義兵闘争が日本の支配と直接対決するものであったとすれば、愛国啓蒙運動は対決を先送りにし、まず朝鮮人自体の実力を養成することに重きを置いた運動であり、同じ抗日運動でありながら両者の関係は良好ではなかった。

図1－1　1914年に撮影された25歳の崔南善

愛国啓蒙運動を担った知識人は、大韓帝国が保護国化された原因は、政治、産業、教育などあらゆる面で十分に近代化できなかった朝鮮人自身にもあると考え、アジアのなかで最も近代化に成功していた日本とすぐに対決できる状況にないと認識していた。それゆえ、朝鮮人に日本と対決するための実力が不足していることを自覚しないまま、武力で日本に直接対決を挑んでいる義兵闘争に否定的な態度をとったのである。(3)

朝鮮人留学生は日本で大学に通いながら、留学生団体を組織したり、朝鮮語の機関誌を発行したりすることで愛国啓蒙運動に協力した。崔南善も留学生団体である大韓留学生会で活動し、一九〇七年三月に創刊された機関誌『大韓留学生会学報』の編集を担当している。

朝鮮人学生たちが留学先として大韓帝国を保護国として支配する日本をあえて選んだのは、一つはアメリカやヨーロッパに比べて距離が近いため比較的留学しやすいからであり、もう一つは、先述のようにアジアのなかで最も近代化に成功していたからであった。すなわち、彼らが日本に留学した目的は単純に大学で学ぶためだけではなく、日本で近代的な知識や技術を会得して大韓帝国に持ち帰るためでもあり、崔南善もそうした目的を抱いていた。(4) 彼は一九一〇年に発表した回想記で、次のように日本留学を振り返っている。

一五歳の秋〔おそらく一九〇四年一〇月の最初の留学を指す〕に日本にわたったところ、驚いた。出版界がわが国よりも盛大であり、ひとたび書店に立ち寄れば、定期刊行物、臨時刊行物など見たこともないものばかりだ。それらの内容や外観に対して少しも批評するだけの知見はなく、ただただ、多大だ、広大だ、光り輝いている、芳ばしい、一言でいえば、思いもよらないという感情が湧き上がるだけだった。(5)

日本の出版界に魅了された崔南善は、留学中に東京中の図書館に通いつめ、書籍を収集した。また、気に入った書籍は繰り返し読むだけでなく、朝鮮語に翻訳するようにまでなり、その成果の一部を自身が編集する『大韓留学生会学報』に発表した。しかし、次第に彼は図書館や書籍を通して自身が知識を蓄えることではなく、大韓帝国で出版社を興し、朝鮮の民衆がさまざまな知識に触れる機会をつくることを志すようになっていく。

大学を中退して帰国した崔南善は、日本の出版社を参考にして一九〇八年に新文館を設立、同社から雑誌『少年』を創刊した。『少年』は滅亡に瀕した大韓帝国の未来を担うことのできる人材の養成を目指して、朝鮮の若者に多様な知識を提供する教養雑誌であり、今日の韓国では「朝鮮初の近代雑誌」という評価を得ている。崔南善は日本で集めた雑誌や単行本を翻訳したり、レイアウトや誌面構成を参照したりしながら『少年』の編集に励んだ。

しかし、『少年』は一九一一年五月の第四年第二巻で廃刊となる。その背景には大韓帝国の植民地化がある。日本はまず一九〇七年に保護国支配に対して反抗的な態度をとる高宗を皇帝から退位させ、後任に息子の純宗（じゅんそう／スンジョン）を据えるとともに、第三次日韓協約を締結して大韓帝国の内政権をも剝奪した。その約三年後の一九一〇年八月二九日、「韓国併合に関する条約」を締結し、大韓帝国を正式に植民地化した。以後、大韓帝国は日本の一地方としての「朝鮮」となり、首都だった漢城も京城と改称され、京城には朝鮮を統治するための機関である朝鮮総督府が置かれた。もはや以前のように朝鮮人が自由に出版物を出すことは不可能となり、『少年』も朝鮮総督府によって「治安を妨害する」ものとして廃刊処分となったのである。

だが、崔南善は雑誌を通して朝鮮の民衆がさまざまな知識に触れる機会をつくることを諦めなかった。

彼は朝鮮総督府の警戒を避けるために、「治安を妨害する」ものとみなされにくい児童雑誌の刊行に着手し、一九一三年に『赤いチョゴリ〔붉은 져고리〕』を創刊した。翌年からは『少年』以来の教養雑誌として『青春』の刊行を開始し、これが朝鮮人のあいだで次第に人気を博していき、崔南善は朝鮮を代表する言論人となった。

崔南善は日本の出版界に衝撃を受け、朝鮮で新文館という出版社を設立した。また、『少年』だけでなく『青春』も日本のさまざまな書籍の翻訳から成り立っており、児童雑誌である『赤いチョゴリ』も、当時の日本を代表する児童文学者の巌谷小波《さざなみ》の作品にインスパイアされたものであった。

このように、崔南善は大韓帝国が滅んで植民地になっても雑誌の刊行を諦めなかったことに加え、日本の出版界から貪欲に学び続けることで言論人として成功を収め、ひいては三・一独立宣言書の起草という大役を任されることとなったのである。

朝鮮総督府の武断政治

ところで、一九一四年から一八年まで刊行された『青春』が朝鮮人のあいだで人気になったのは、その内容もさることながら、そもそもライバルとなる朝鮮語雑誌がほとんど存在していなかったからである。一九一〇年代の植民地朝鮮において崔南善が雑誌を発行し続けたことは、実はきわめて異例だった。なぜなら、韓国併合後、朝鮮総督府は「武断政治」と呼ばれる統治政策を行い、朝鮮人のあらゆる活動を著しく制限していたからである。

武断政治は、朝鮮総督府にとっての治安を維持すること、すなわち朝鮮人の反乱や独立運動を徹底した軍事支配によって鎮圧しつつ、植民地統治の基盤を築くことを目的とした政策である。具体的には、憲兵警察制度と朝鮮人の諸権利の剝奪を政策の柱とした[6]。

憲兵警察制度は、本来は軍事警察だけを担当する憲兵が、普通警察業務も兼ねるというものである。これによって憲兵は独立運動のみならず、朝鮮人の日常的な犯罪までも取り締まった[7]。さらに、こうした取り締まり体制の強化とともに、朝鮮総督府は朝鮮人の結社、集会、言論の自由を大幅に制限し、朝鮮人が政治的な団体を組織することはもちろん、屋外で大人数で集まることさえも禁じた。また、大韓帝国の保護国期に組織された愛国啓蒙運動を推進する団体も、政治結社に該当するため、韓国併合と同時に解散させた[8]。

言論についても同様であり、朝鮮人が発行する既存の新聞と雑誌をすべて廃刊させた。崔南善の『少年』も韓国併合と同時に停刊処分になっており、その後一度は復刊したものの、結局、前述のように第四年第二巻（一九一一年五月）で廃刊となる。その理由は「治安を妨害する」、つまり雑誌の内容が朝鮮人の民族意識を高め、独立運動の発生につながるおそれがあると朝鮮総督府に認識されたからであった[9]。基本的に一九一〇年代の朝鮮で朝鮮人が新聞や雑誌を発行することはきわめて難しく[10]、とりわけ民衆の民族意識を鼓舞するような独立運動と関連する書物を発行することはまず不可能であった。この時期に出版物を出すことができたのは、児童雑誌や教養雑誌を刊行した崔南善と、朝鮮総督府から例外的に集会、結社、言論の自由をある程度認められていたキリスト教、仏教、天道教（朝鮮土着の新興宗教）の宗教関係者など、ごく一部の朝鮮人に限られていたのである。

武断政治下の朝鮮では、朝鮮人の集会、結社、言論の自由が大きく制限され、さらには憲兵が朝鮮人の動向に目を光らせており、独立運動を起こすことは現実的ではなかった。こうした状況下で、独立を目論む朝鮮人を震撼させたのが、一〇五人事件である。以下、この事件について、尹致昊《ユン・チ・ホ》に着目しながら見ていこう。尹致昊は一〇五人事件によって大きく人生を狂わされ、独立宣言書を執筆してさらなる名声を得る崔南善とは対照的に、三・一独立運動を批判して多くの朝鮮人から恨みを買うことになる人物である。

転向した抗日運動家、尹致昊

尹致昊は朝鮮王朝時代の一八六五年に生まれ、八一年に朝鮮で最初の日本留学生の一人として中村正直の同人社に通った。その後は中国にわたった後に、一八八八年から九五年までアメリカに留学する。こうした豊かな国際経験を背景に、尹致昊は知識人として頭角を現していく[11]。

尹致昊は、途中で数年間の中断を挟みつつも、一八八三年から一九四三年まで日記を書き続けた人物であり、アメリカ留学中の一八八九年一二月からは英語で記すようになった。アメリカで白人による黒人への人種差別を目撃した彼は、一八九〇年五月六日の日記に次のように記している。

力〔might〕をもつ者は、不可侵の権利と正義と成功を享受している。しかし、力をもたない者には、悪事、不正、そして失敗しかない。強き民族、人種による弱き民族、人種に対する扱いが、このことを証明している。それゆえ、私は強く思う。力、ただそれに尽きる、と[12]。

この記述は直接的には白人による黒人への人種差別についてのものだが、「力」こそが「正義」であるという考え方は尹致昊の行動原理となり、「力」なき朝鮮民族がいかにして「不可侵の権利」を手にするかという問題に直面することになる。

その最初の機会が、独立協会の活動である。一八九五年に帰国した尹致昊は、翌年に独立協会という政治団体に加入し、九八年以降はその指導者となった。独立協会は朝鮮（一八九七年以降は大韓帝国）を近代化し、強国にするために民衆を啓蒙することを目的とする団体である。尹致昊は国民一人ひとりが国家の運営に参加しているという意識をもつことが、朝鮮を強国にすることにつながると考え、独立協会の活動を通して立憲君主制の導入を目指した。だが、専制君主である皇帝の高宗によって、一八九九年に独立協会は解散させられた。

一九〇五年、「力」こそが「正義」を信条とする尹致昊は、大韓帝国の保護国化の原因が「強くて賢明な政府」をもつことのできなかった朝鮮人自身にあると冷静に受け止めた[13]。そして、朝鮮社会を近代化させて日本の支配に対抗する実力を養うため、愛国啓蒙運動を率いていく。まず彼は一九〇六年四月に大韓自強会という愛国啓蒙団体を結成し、朝鮮人の民族意識を鼓舞し、教育を振興することを目指した。しかし、同団体は大韓帝国を保護国支配する日本に危険視され、一九〇七年に弾圧されてしまう。そのため尹致昊は、同年に今度は秘密結社（政府に届け出ていない政治結社）として新民会を組織した。新民会は安昌浩《アン・チャンホ》、李東輝《イ・ドンフィ》ら愛国啓蒙運動の中心人物を網羅した団体であり、その存在を日本に察知されないようにしながら、民衆の啓蒙に尽力した。

図1－2　アメリカ留学時代の尹致昊

一〇五人事件とは、この新民会を壊滅させた事件である。韓国併合後、朝鮮総督府は既存の政治結社をすべて解散させたが、新民会は秘密結社であるため、地下活動を続ける余地があった。そうしたなか、一九一〇年一二月に初代朝鮮総督（任期は一九一六年まで）の寺内正毅が朝鮮半島北部を視察した際、一部の朝鮮人が寺内暗殺を企てたとして逮捕される事件が起こる。逮捕された朝鮮人からこの計画に新民会が関与しているという自白を引き出した官憲は、尹致昊ら新民会の関係者を中心に七〇〇人以上を検挙した。一九一二年三月、物的証拠がなかったにもかかわらず検察によって一二二人が起訴され、裁判では一審で一〇五人に有罪判決が下り、最終的には翌年の二審で六人が有罪となった。尹致昊はその一人であり、懲役六年の刑が下った。当初は事件への関与を否定していた尹致昊だったが、検察の暴力的な取り調べに屈し、虚偽の自白をしてしまったという[14]。

いずれにせよ、一〇五人事件は新民会を一網打尽にするための朝鮮総督府によるフレームアップであり、朝鮮人に朝鮮総督府の「力」を見せつけるには十分だった。天皇の特赦によって一九一五年二月に釈放された尹致昊は、その翌月、朝鮮総督府の朝鮮語の御用新聞『毎日申報』を刊行する京城日報社を訪れ、社長の阿部充家と面会した。彼は「日本人を心から嫌ってい」たが、「日本と日本人を理解できなかっただけでなく、さまざまな誤解があったことに獄中でようやく気がついた」と述べたうえで、次のように転向を宣言する。

われら朝鮮民族はどこまでも日本を信じ、ただ信じるだけでなく、彼我の区別がなくなるまで努力する必要があると考える……今後は日本のさまざまな維新紳士と交際して、日鮮民族の幸福など日鮮両民族の同化に対する計画には、力の限り惜しまずに努力するつもりだ[15]。

日本から「不可侵の権利」を取り戻すべく朝鮮人の実力養成を図ってきた尹致昊は、一〇五人事件によって、日本人と朝鮮人の「力」の差があまりにも歴然であること、換言すれば、どれだけ努力したところで朝鮮人が朝鮮半島から日本を追い出す日は訪れないと、認めざるをえなかった。これ以降、彼は独立運動に参加することはなく、民族差別の蔓延する植民地朝鮮で「彼我の区別がなくなる」、つまり朝鮮人が日本人と同等の権利を得ることを目指して、朝鮮総督府の関係者をはじめとする日本人と積極的に交流していくことになる。

朝鮮半島から海外へ

武断政治下の朝鮮では独立運動を起こすことはできない。そのため、独立運動家たちは新たな活動の拠点を求めて、海外の各地にわたっていく。三・一独立運動以前の独立運動は、ほとんど海外で展開されたといっても過言ではない。

アメリカでは、李承晩、朴容万《パク・ヨンマン》、安昌浩ら同国に留学していた朝鮮人を中心として、一九〇五年にサンフランシスコで在米朝鮮人の相互扶助組織である共立協会が設立された。一九〇九年には、この共立協会に朝鮮人移民の多かったハワイの朝鮮人団体を吸収するかたちで、大韓人国民会が結成された[16]。韓国併合後、同団体は従来の相互扶助に加え、教育や産業の振興を通して在米朝鮮人が独立運動を展開するための実力を養成したり、朝鮮独立への援助を求めてアメリカと交渉したりするなど、独立運動団体としても活動していく。新民会の活動のために一九〇七年に大韓帝国に帰国していた安昌浩も、韓国併合後に朝鮮での活動を諦めてサンフランシスコに戻っている。大韓人国民会は機関紙として朝鮮語で『新韓民報』を刊行したほか、ハワイ、さらにはロシアにも支部を設置するなど、広範なネットワークをもっていた。

東京も独立運動の拠点の一つである。朝鮮総督府は武断政治期には朝鮮に大学を設置することを認めなかったため、韓国併合後、日本、とくに大学の多い東京に留学する朝鮮人が年々増加していく。前述したように、朝鮮人には結社、集会、言論の自由がほとんど認められていなかったが、これは朝鮮半島に居住する場合であり、日本では治安警察法（明治三三年法律第三六号）や新聞紙法（明治四二年法律第四一号）の範囲内で、団体を組織したり、出版物を刊行したりすることができた。

こうした状況を利用して、朝鮮人留学生は大学に通う傍ら、一九一二年に在東京朝鮮留学生学友会（以下、学友会）を結成する。学友会には東京に居住する朝鮮人留学生のほぼ全員が加入した。主な活動は留学生同士の親睦や交流と、一九一四年に創刊された朝鮮語の機関誌『学之光』を通じた啓蒙活動であった。現存するなかで最も古い『学之光』第二号（一九一四年一二月）の巻頭辞には、発行趣旨として、「現代の諸思潮を融合させて、半島の民智を増発させることは、われら留学生の重責である……本誌は、理想と融和し、文明を紹介するための一機関としての便宜を提供」すると書かれている。(17) 朝鮮人留学生は、言論の自由がほとんどない朝鮮半島内の知識人に代わって自分たちこそが朝鮮社会を啓蒙していく必要があると自覚していた。そして、こうした発行趣旨にもとづいて、彼らは当時世界で流行していた思想や理論などを『学之光』で紹介すると同時に、同誌を朝鮮でも流通させて読者を獲得していった。(18)

中国の場合、一九一九年四月に大韓民国臨時政府が置かれるように、上海も独立運動の重要な拠点となる。同地での独立運動は、愛国啓蒙運動の主要な活動家だった申圭植《シン・ギュシク》と朴殷植《パク・ウンシク》が一九一二年に同済社を結成して以降に本格化するが、詳しくは本章の第3節で述べる。

以上のアメリカ、日本、中国で展開された独立運動は、三・一独立運動の勃発に直接的な影響をおよぼすことになる。だが、最初に運動の中心地となったのはロシア極東のウラジオストクであり、その背景には日本とロシアの関係があった。

2　敵の敵は味方――ロシアとの提携と第一次世界大戦の勃発

ウラジオストクにおける独立運動の展開

現在も北朝鮮とロシアのあいだには約一七キロの国境があるように、朝鮮半島の北東部とロシア極東は隣接している。そのため、ロシア極東への朝鮮人移民の歴史は古く、一八六三年に朝鮮半島北部の人々が飢饉などの影響で移住し、ロシア国籍に帰化したことにはじまる。二〇世紀に入り日本の朝鮮侵略が本格化すると朝鮮全土からロシア極東への移住者が増えていくが、朝鮮人が日本のスパイになることを危惧したロシア当局が帰化を制限するようになり、帰化者は増えなかった。一九一〇年の時点で五万人以上の朝鮮人がロシア極東で暮らしていた(19)。

ロシア極東では抗日運動も活発で、義兵闘争などの韓国併合阻止運動が繰り広げられた。ロシア極東における抗日運動に苦慮していた日本は、ロシアに協力を求めるようになった。

朝鮮半島と満洲の権益をめぐって争った日本とロシアは、日露戦争後の一九〇七年から四次にわたって日露協約を締結する。これは日本が領有する朝鮮および南満洲と、ロシアが領有する北満洲の権益を相互に認め合うものであり、両国は関係を改善させていった。韓国併合後の一九一一年には、相手国に対する反対運動を互いに取り締まることを約束する日露逃亡犯罪人引渡条約が締結され、日本はロシアにおける朝鮮独立運動に対する防衛手段を手にしたかにみえた。だが、一九一四年までロシア当局がこの条約を履行することはなかった。

その背景には、沿アムール総督府の総督に一九一一年に就任したニコライ・ゴンダッチ（Н. Л.

図1−3　1925年頃の李東輝

Гондатти）の思惑があった。日露協約を結んだものの、ロシアにとって日本は依然として仮想敵国であり、とりわけ日本と距離の近いロシア極東を治める沿アムール総督のゴンダッチは日本を強く警戒し、日露両国が再び戦争になることを危惧していた。そのため、彼は有事の際には朝鮮人の独立運動を利用できると考えていたのである。

こうした状況のなかで、一九一一年、ウラジオストク郊外にある朝鮮人集住地区の新韓村で、ロシア籍の朝鮮人（以下、帰化朝鮮人。国籍に関係なく、ロシアに在住していた朝鮮人については在露朝鮮人と記す）を中心に勧業会が設立される。ロシア当局の認可を得て設立された勧業会は、移民社会の安定を図るとともに、独立運動を推進することを目的とする団体であった[20]。にもかかわらず、団体名が実業や労働の奨励を意味する勧業会となった理由について、同団体で活動していたある朝鮮人は次のように回顧している。

> 会の名称を勧業としたのは倭仇〔日本〕の交渉上の妨害を避けるためであり、実際の内容は光復〔独立〕事業の大機関となったのだ。われわれだけがそのようにしようとしたのではなく、極東総督ゴンダッチも認可してくれた際に、そのように考えたのである[21]。

日露逃亡犯罪人引渡条約が締結されている以上、朝鮮人が堂々と独立運動を展開すれば、ロシア当局も取り締まらざるをえない。それゆえ勧業会の独立運動は、武装闘争といった過激なものではなく、啓蒙活動が中心だった。具体的には、一九一二年に創刊された朝鮮語の機関紙『勧業新聞』を通して、「われわれは国権回復と民族主義を朝鮮人がみな胸に抱き、額に刻み込み、常にこれを実行」しなければならないと主張するなど、[22]在露朝鮮人の民族意識の高揚に努めた。

勧業会の独立運動は、あくまでもゴンダッチらロシア当局が許容する範囲内でのみ可能であった。それでも、朝鮮半島では実質的に不可能な合法団体としての活動や朝鮮語による言論活動はできるため、一〇五人事件によって壊滅させられた新民会の元メンバーがウラジトクに亡命するようになる。一九一二年に『勧業新聞』が創刊された際に主筆を務めた申采浩《シン・チェホ》も新民会の元メンバーだが、[23]とくに重要な人物が、本書にもたびたび登場することになる李東輝である。

李東輝は一八七三年生まれで、大韓帝国の陸軍に勤務した軍人出身の武闘派の独立運動家である。一九〇五年の大韓帝国の保護国化と同時に軍職を辞して抗日運動家に転身し、尹致昊とともに大韓自強会や新民会を率いるなど、愛国啓蒙運動の中心人物となった。それゆえ、朝鮮総督府がとくに警戒していた人物の一人であり、一九一一年に一〇五人事件で逮捕され、仁川の舞衣島に島流しにされた。釈放後の一九一三年に彼はウラジオストクに亡命して勧業会の活動に合流し、同地の独立運動を過激化させていくことになる。[24]

チタの朝鮮人団体と李光洙

当時のロシアには、勧業会のほかにもう一つ朝鮮人団体があった。東シベリアのザバイカル地方のチタで勧業会と同じ一九一一年に結成された大韓人国民会シベリア地方総会である。

前述したように、大韓人国民会は一九〇九年にサンフランシスコで結成され、朝鮮人移民の多いハワイに支部を設けていた。同団体は独立運動のネットワークを拡大するためメンバーの李剛《イ・ガン》をロシア極東に派遣し、彼はまず朝鮮人移民の多いウラジオストクで支部を組織しようとした。しかし、アメリカで活動していた李剛がプロテスタントの長老派の信者だったことから、ロシア当局は大韓人国民会を長老派の宣伝機関とみなして警戒したため、勧業会のように認可を得ることができなかった。そこで彼はチタに移動し、ロシア当局の許可を得て独立運動を円滑に進めるため、まずロシア正教会に改宗した。その後、ロシア正教会チタ教区の許可を得て大韓人国民会シベリア地方総会を設立したのである。

図1－4　李光洙が編集した『大韓人正教報』の表紙

大韓人国民会シベリア地方総会も朝鮮語の機関誌として『大韓人正教報』を刊行していた。『大韓人正教報』という誌名が示すように表向きはロシア正教を朝鮮人に広めることを目的としていたが、朝鮮人の民族意識を鼓舞したり、日本から国を取り戻すための実力の養成を主張したりする内容も掲載されている。[25]この傾向は、一九一四年五月に李光洙《イ・グァンス》が同誌の編集者になって以降、顕著になる。

李光洙は韓国で「近代文学の祖」として名を残しており、日本でいえば夏目漱石に匹敵するような人物である。また、三・一独立運動の勃発にも深く関わるなど、独立運動家としての顔ももつ。[26]一八九二年生まれの彼は、一九〇五年に一四歳の若さで日本に留学して明治学院中学に通った。一九一〇年三月に卒業すると大韓帝国に帰国し、愛国啓蒙運動の一環として設立された、民族教育の牙城である五山学校の教師となる。教師になって間もない一九一〇年八月に韓国併合によって国を失った際は、「力で我が国を奪った」日本よりも「大きな力」を朝鮮人が身に着ける必要性を痛感したと、のちに回想している。

その後も教師を続けていた李光洙だったが、一九一三年に辞職し、大陸放浪の旅に出た。まず上海にわたり、同地で独立運動を率いる申圭植と親交を深め、彼からサンフランシスコの大韓人国民会が機関誌『新韓民報』の主筆を探していることを聞かされる。李光洙はアメリカ行きの旅費を受け取るために大韓人国民会のシベリア地方総会のあるチタに移動し、大韓人国民会の本部から旅費が到着するのを待った。しかし、結局旅費が届くことはなく、そのままチタにとどまって『大韓人正教報』の編集者となった。『勧業新聞』と同様に、李光洙編集の『大韓人正教報』もまた在露朝鮮人に向けて、民族意識を育み、さまざまな知識を身に着けるために教育を充実させることが朝鮮独立につながると主張する論説を数多く掲載した(27)。

日露再戦への期待

以上のように、ウラジオストクの勧業会とチタの大韓人国民会シベリア地方総会は、ロシア当局の認可のもと、朝鮮民衆の民族意識を高揚させる啓蒙活動を展開していた。これはいずれ日本と闘うための準備という意味合いが強く、独立運動の方法としては穏健なものである。

こうした状況のなかで、日露戦争一〇周年にあたる一九一四年五月頃から、勧業会は従来の啓蒙活動に加え、独立戦争を起こすべく義兵の組織化に向けて動き出す。日本の官憲側の史料によれば、その背景には「日露再戦説」という次のような在露朝鮮人の情勢認識があった。

露国軍人其の他多くの露人は、不遠して露国が日本に対し復讐戦を為さん為、極東地方は勿論、本国に於て頻りに戦備を整えつつありと確信し居るが如し。故に謂うに、朝鮮人は今、徒らに急ぎ無謀の挙を企てんより、徐々に時期を期待し露国と共に討日の兵を挙ぐれば、其の母国を回復すること容易なり云々[28]。

在露朝鮮人は近い将来日本とロシアが「再戦」するとの見通しのもと、ロシアが日本に戦争をしかけるタイミングで朝鮮人が兵を挙げれば朝鮮の独立が達成できると考えたのである。こうした認識にもとづいて、士官学校を設立するなど義兵の組織化を推進した中心人物が李東輝であった[29]。

とはいえ、一〇年前の日露戦争でロシアは朝鮮半島の領土を狙った。そのため、仮にロシアと提携して朝鮮を日本から独立させたとしても、今度はロシアの侵略を招く可能性がある。こうしたリスクについて、李東輝ら在露朝鮮人がどう認識していたのかは定かでない。ただ、李光洙が一九一九年に起草することになる独立宣言書（二・八独立宣言書、詳しくは第二章で述べる）には、「軍事的野心」をもつロシアは「最大の脅威であった」と書かれており[30]、ロシアの侵略に対する潜在的な恐怖心は朝鮮人活動家に共通していたものと考えられる。

要するに、日本の敗戦による朝鮮の独立を最優先課題に掲げ、そのためには朝鮮侵略の可能性をもつロシアとの提携も辞さないというのが、第一次世界大戦勃発前夜の朝鮮独立運動の状況であった。

第一次世界大戦の勃発とその余波

一九一四年七月二八日、オーストリア＝ハンガリーがセルビアに宣戦布告し、第一次世界大戦が勃発した。それから約一週間でヨーロッパの主要国が次々と参戦し、連合国（主にロシア、フランス、イギリス）と中央同盟国（主にドイツ、オーストリア＝ハンガリー）の両陣営に分かれて戦争が繰り広げられることになった。

ロシアにおける朝鮮独立運動は、ロシア当局の好意があってこそ成立する。大戦が勃発すると在露朝鮮人はロシアに協力する姿勢を積極的に示し、一九一四年八月一六日付の『勧業新聞』で「ロシア帝国のために祈禱会を開き、義援金を募集して戦費を補おう」と呼びかけた。(31) ただこの時点では、在露朝鮮人は、この戦争が植民地朝鮮の将来や独立運動をそれほど左右するとは考えていなかった。同日付の『勧業新聞』に掲載された「欧州戦争と韓国」という記事は、朝鮮への戦争の影響について次のように述べている。

ヨーロッパ大陸で起こった今回の戦争に対して、韓国のいたるところにいる関係国の人民たちは、あまりに急な出来事のため動揺して韓国を離れた人も多い。また、商業関係の多くが停止した状態にあり、これと関係のある韓国人はもちろん、ほかの外国人も少なくない損害を被ったようである。(32)

このように戦争の経済的影響にしか言及していない。また、「欧州戦争」という呼称から明らかなように、この時点ではあくまでもヨーロッパの戦争であり、その政治的影響が朝鮮におよぶとの認識は見られない。

しかし、八月二三日に日本がドイツに宣戦布告して参戦すると、状況は一変する。日本とロシアが再び戦争をするという李東輝ら在露朝鮮人の期待とは異なり、両国は対ドイツ同盟国となったのである。日本は日露逃亡犯罪人引渡条約の履行を再三にわたってロシアに求めてきたが、ロシア当局はこれを無視し続けていた。しかし、両国が同盟国になったことにより、ついにロシア当局は朝鮮独立運動の弾圧に乗り出し、八月末までに勧業会と大韓人国民会シベリア地方総会は解散させられ、『勧業新聞』や『大韓人正教報』も廃刊となった。この地での独立運動は、もはや不可能となった[33]。

ロシア籍でない李東輝や李光洙ら亡命者はロシアから国外追放処分となり、ウラジオストクの李東輝は、新たな独立運動の拠点を求めて満洲にわたっていくことになった。チタの李光洙はいったん朝鮮に戻ったのち、一九一五年に再び日本に留学する。

ところで、日露戦争で朝鮮の領土を狙い、大戦の勃発後に朝鮮独立運動を弾圧した当時、ロシアはニコライ二世が皇帝として国を治める帝政ロシア（ロシア帝国）だった。このため、国外追放に処された李東輝と李光洙を含めて、朝鮮人独立運動家は、帝政ロシアを崩壊に導く一九一七年のロシア革命をポジティブに受け止めることになる。

敵の敵は味方

東アジアに位置する日本が参戦したことにより、「欧州戦争」は世界規模の戦争となり、朝鮮にも経済面のみならず、政治面においても、独立運動の停滞というかたちで影響をおよぼした。しかし、日本の敗戦に乗じた朝鮮の独立を最優先課題に掲げていた朝鮮人活動家にとって、日本の参戦は新たな希望にもなりうる可能性があった。『勧業新聞』の廃刊により在露朝鮮人が国際情勢をどう認識していたのかは詳しく知ることができないが、サンフランシスコの大韓人国民会の機関紙『新韓民報』一九一四年九月一〇日付には、次のような記述がある。

ニューヨークにいる同胞からの通信によれば、同地の同胞たちは、日本が徳国〔ドイツ〕と開戦したことに憤り、当地に在住する徳国領事に金貨二〇元を送り、徳国の軍費を助けたという。(34)

日露再戦の可能性が潰えるなかで、日本の交戦国となったドイツに対する期待が新たに芽生えていた。こうした傾向は在米朝鮮人にとどまらず、東京の朝鮮人留学生のなかにも、日本が滅びるかもしれないという理由でドイツの勝利を願う者がいたことが確認できる。(35)結局、在露朝鮮人にせよ、在米朝鮮人にせよ、日本の敗戦による朝鮮独立を実現するために、たとえ朝鮮侵略の危険性を孕んでいようと、(36)日本と対立する国であれば、いわば「敵の敵は味方」という論理をもって提携を摸索するのが彼らの行動原理であったといえる。

このように、統治国日本の参戦により、第一次世界大戦は良くも悪くも朝鮮独立運動に影響をおよぼす戦争となった。それはまずウラジオストクにおける朝鮮独立運動の停滞というかたちで表れ、以降、独立運動の中心地は中国や満洲などに移っていく。一方、大戦の経過としては、一九一四年一〇月から山東半島の青島で日独戦争がはじまり、アジアにも戦火がおよぶ。さらに青島戦の勝利を受けて、一九一五年一月、日本政府は中国の袁世凱《えんせいがい》政権に二十一ヵ条要求を突きつけ、中国での反日運動が本格化していくことになる。

こうした戦局の変化に朝鮮人活動家はどのように対応したのか、そして、日本と対立する国々に対し、いかなる交渉を持ちかけたのか。まず上海での動きを見ていこう。

3　対華二十一ヵ条要求——革命派中国人との提携の摸索

上海における独立運動と革命派中国人

上海における独立運動は、孫文《そんぶん》や宋教仁《そうきょうじん》ら辛亥革命を主導した中国人と親交を深めた人物として知られる申圭植によって切り開かれた。愛国啓蒙運動に従事していた申圭植は、韓国併合後の一九一二年頃に活動拠点を上海に移す。その理由について、申圭植は一九二一年一〇月に孫文と会談した際に次のように説明している。

> 中国に来たとき辛亥革命に出会い、ついに〔中国〕同盟会に加入し、貴大総統〔孫文〕に従って第一次革命に参加しました。その意図は、韓国と中国の二つの国の革命はどちらも重要で、中国革命の成功はすなわち韓国の独立解放をもたらすと考えたからです(37)。

申圭植の行動をよりよく理解するために、辛亥革命期の中国の状況について説明しておこう。孫文は清朝の打倒を目指して一九〇五年に中国同盟会を設立し、革命運動を指導した。一九一一年一〇月に辛亥革命の発端となる武昌蜂起が起こり、一二年一月に南京で中華民国が成立し、翌二月に清朝最後の皇帝である宣統帝が退位して東アジアで最初の共和制国家となった。だが、清朝末期の有力政治家の袁世凱が中華民国の臨時大総統の座に就き、北京で実権を握った（北京政府）。袁世凱は当初は共和制を支持していたが、自身の権力を強化するために次第に帝政の復活を志向するようになり、宋教仁ら革命派と激しく対立した。革命派は一九一三年に第二革命、一五年に第三革命を起こすなど、袁世凱の北京政府に対抗していくことになる。

申圭植の先の説明は大筋では正しいが、実際は彼は一次革命に参加していない。順序はむしろ逆で、彼は辛亥革命の成功を「韓国の独立解放をもたらす」ものと認識したため、宗教仁らが活動する上海に亡命したのである。(38) 申圭植が辛亥革命をこのように認識した理由はよくわからない。ただ、新民会の元メンバーで申圭植と親しかった曺成煥《チョ・ソンファン》は、一九一二年一月二日、当時彼が滞在していた北京からサンフランシスコの安昌浩に手紙を送り、次のように辛亥革命を絶賛している。

> 四千年の〔歴史をもつ〕老いた大帝国の腐敗した専制を打破し、〔アジア〕大陸に栄えある共和政体を建設したにもかかわらず、わずかな流血で四ヶ月で功績を挙げた。このように栄誉で、迅速で、順調で、円満な成功は、古今東西の歴史を見ても、中華〔民国〕がはじめての大成功である……これはわが民族にも密接な関係と影響がある。いま新たに出発した中華民国の成功がこのように迅速で、順調で、円満であることは、実に意外なことだ。挙行した当時の準備が不十分だったことを勘案すれば、本当に想像もつかないことであり、これはつまり、不撓不屈で、怠慢も後退もなかった結果だ。志ある者は必ずや事を為すことができるという言葉を、今日、ようやく悟ったのであります。(39)

図1－5　上海の独立運動のリーダー申圭植

曺成煥は「栄えある共和政体」と述べているものの、共和制の採択や君主制廃止の是非については踏み込んでいない。彼が朝鮮民族と「密接な関係」があるとして高く評価するのは、「不撓不屈」の精神で「怠慢も後退もなかった」という辛亥革命のプロセスである。彼は、革命前夜の中国と植民地に転落した朝鮮の困難な状況を重ね合わせながら、「志ある」限り朝鮮独立も可能だという勇気を辛亥革命から授けられたのである。

申圭植が曺成煥と同じ認識をもったとは限らないが、彼も中国が共和国になったこと以上に、中国の革命派が「志ある者は必ずや事を為すことができるという言葉」を身をもって示したことに「韓国の独立解放をもたらす」可能性を見出したのかもしれない。申圭植の秘書を務めていた閔泌鎬《ミン・ピロ》の回想によれば、申は革命派の中国人が朝鮮独立を援助してくれることを期待して、袁世凱の北京政府に追われている革命家を匿ったり、胡漢民《こかんみん》、戴季陶《たいきとう》、宋教仁らが刊行していた『民権報』に補助金を出したりして、辛亥革命の第二、第三革命を献身的に支援したという。[40]

また、閔泌鎬によれば、一九一二年七月、申圭植は、愛国啓蒙運動の主要な活動家で歴史家でもある朴殷植とともに、上海で朝鮮人団体である同済社を組織した。同済社の主なメンバーは、この二人のほか、ウラジオストクから上海に移動してきた申采浩、一九一九年に朝鮮人を代表して講和会議の開かれているパリに向かうことになる金奎植《キム・ギュシク》、申圭植の秘書の閔泌鎬、そして「農竹」らであり、上海在住の朝鮮人青年に対する啓蒙活動と、中国人との交流を促進することを目指した。詳細は不明だが、新亜同済会という中朝の交流団体も組織し、「中韓共進、改造新亜」を理念として掲げた。[41] 主な中国人の参加者は宋教仁（一九一三年三月に袁世凱によって上海で暗殺）、陳其美《ちんきび》、胡漢民、戴季陶など、いずれも革命派であった。[42]

以上、申圭植を中心とする上海の朝鮮人活動家と革命派の中国人との交流について、閔泌鎬の回想をもとに見てきた。次に官憲側（日本の上海領事館）の報告書を紹介しておこう。先ほど述べた同済会のメンバー「農竹」は、正しくは農皖という人物であり、官憲が雇ったスパイであった。雇い主の官憲でさえ、中国語の堪能な朝鮮人なのか、朝鮮語の堪能な中国人なのか最後までわからなかった異色の人物である。

一九一四年七月の農皖の報告によれば、申圭植は「革命党支那人の歓迎を受け」ており、南京で宋教仁や孫文と面会し「支那革命の羨むべきこと、朝鮮滅亡の悲むべきこと、日本の亡状〔おそらく暴状の誤記〕なること、支那朝鮮の古来の関係、朝鮮の恢復に一層の力を籍されんことを述べ」た。それに対して孫文らは、いまは難しいが将来的には朝鮮独立のために努力すると誓い、申圭植は二〇〇円を寄付したという[43]。閔泌鎬の回想とほぼ一致する内容である。

このように、辛亥革命（第一革命）後の上海の朝鮮人活動家は、革命派中国人が朝鮮独立を援助してくれることを期待していた。とはいえ、中国人と朝鮮人の協力関係のあり方としては、朝鮮人側が中国人の情に訴えて、中国と朝鮮の「古来の関係」、すなわち、朝鮮王朝と明・清の時代の宗属関係を根拠に朝鮮独立への援助を請うという一方的なものである。

実際、革命派の中国人にとって資金援助をしてくれる申圭植らはスポンサーとしては利用価値があったに違いないが、彼らが朝鮮人の独立運動に具体的に手を貸すことは、この時点ではほとんどなかった。

「第二の朝鮮」という共通認識

こうした朝鮮人活動家と革命派中国人の不均衡な関係は、第一次世界大戦によって変わっていく。

大戦に参戦した日本は、青島でドイツ軍を破り山東半島の大部分の権益を手に入れ、一九一五年一月一八日、袁世凱政権に二十一ヵ条要求を突きつける。対華二十一ヵ条要求は、列強との協調のもとに中国政策を展開してきたこれまでの日本外交から逸脱したものであった。そのため、中国での権益を狙う数ある列強のなかで、日本は中国人にとって「単独敵」となり、[44]以降、中国では反日運動が本格化することとなった。

こうした状況を朝鮮人活動家は利用していく。対華二十一ヵ条要求は全部で五号からなり、ドイツが山東半島でもっていた権益を日本が継承することを要求する第一号をはじめ第四号までが要求事項で、第五号のみが希望事項となっていた。とくに問題となったのは希望事項の第五号で、日本は中国政府に政治、経済、軍事に関する日本人顧問を招くことや、警察を日中合同の組織にするか、あるいは日本人を雇用することを秘密裡に求めた。この内容は袁世凱が第五号の内容を外国の新聞にリークしたことにより、中国の人々に知れわたった。

第五号の内容を知った申圭植は、一九一五年二月一八日付で、柳亜子《りゅうあし》ら南社（中国の革命派の文学団体）に以下のような手紙を送っている。

〔朝鮮人と中国人の〕苦しみは密接である……しかし、先人の残した手本は自在だ。いわゆる第一次韓日協約。当時、日本人はまず韓国の皇帝と数人の大臣を脅かし、秘密の厳守を強いた。それゆえに世間の人々は何も知らなかった。強制的な締結発表にいたり、上も下も沸き立ち、驚きのあまりどうしようもなく、ただ助けを叫ぶ者が多くいた。しかし、時すでに遅し。第二次協約のときも同様であった。そしてこのような侮辱体験は第三次にもおよんだ。これは卑怯者の常套手段であることを知ってほしい。国はすでに廃墟と化した。民族もそれにつれて滅亡に近いのだ。痛ましいこときわまりない。発言することを我慢できるものか。嗚呼！　親愛なる中華民国の同志よ、われわれと同じ轍を踏んではならない(45)。

第1節で見たように、一九〇四年八月の第一次日韓協約は、大韓帝国政府に日本政府の推薦する顧問を雇用させるものであった。また、第一次から第三次のいずれの日韓協約も秘密裡に締結された。つまり、申圭植は対華二十一ヵ条要求の第五号と韓国併合のプロセスが同じものだと指摘しているのである。そして、両者の同一性を根拠に、中国人に「先人の残した手本」、すなわち朝鮮が植民地に転落した過程を学ぶことを促しつつ、「われわれと同じ轍を踏んではならない」と日本に対する徹底抗戦を呼びかけたのである。亡国の先輩である朝鮮人と提携する意義を示し、さらには中国の反日運動を助長させようとする申圭植の戦略が垣間見える手紙である。

図1－6　世界近史と書かれた『韓国痛史』の表紙

一方、朴殷植が一九一五年六月に上海で発表した中国語の歴史書『韓国痛史』からは、中国人の朝鮮認識の変化を読み取ることができる。『韓国痛史』は、朝鮮が植民地になるまでの歴史を民族主義史観によって描いた最初の歴史書であり、民族意識の鼓吹に貢献したものとして今日の韓国において評価されている。ところが、この著名な『韓国痛史』の表紙には「世界近史」とだけ書かれており、見返しと一頁目は白紙、二頁目は広告、三頁目ではじめて「韓国痛史」という単語が登場する。このようなかたちで『韓国痛史』を刊行した中国人側の意図を確認しよう。

『韓国痛史』は清末を代表する学者、政治家であった康有為《こうゆうい》の経営する大同編訳局から刊行された。朴殷植は「緒言」で読者に対して、国が滅びても「霊魂」が滅びなければ民族は復活できると、朝鮮人の民族意識を鼓舞する主張をしているが(46)、康有為が『韓国痛史』を刊行した意図は、朴殷植とは異なる。康有為は一九一五年二月に執筆した「韓国痛史　序」で、次のように述べている。

今、韓国痛史を読んでみると、ここには亡国した国が必ず経る過程がある……わが国民はこの本を読みわが国の将来を恐れ憂慮すべきだ……中国にはまだ希望があるとはいえ、第二の朝鮮になる日も遠くはない(47)。

康有為は中国が「第二の朝鮮」、すなわち朝鮮に次ぐ日本の植民地になるかもしれないという危機的状況において、中国人が滅亡した国の歴史を学び、まだ滅亡していない中国の今後を考えるための参考材料として『韓国痛史』を刊行したのである。実際、一頁目の広告は大同編訳局から刊行されている「亡国近史」シリーズに関するもので、ベトナム、インド、ポーランドといった滅亡した国々の通史が並ぶ。要するに、中国の危機的状況とそれにともなう滅びた国の情報に関する需要の高まりこそ、康有為が『韓国痛史』を刊行した主たる動機だったのである(48)。

以上のように、第一次世界大戦は、上海在住の朝鮮人活動家と革命派を中心とする中国人との関係性を変化させたといえる。すなわち、対華二十一ヵ条要求が中国を「第二の朝鮮」にするかもしれないという認識が、朝鮮人と中国人の双方に芽生えた。そして、朝鮮人側は中国人側に対して、日本に対する徹底抗戦を呼びかけると同時に、日本によって滅ぼされた朝鮮の歴史を学ぶ必要があると主張した。一方、中国人もまた中国の将来を考えるために朝鮮の歴史を積極的に学ぶようになった。いわば、革命運動を手助けしてくれるスポンサー程度の利用価値しかなかった朝鮮人を、学ぶべき存在へと格上げしたのである。

中朝交流団体の新亜同済会については史料不足のため実態が不明だが、二十一ヵ条要求を契機として、朝鮮人活動家と革命派を中心とする中国人との関係は、かつての宗属関係をよりどころとして朝鮮人側が朝鮮独立への援助を一方的に求めるものから、日本の侵略への対応という利害関係の一致した協力関係へと転換しはじめたのである。

新亜同盟党の結成と活動

こうした変化が生まれたのは上海だけではなかった。この時期に反日を共通点とするより強固な協力関係を構築していたのは、東京に留学する朝鮮と中国の学生たちであった。

前述したように、朝鮮人留学生は武断政治期の朝鮮独立運動の主要勢力の一つであった。ただし、一九一五年当時の朝鮮人留学生は、韓国併合後に青年期を迎えた世代に属していた。そのため、上海における独立運動のリーダーである申圭植や朴殷植のように、韓国併合以前の抗日運動に参加したことのある留学生はほとんどいなかった。当時の留学生の運動といえば、留学生団体の学友会主催の講演会を開いたり、機関誌『学之光』を刊行したりするといった合法の範囲内の穏健な啓蒙活動が中心であった。この時点では、まだ留学生による非合法の独立運動は起こっていなかったのである。

一方、のちに中国共産党の創立メンバーの一人となり、当時は早稲田大学に留学中だった李大釗《りたいしょう》をはじめとして、日本に在留する中国人留学生たちは対華二十一ヵ条要求に対する抗議活動を積極的に展開しており、一九一五年二月一一日には東京で抗議集会を開いた。この抗議集会を契機として留日学生総会が結成されるなど、二十一ヵ条要求以降、中国人留学生の反日運動が活発化していく。

こうした日本での中国人留学生の反日運動を契機として、一九一五年七月、新亜同盟党という秘密結社が東京で組織される。新亜同盟党は、日本の植民地・半植民地支配から朝鮮、台湾、中国を解放してアジアの平和を実現するために、朝鮮、台湾、中国の同志が互いに協力することを目的とした組織であり、朝鮮人留学生にとってははじめての非合法の独立運動だった。以下、この団体について簡単に見ていこう。(49)

新亜同盟党のきっかけを作ったのは、東京の外国語学校中国語科に通う河相衍《ハ・サンヨン》という朝鮮人留学生であった。中国に大きな関心をもつ河相衍は日本大学に留学していた中国人の姚薦楠《ようせんなん》と親交があり、姚薦楠が対華二十一ヵ条要求により、日本に対する危機感と反日感情を強めていたことを知っていた。そこで河相衍は姚薦楠に朝鮮独立の援助を求め、日本に憤慨していた姚薦楠から同意を得る。河相衍と姚薦楠はそれぞれ同志を集め、一九一五年七月に東京の北神田の中華留日基督教青年会館で会合を開いた。(50)この会合には中国、朝鮮、台湾人の同志が約三〇人参加した。その数日後の七月八日、東京の中華料理屋の中華第一楼で、明治大学に留学中の中国人の黄介民《こうかいみん》を団長として、日本のアジア侵略からの解放を目的とする新亜同盟党が結成された。

このように、対華二十一ヵ条要求により中国人留学生の反日運動が活発化するとともに、朝鮮人と中国人のあいだに反日という共通点が生まれたことにより、はじめて朝鮮人留学生は中国人留学生の協力を得ることができた。なお、団長の黄介民の回想によれば、河相衍は『韓国痛史』を上海から密輸していた。しかし、日本の警察に押収される可能性があったため、中華留日基督教青年会館の黄介民の寝室に一箱分を移したという。[51] 中国人留学生が朝鮮人と共同で反日運動を起こすことを決めた背景には、単純に反日という利害の一致のみならず、上海で見られたように、亡国した朝鮮から学ぶという意識もあったに違いない。

新亜同盟党のメンバーは、基本的には留学生で構成されていた。とくに朝鮮人側は、『学之光』編集長の張徳秀《チャン・ドクス》をはじめとして、崔八鏞《チェ・パリョン》、金度演《キム・ドヨン》、田栄澤《チョン・ヨンテク》ら当時の朝鮮人留学生界のリーダーが網羅されていた。朝鮮人留学生側が新亜同盟党の活動にどれだけ意欲的であったかが窺える。

一方、新亜同盟党結成のきっかけを作った河相衍は、朝鮮の独立運動全体を通して、新亜同盟党以外では活躍した形跡の見られない無名の人物である。こうした留学生界のリーダーとは到底いえない人物が新亜同盟党に加わっていたのは、外国語学校に通う河相衍が中国語に堪能だったからにほかならない。新亜同盟党では河相衍が通訳として中国人参加者と朝鮮人参加者の調整役を担っていた。つまり、複数民族で構成される新亜同盟党は、主に中国語を共通言語として使っていたといえる。加えて、中国人の黄介民が新亜同盟党の団長をしていたこと、中華留日基督教青年会館や中華料理屋で会合が開かれていたことが示すように、新亜同盟党は中国人が率いる組織だった。

その理由は、中国人参加者が、留学生としてのみならず、革命家としての顔ももつ面々で構成されていたからである。たとえば、新亜同盟党の結成を準備した姚薦楠は、中国同盟会に加入して辛亥革命の一次革命に参加し、一九一三年の二次革命の失敗後に日本に逃れて以降、日本大学に籍を置いていた。団長の黄介民も同様に、中国同盟会に加入して一次革命に参加し、一九一三年三月に宋教仁が暗殺されたことにより身の危険を感じ、同年、明治大学に留学した。[52] そのほか、辛亥革命に参加したことのある人物も数名参加していた。要するに、新亜同盟党の中国人参加者は、雑誌を作ったり講演会を開催したりする程度の活動しか経験したことのなかった朝鮮人参加者と比べると、活動家としての「格」が大きく異なっていたのである。朝鮮人留学生にしてみれば、「志ある者は必ずや事を為すことができるという言葉」をまさに実践した中国人革命家とともに活動する絶好の機会が、新亜同盟党だった。

こうして結成された新亜同盟党の活動としては、まず党員募集が挙げられる。新亜同盟党が結成されてから間もなくして、河相衍と黄介民は朝鮮を訪れ、趙素昂と面会した。朝鮮半島内の独立運動家と交流した後は北京にわたり、一九一六年五月に中国に帰国していた李大釗らと面会するなど[53]、日本のみならず東アジア規模で党員を募集し、ネットワークを拡大していった。

もう一つ注目すべき活動が、『韓国痛史』の配布である。先述したように河相衍は上海から同書を取り寄せ、黄介民の寝室に保管していたが、同書は新亜同盟党の朝鮮人と姚薦楠ら中国人のメンバーによって、東京の留学生を対象に配布された[54]。『韓国痛史』は著者の朴殷植の意図を超えて、広範な地域で、広く中国人に読まれたのである。

とはいえ、新亜同盟党の活動自体は、党員募集と『韓国痛史』の配布以外は不振に終わり、官憲による弾圧の可能性を考慮して、一九一七年に自主的に解散した。しかし、新亜同盟党の真価は、むしろ解散後に発揮されることになる。

新亜同盟党員のその後

韓国併合以降、朝鮮人留学生の活動は啓蒙運動が中心であり、非合法の運動は経験していなかった。彼らは、新亜同盟党の掲げる日本のアジア侵略からの解放という壮大な計画に便乗するかたちで、はじめて本格的に独立運動に踏み出すことができた。それを可能にしたのは、対華二十一ヵ条要求によって日本の侵略に危機感をもった中国人留学生が、朝鮮人留学生の応援要請に応えたからであった。新亜同盟党結成後は、辛亥革命に参加した革命家としての顔をもつ中国人留学生に導かれながら、朝鮮人留学生は独立運動家としての経験を蓄積していった。新亜同盟党の解散後、一部の朝鮮人留学生は上海の朝鮮独立運動に合流し、残りの留学生は日本に残り独立運動家として台頭し、三・一独立運動とも深く関わることになる。

また、新亜同盟党が解散したとはいえ、党員募集により築いた東アジア規模のネットワークが消失したわけではなかった。とりわけ団長の黄介民は、一九一八年に中国に帰国して以降も、上海で朝鮮人運動家との協力関係を維持していく。

以上、本節で見てきたように、対華二十一ヵ条要求は朝鮮独立運動、とくに革命派の中国人との協力関係に大きな転換をもたらした。従来のような、朝鮮人独立運動家が朝鮮王朝時代の宗属関係に頼って革命派の中国人に独立運動への支援を一方的に請うという不均衡な関係から、反日という共通の利害にもとづく協力関係へと転換したのである。

その結果、日本では中国人留学生に導かれるかたちで、朝鮮人留学生による独立運動が本格的にはじまった。上海でも、第二章で述べるように、革命派の中国人の協力を得ながら独立運動が進展することになる。

また、こうした協力関係の転換に大きく貢献したのが、朴殷植の『韓国痛史』である。対華二十一ヵ条要求が中国を「第二の朝鮮」にするかもしれないという危機意識のもと、『韓国痛史』は中国人にも中国の将来を考えるための参考書として読まれた。さらに、新亜同盟党の活動でも積極的に使用されるなど、朝鮮と中国の反日運動を結びつけた書籍として重要な役割を果たしたといえる。

以上、朝鮮独立運動と革命派の中国人との関係について述べてきたが、革命派と対立する北京政府との関係はどうだったのだろうか。当時の中国の正式な政府が北京政府だったことを考えれば、北京政府に朝鮮独立の援助を請う朝鮮人がいたとしても不思議ではない。次に、袁世凱の勢力基盤である北京の朝鮮独立運動について見ていこう。

4 幻の中国・ドイツ連合軍――手段としての帝政復活

上海か北京か

申圭植が辛亥革命に朝鮮独立の可能性を見出し、一次革命後に活動拠点を上海に移したのとほぼ同じ頃、ある朝鮮人活動家が北京にわたった。その人物は成楽馨《ソン・ナクヒョン》、一八八一年頃に京畿道北西部の坡州で生まれたが(55)、没年は不明である。要するに死亡記事が出ないくらい無名な独立運動家なのだが、そんな彼が朝鮮独立運動史上に一度だけ名を残したのが、第一次世界大戦の勃発を前後する時期のことだった。

官憲側の史料によれば、成楽馨の祖父は朝鮮王朝で官職についていた人物であり、当時、李鴻章《りこうしょう》の部下として朝鮮で勤務していた袁世凱と親交があった(56)。成楽馨自身の経歴については判然としないが、中国の新聞報道によれば、韓国併合によりそれまでの裕福な生活が一転して全財産を失った(57)。以降、成楽馨は独立運動の資金調達に奔走し、一九一一年八月に土地売買の詐欺行為により四五〇〇円の大金を手にした(58)。

独立運動の資金を手にした成楽馨は翌月に満洲に行き、しばらく同地で学校を経営していたが、一九一二年の春、北京にわたる。官憲の報告によれば、その目的は「袁世凱勢力を恢復しつつありたるを以て、祖父の縁故により亡国を嘆き恢復の為来りたることを通信」するためであった。成楽馨は袁の使いから中国（北京政府）の内務総長である趙秉鈞《ちょうへいきん》を紹介され、以降、趙の家に身を寄せつつ、張勲《ちょうくん》、段《だん》芝貴《じき》、銭能訓《せんのうくん》ら清末以来の袁の側近と親交を深めたようである(59)。

こうした成楽馨の動きは、中国の新聞報道からも確認できる。『民立報』一九一二年七月二一日付によれば、成楽馨は中華民国籍に帰化することを望んでおり、申請書を内務部に提出している。また、一九一二年五月に結成され、袁世凱の支持基盤となった共和党への加入も希望していたという(60)。

袁世凱が北京で中華民国の臨時大総統に就任したのは一九一二年三月だが、実際にこれ以降、成楽馨が北京政府に接触していることが史料から確認できる。したがって、成楽馨が「袁世凱勢力を恢復しつつあり」と判断した結果、一九一二年春に北京にわたったとする先の官憲の報告は正しい。つまり、上海と北京のどちらを活動拠点とするかの違いとは、革命派と北京政府のどちらの中国が優勢であり、ひいてはどちらと提携するのが朝鮮独立の近道なのか、その認識の違いにほかならない。

その後、成楽馨は袁世凱の側近との人脈を維持しつつ(61)、再び北京を離れ、中国各地を転々としながら独立運動の機会を窺った。折しも青島に滞在しているとき、第一次世界大戦、さらには日独戦争が勃発した。戦禍を逃れるため北京に戻った成楽馨は、戦局の変化を踏まえて独立運動を計画していくことになる。

成楽馨の第一次世界大戦認識

では、成楽馨は今後の戦局がどう変化すると予測したのだろうか。少しのちの記録だが、一九一五年七月に成楽馨が高宗に宛てた手紙には、次のように書かれている。

独逸は戦に勝を制するは理数の動かすべからざる処にして、戦争一個年に至らば、英仏露の連合軍は其の現勢に徴し三ヶ月を出でずして支え難きは、予測するに難からざるなり……青島問題に就きてての開戦は已定の事実なるを以て、例令〔おそらく仮令の誤記〕講和を結ぶも、日本の利益権利は強奪侵害せられ、和を転じて戦と為すは之亦理勢の当然にして、攻撃の戦地は或は東三省〔遼寧省、吉林省、黒竜江省〕又は山東〔半島〕の地たらば、地勢上日本の有利ならざるが故に、中立を厳守する中華を蔑視し中立地帯に侵入せば、之れ〔万国〕公法を紊乱するものなりと称し、中華は独逸と連合攻撃せば、米国は中華に対し門戸開放主義を失わさらんとし中独の援助国となり、英露を種族関係を以て連合し日本の背後より突入すべし、即ち此の時に於てわが韓の革命[62]……

ドイツは青島戦では敗れたものの、最終的に大戦で勝利するのは明らかであり、いずれ日本とドイツは再び戦争となる。そして、日本が中国の中立地帯に侵入するようなことがあれば、中国とドイツは「公法を紊乱」、つまり国際法違反であるとして連合して日本に攻撃をしかけるはずであり、さらには門戸開放の立場をとるアメリカも援助国としてこれに加わる。このように日本が国際的に孤立したときこそ朝鮮独立の好機到来であると、成楽馨は予測している。

最終的なドイツの勝利はともかく、ドイツの敵国であるイギリスとロシアまでもが連合して日本を攻撃するとしている点など、成楽馨の予測は根拠に乏しく、あまりにも楽観的である。しかし重要なのは、彼が第一次世界大戦を「欧州戦争」ではなく、アメリカの参戦までを見据えた世界戦争として捉えるグローバルな視野をもって、今後の戦局を予測していることである。それゆえ彼は、この戦争が朝鮮の命運にも影響をおよぼすと認識したのである。

こうした認識のもと、成楽馨は第一次世界大戦を最大限に活用した壮大な計画を立てていく。なお、大韓帝国の皇帝一族は、韓国併合後に「李王家」と称され、日本の「準皇族」として扱われた。かつて皇帝だった高宗と純宗は、それぞれ「李太王」、「李王」という皇帝より格下の称号が与えられ、京城で暮らしていた(63)。成楽馨が高宗に手紙を送ったのは、彼が高宗を独立運動計画のキーマンとして考えていたからである。

新韓革命党の戦略

一九一五年一月に日本が袁世凱に対華二十一ヵ条要求を突きつけると、成楽馨は袁の側近の銭能訓と面会した。仮に日中交渉が不調に終わって日本が中国に軍隊を派遣した場合、成楽馨は同志を集めて日本の特殊会社である満鉄（南満洲鉄道）を破壊することを約束し、銭能訓の紹介状を携えて張作霖《ちょうさくりん》と面会するため奉天に向かった(64)。張作霖と面会できたのかは定かでないが、同年三月、成楽馨は上海を訪れ、同地の独立運動のリーダーである申圭植および朴殷植と面会している。

三人は独立運動計画について協議し、新韓革命党を結成した。この団体の目的は、中国とドイツの連合軍が日本と開戦したタイミングで独立戦争を起こすための準備をすることであり、本部を北京に置き、上海のほか、奉天、安東、長春など満洲の各地に支部を設けることとなった。満洲の各支部の任務は、満鉄の破壊だったと考えられる。

注目すべきは人事であり、新韓革命党の監督に朴殷植、上海支部長に申圭植が就任し、成楽馨は外交部長となった。また、奉天支部長に李東輝が就くことが決まった。[65] 先述したように、李東輝はウラジオストクの独立運動の中心人物であり、ロシアとともに日本を攻撃すべく武装の準備をしていたが、大戦の勃発により同地での運動が不可能になって以降は満洲で活動していた。つまり、新韓革命党は中国と満洲の主要な独立運動家を網羅した、当時にあっては最大規模の独立運動計画だったのである。武闘派の李東輝にとっては、武装闘争を再開するまたとないチャンスだったといえる。

そして、新韓革命党の党首には、高宗を推戴することが決まった。官憲の報告によれば、その理由は、「〔中国とドイツの〕両国は帝政なるを以て共和政治を標榜しては、目的を達し難し、寧ろ李王家を利用するを得策とする[66]」からであった。新韓革命党は中国とドイツの連合軍が日本と交戦することを前提に結成された団体だが、ドイツはもちろんのこと、共和制国家となった中国の袁世凱も、対華二十一ヵ条要求によりさらに権力を強化する必要性を痛感し、一九一六年一月に帝政を復活させ、自ら大皇帝に就任する。[67] かつての大韓帝国皇帝の高宗を党首として推戴し、新韓革命党がドイツや中国と同じ帝政を志向する団体であると示すことで、両国からの援助を得やすくしようとしたのである。北京に本部を置いたのも、北京政府との交渉を円滑にするためであろう。

ところで、前節で見たように、申圭植は辛亥革命に朝鮮独立の可能性を見出して上海にわたり、朴殷植とともに革命派中国人の援助を期待して彼らとの提携を摸索していた。とくに申圭植は、北京政府により宋教仁が暗殺された際、三日間の断食を敢行して哀悼の意を示すほどに宋と親しくしていた。[68] 申圭植と朴殷植が、独立後の朝鮮を共和制国家にすることをどれほど望んでいたのかはわからないが、先の官憲史料に「共和政治を標榜しては、目的を達し難し」とあるように、帝政よりも共和制に魅力を感じていたのは間違いないだろう。にもかかわらず、北京政府の協力を前提として帝政の復活を標榜する新韓革命党に申圭植や朴殷植が参加したという事実は、彼らが理念（共和制）や交友関係（革命派）を度外視してでも、朝鮮独立の機会を貪欲に摑み取ろうとしていたことを示しているといえるだろう。

かくして新韓革命党の骨格が出来上がったが、満鉄の破壊を含め、新韓革命党は独立戦争を起こすための十分な資金や武器をもたない。そこで、同党は中国およびドイツと軍事同盟を締結しようと画策した。のちに官憲が押収した新韓革命党と中国およびドイツとの軍事同盟の草案「中韓誼邦條約」の一部を引用しよう。

中韓誼邦條約

第一條　中韓本維四千年来歴史上の情誼と地理上唇歯的関係を有するが故に両国の元首たるものは東西の大勢を観察し安寧を維持するが為めに茲に本條約を締結す

第二條　大中華民国大総統は誼邦国大総統として定むべき事……

第四條　大独逸国大皇帝は中韓誼邦の連帯保証国大皇帝として定むべき事……

第七條　中国は韓国革命を挙ぐる際軍機或は財力を幇助し中級軍官を派遣し戦力を援助する事

第八條　韓国革命を挙ぐる際財政軍機に不足を生ずる処あるか又は保証国たる独国に幇助を請求する場合は中国は誼邦たる資格を以て独国に対し或は勧告若くは担保を為すべき事(69)

「両国の元首」、すなわち袁世凱と新韓革命党の党首になる予定の高宗とが同盟を結び、ドイツがその連帯保証国となることで、基本的には中国が資金や武器を援助し、不足の際は中国の斡旋によりドイツが援助するという内容である。朝鮮側が中国側に一方的に依存するかたちになっているが、新韓革命党はその根拠を両者のあいだにある「四千年来歴史上の情誼と地理上唇歯的関係」に求めている。新韓革命党と中華民国の関係は、朝鮮王朝と清の宗属関係を再編したものだといえなくもない。

前節で見たように、申圭植らは対華二十一ヵ条要求を機に、かつての宗属関係をよりどころに一方的に革命派中国人に支援を求めるのではなく、亡国の先輩である朝鮮人と連帯する意義を強調し、反日という利害関係の一致にもとづく対等な関係へと転換させようとしていた。ところが、新韓革命党の袁世凱への支援の請い方は、二十一ヵ条要求以前の状態へと巻き戻すものである。新韓革命党を成楽馨が主導していた点は留意すべきではあるが、結局のところ、申圭植や朴殷植は、援助を請う対象に合わせて、その対応を臨機応変に変更し、独立運動を有利に進めようとしていたのである。

だが、新韓革命党の計画が実現することはなかった。一九一五年五月に袁世凱が第五号を除いて二十一ヵ条要求を受諾したため、結局、中国と日本は交戦しなかったからである。それでも成楽馨は日本が中国の中立地帯に侵入すれば戦争が勃発すると考え、同年七月、高宗に計画を伝えるため朝鮮に戻った。彼は高宗の使用人を介して先に引用した手紙をわたし、新韓革命党の計画を伝えることに成功する。手紙を読んだ高宗は「満足の意」を表し、成楽馨と直接面会することを望んだが、成楽馨自身が逮捕され、官憲に計画が露見した。成楽馨は朝鮮保安法違反により懲役三年の刑に処され[70]、以降、独立運動の表舞台に立つことはなかった。

グローバル化する朝鮮独立運動

以上、本章で見てきたように、朝鮮独立運動はグローバルに展開されていた。その土台を築いたのは、皮肉にも朝鮮総督府の武断政治だったといえるだろう。武断政治によって朝鮮半島での独立運動が不可能になったため、朝鮮人独立運動家は世界各地に散らばらざるをえず、結果的に海外で他民族と交渉、交流することが容易になったのである。

こうした状況のなかで、運動のグローバル化に拍車をかけたのが第一次世界大戦である。とくに大戦に日本が参戦したことは、この戦争が決してヨーロッパだけの戦争ではなく文字通りの世界戦争であり、それゆえに朝鮮の命運にも影響するということを、朝鮮人独立運動家に良くも悪くも実感させることとなった。大戦は、当初は帝政ロシアの認可を得て展開されていたウラジオストクでの独立運動の停滞という悪影響をもたらした。しかし、日本の交戦国となったドイツ、対華二十一ヵ条要求によって日本の侵略に対する危機感が芽生えた北京政府と革命派の二つの中国と、「敵の敵は味方」の論理で提携を模索しながら、朝鮮独立運動は活性化していったのである。

今日の韓国で重要視されている共和制という問題意識も、こうした独立運動のグローバル化の過程で浮上したものである。国家の政体の一つとして君主を置かない共和制があること自体は、愛国啓蒙運動のなかで知識として紹介されていた(71)。しかし、独立を達成したのちに朝鮮がとるべき政体について本格的に考えるようになるのは、新韓革命党からである。大戦勃発以前から革命派中国人と親交を深めていた申圭植や朴殷植は、帝政よりも共和制に魅かれていたはずだが、彼らは帝政復活を目指す北京政府と帝政国家ドイツの支援を得るために、帝政を標榜する新韓革命党を結成した。要するに新韓革命党は、申圭植らにとって共和制は朝鮮の独立以上に優先すべきものではなかったこと、そして朝鮮独立は外国の援助なくしては到底実現できないと考えていたことを示している。

第一次世界大戦による世界情勢の変化を最大限に活用して朝鮮を独立させることが最優先課題であり、独立後の国家のビジョンは二の次というのが、新韓革命党の計画が失敗に終わった一九一五年中頃の独立運動のすべてであった。こうした姿勢は、ロシアで二月革命と一〇月革命が起こり、アメリカが大戦に参戦する一九一七年から大きく変わっていくことになる。

第二章　民族自決——戦略としての民主主義

1　ロシア二月革命の衝撃——大韓民国臨時政府の起源

大同団結宣言と大韓民国臨時政府

新韓革命党の計画が失敗に終わって以降、朝鮮独立運動はしばらく停滞した。一九一五年四月にイタリアが連合国側で第一次世界大戦に参戦したり、一六年一月に復活した中国の帝政がわずか数ヶ月で取り消され、失意のうちに袁世凱が病死したりするなどの国際情勢の変化はあった。だが、これらに日本の敗戦を期待させる要素はほとんどなく、朝鮮独立の希望の光とはならなかった。

状況が一変するのは、一九一七年に入ってからである。同年七月、申圭植や朴殷植ら上海の同済社のメンバーは、満洲やアメリカで活動する独立運動家を加えた一四名の署名からなる「大同団結宣言」を発表する。きたるべき独立のために独立運動家の大同団結を呼びかけるこの宣言は、大韓民国臨時政府が誕生する契機として韓国の研究で注目されてきた。[1] まずはこの宣言の背景や内容を、これまでほとんど注目されることのなかった世界情勢と関連させながらひもといていこう。

大同団結宣言が注目されてきた理由の一つは、一四名の署名者の多くがその後、大韓民国臨時政府の設立を主導することになるからである。一四名のうち半数が上海で活動する人物で占められており、前章で述べた同済社の申圭植、朴殷植、申采浩、金奎植の四名に申錫雨《シン・ソグ》、韓鎮教《ハン・ジンギョ》、趙素昻を加えた七名の全員が大韓民国臨時政府で要職に就くことになる。これまで何度か名前の登場した趙素昻は、一九〇四年に崔南善らとともに皇室特派留学生として日本に留学し、一二年に明治大学を卒業した。その後は上海にわたり申圭植の同済社にも参加したが、一九一五年に朝鮮に戻った。朝鮮を訪れていた新亜同盟党の黄介民と親交を深めたのはそのときであり、彼との出会いを通してアジアの弱小民族の連帯を志すようになり、一九一七年に再び上海にわたり同済社に合流した。趙素昻が執筆した自伝によれば、彼は大同団結宣言の作成に深く関わっていたという(2)。

一四名のなかで上海以外で活動する者としては、アメリカでの独立運動を率いていた朴容万と、かつて辛亥革命を絶賛する手紙を書き、当時は朝鮮にいた曺成煥も、大韓民国臨時政府に参加することになる。他方、満洲で活動する人物では宗教家の尹世復《ユン・セボク》が署名者に名を連ねるが、大韓民国臨時政府には参加しない(3)。また、大同団結宣言には独立運動の重鎮で武闘派の李東輝の名前がない。詳しくは本章の第7節で述べるが、彼は宣言に参加できるような状況ではなかった。

このように一四名のうち九名が大韓民国臨時政府の設立を主導することに加え、大同団結宣言が注目されてきたのは、次の記述によるところが大きい。

隆熙〔純宗〕皇帝が三宝〔土地、人民、政事〕を抛棄した〔一九一〇年〕八月二九日は、すなわちわれら同志が三宝を継承した八月二九日であり、その間に瞬時の停息はない。われら同志は完全な相続者であり、かの帝権消滅のときこそ、すなわち民権が発生したときなのである。旧韓最後の一日は、すなわち新韓最初の一日である。[4]

八月二九日は大韓帝国が日本に併合された日であり、純宗はその際の皇帝である。韓国併合によって純宗が皇帝の座を失ったのは事実だが、実際には大韓帝国の国民は統治国日本の国民となった。だが、大同団結宣言は韓国併合を朝鮮半島における帝政の終わりとして捉えることで、間接的に共和制を目指すと主張したのである。

とはいえ、大同団結宣言は純宗から「われら同志が三宝を継承した」と謳っているが、前章で見たように申圭植と朴殷植は一九一五年に純宗の父である高宗を新韓革命党の党首として担ぎ出し、帝政国家の樹立を目指した張本人である。辛亥革命を絶賛していた曺成煥を含め、彼らが本来は帝政よりも共和制に魅力を感じていたのはたしかではあるが、なぜ唐突に共和制への志向を固めたのだろうか。

その背景には北京政府の帝政が失敗に終わったこともあるだろうが、申圭植や朴殷植ら同済社のメンバーに最も大きな影響を与えたのは、一九一七年三月（グレゴリオ暦）に勃発したロシア二月革命である。[5]二月革命によって帝政ロシアが滅び、ロシア臨時政府が樹立されて同国は共和国になった。これについて、少しのちの記録だが、朴殷植は一九二〇年に中国語で出版した『韓国独立運動之血史』で次のように述べている。

さきの欧州大戦は、有史以来の未曽有の惨劇を演じ、全世界の運命を脅かした……ここにおいてロシアの革命党は、まず赤旗をかかげ、専制政治を打倒し、正義を宣布し、国内の民族に自由と自治を許した。こうして極端な侵略主義者は一変して、極端な共和主義者となった。これは世界改造の

最先端の動機となった。(6)

一九二〇年に書かれたため、二月革命と一〇月革命が区別されていない点には注意が必要だが、ロシア革命が「共和主義」の革命で、それが世界の「最先端」だという認識があったことはたしかである。そして、大同団結宣言が一〇月革命前の七月に発表されたことを踏まえれば、二月革命を一つのきっかけとして、帝政か共和制かで揺れる朴殷植ら大韓民国臨時政府の樹立を主導する朝鮮人活動家たちが、後者への志向を固めたのは間違いないだろう。

「自決」と「総機関」構想

ロシア二月革命が同済社のメンバーに与えた影響は、共和制にとどまらない。大同団結宣言は、今後の独立運動の方法について次のように述べる。

材を合わせ、人を合わせ、大義名分によって総機関が成立すれば、あたかも第一級の国家のような権威が顕現する。規模が膨大で、職権が明確で、実力が充足するので、対内対外の信用が確立されるのだ……宣統〔帝〕は〔中国〕同盟会の統一的連絡を待って大清帝国を付与し、露帝〔ロシア皇帝〕はポーランド人の在外同盟団とユダヤ人の無土国を待って自治と独立の福音を宣伝した。力を合わせ、心を合わせることの効用とは、こうしたものなのである。(7)

中国同盟会が革命派を束ねて運動を続けたことが辛亥革命につながったように、朝鮮人独立運動家も団結してまず「総機関」をつくるべきである。「国家のような権威」をもつ「総機関」をつくることができれば、「対内対外の信用」、すなわち朝鮮人を束ねることができるだけでなく、諸外国からの信用も得やすくなるという主張であり、この「総機関」構想がのちに大韓民国臨時政府として具体化する。では、同済社のメンバーが「対外の信用」を得なければならないと考えた直接的な契機は何だろうか。引用文には中国のほかにポーランド人とユダヤ人が登場しているが、大同団結宣言は続けて以下のように世界情勢を説明する。

今日、われわれの目の前に横たわっている幸運の機は何を待っているのだろうか。刻一刻とわれわれの有機的統一を待っているのではないのだろうか。かのスラブの革命は半韓〔朝鮮〕(8)の福音であり、フィンランド、ユダヤ、ポーランドはその先進である。連合国が広く散らばっていることは全世の福であり、アイルランド、トリポリ、モロッコ、インド、チベット、高麗はその復活の声が日に日に高まり、その解放の議論が日に日に差し迫っている。これにとどまることなく……万国社会党は継絶存亡の大義を宣布して人類の禍福を裁定する現状であり、この日こそ、地獄打破の声と聖国建立の機運が大局の軌道に乗り公転するのだ。(9)

「高麗」を含めたさまざまな被支配民族の「解放」が議論されつつあるという、この希望に満ちた情勢認識は、二つの世界的イベントを背景として形成されたものである。一つ目は「スラブの革命」とあるように、ロシア二月革命である。

二月革命後の三月二七日、革命の過程で誕生した労働者、兵士、社会主義者からなるペトログラード・ソヴィエトは、無併合、無賠償、そして「自決」による第一次世界大戦の早期講和をヨーロッパの諸国民に呼びかけた。これに促されるかたちでロシア臨時政府も、四月九日に平和声明を出し、「自決」の原則による永遠の平和の樹立を提唱した。[10] 次節で述べるように、ロシア二月革命よりも前から「自決」を提唱していた勢力が存在しなかったわけではない。だが、四月九日のロシア臨時政府の平和声明が決定的に重要なのは、これが第一次世界大戦の連合国の政府のなかで最初に「自決」を戦争目的の一つとして公にしたものだという点であり、[11] それだけに世界に与えたインパクトは大きかった。その一端を示すのが大同団結宣言である。

大同団結宣言によれば、二月革命は朝鮮にも「福音」をもたらすものであり、その根拠としてフィンランド、ユダヤ、ポーランドの例が挙げられている。事実、ロシア臨時政府はドイツや帝政ロシアによって分割統治されてきたポーランドの独立に言及しており、帝政ロシアが占領してきたフィンランドにも譲歩する姿勢を示した。[12] また帝政ロシアは強制移住政策をはじめとする反ユダヤ主義で知られるが、ロシア臨時政府はユダヤ人に対する差別的な法律を撤廃した。ロシアのユダヤ人にとって、二月革命はたしかに「福音」として歓迎すべきものであった。[13]

つまり、同済社のメンバーは、ロシア臨時政府によって被支配民族の「自決」が世界に向けて提唱され、それを実際に一部の民族が享受しつつあるという状況を、朝鮮独立の好機と受け止めたのである。そしてその好機を摑むためには、諸外国の団体と交渉する際に朝鮮独立運動が一枚岩になっている必要があると考え、「総機関」の樹立を呼びかけたといえる。なお、同済社が注目したフィンランドは一九一七年末、ポーランドは一八年末に、それぞれ共和国として独立する。このことも、朴殷植ら同済社のメンバーが世界の「最先端」である共和制への志向を固める要因になったと考えられる。

もっとも、フィンランドやポーランドとは異なり、朝鮮の場合は帝政ロシアに支配されていたわけではない。言い換えれば、ロシア臨時政府の裁量で朝鮮を独立させることができるわけではないため、同済社が評価したのはあくまでもロシア臨時政府が「自決」を世界に広めたことであって、同政府が朝鮮の独立に直接手を貸してくれることに過剰な期待はしていなかっただろう。

一方、大同団結宣言によれば、「アイルランド、トリポリ、モロッコ、インド、チベット、高麗」の「解放の議論が日に日に差し迫っている」という。アイルランドとインドはイギリスの植民地であり、北アフリカのトリポリとモロッコは、それぞれ当時イタリアとフランスに占領されていた。チベットを支配している中国は、一九一七年八月に第一次世界大戦に連合国側で参戦する。つまり「高麗」も含めてここに挙げられているのは、いずれもロシアを除く連合国側の植民地や占領地である。

では、申圭植や朴殷植ら同済社のメンバーは、連合国の数ある植民地のなかから、なぜこれらの地域を挙げたのだろうか。その理由は、この箇所が中央同盟国側のドイツのフィリップ・シャイデマン(Philipp Scheidemann)の発言を踏襲したものだからである。シャイデマンはドイツ社会民主党の議員で、一九一八年一一月のドイツ革命の際に共和制を宣言した人物として世界史上に名を残している。彼が「高麗」の独立に言及することになる発端もまた、ロシア二月革命だった。

ストックホルム会議への期待

先述したように、ペトログラード・ソヴィエトはロシア二月革命後、真っ先に無併合、無賠償、「自決」による大戦の早期講和を呼びかけた。これが引き金となり、ヨーロッパの社会主義者たちが、社会主義者による国際平和会議を計画しはじめた。(14)

その中心を担ったのは、ペトログラード・ソヴィエトと、第二インターナショナルの社会主義者のうち、第一次世界大戦における中立国の社会主義者（オランダ、スカンディナビア諸国）である。第二インターナショナルとは、一八八九年にパリで結成された、社会主義者や労働者の国際連帯を目指す組織である。今日、世界的に労働者の日として位置づけられている五月一日のメーデーは、第二インターナショナルが一八九〇年五月一日にデモを計画したことが起源である。一九一四年に第一次世界大戦が勃発すると、ドイツ社会民主党をはじめとするヨーロッパ各国の社会主義者の多くが自国の戦争を支持することを表明したため、第二インターナショナルは実質的に瓦解してしまった。[15] 日本からは社会主義者の片山潜が一九〇四年のアムステルダム大会に参加しており、「万国社会党」と呼ばれていた。[16]

ペトログラード・ソヴィエトと中立国の社会主義者が主導した国際平和会議は、一九一七年九月にスウェーデンのストックホルムで開催される予定だったことから、ストックホルム会議と呼ばれる。とくにドイツの社会主義者が参加に意欲的であり、同年六月にストックホルムで中立国の社会主義者とドイツ社会民主党による個別会談がもたれた。

この会談にドイツ社会民主党を率いて参加したのがシャイデマンである。彼は六月一二日付で「覚書」を作成し、ペトログラード・ソヴィエトの提唱する無併合、無賠償、「民族自決〔nationaler Selbstbestimmung〕」の講和の方針に賛同した。そのうえで、「アイルランド〔Ireland〕、エジプト〔Ägypten〕、トリポリ〔Tripolis〕、モロッコ〔Marokko〕、インド〔Indien〕、チベット〔Tibet〕、朝鮮〔Korea〕」などの連合国側の植民地に「民族自決権〔Selbstbestimmungsrecht der Nationen〕」を適用すべきだと主張したのである。その一方で、ドイツがフランスと領有権を争ってきたアルザス＝ロレーヌ地方については、この地方の住民の九割がドイツ語話者であるとして、決して譲らない構えを示した。[17]

なぜかエジプトが抜けているものの、大同団結宣言とシャイデマンの覚書は、挙げている地域からその順番にいたるまで見事に一致する。ドイツ社会民主党は、たしかに「民族自決権」に賛意を示し、朝鮮にも言及していた。とはいえ、その対象として連合国側の植民地を列挙しながらも、自国領であるアルザス＝ロレーヌについては譲歩しないというのは、あまりにもドイツ側にとって都合のよい主張である。つまりこの覚書は、主催者にとっては仮にストックホルム会議が開催に漕ぎつけたとしても、連合国側の参加者とドイツ社会民主党の衝突が避けられないことを示唆するものだったのである[18]。

だが、朝鮮人独立運動家には、これが希望の光として映った。彼らにとってシャイデマンの覚書は、朝鮮の「解放の議論が日に日に差し迫っている」ことの根拠となった。ロシア臨時政府が一九一七年四月九日の平和声明で「自決」を提唱して以降、朝鮮独立の好機が到来しつつあるという認識は強まっていたはずである。そうしたなかで、文脈や意図はどうであれ、朝鮮に直接言及しているシャイデマンの覚書が作成された翌月に大同団結宣言が発表されたことを考えると、同済社のメンバーが宣言で「総機関」の設立を呼びかける決定打となったのは、第二インターナショナルの中立国の社会主義者とドイツ社会民主党の個別会談だったとみて差し支えないだろう。

また、この個別会談を実施した中立国の社会主義者が所属する第二インターナショナルに対しても、大同団結宣言は期待を寄せる。宣言に登場する「万国社会党」は第二インターナショナルを指し、滅びた国を再興するという「継絶存亡の大義を宣布」している団体として高く評価しているのである。

このように、申圭植や朴殷植ら同済社のメンバーは、準備の段階からストックホルム会議に大きな期待を寄せ、その動向を注視していた。しかし、イギリスやアメリカなどの連合国側政府が自国の社会主義者へのパスポート交付を拒否したことにより、結局、この会議が実現することはなかった。

ストックホルム会議の中止が決まる少し前の一九一七年八月二九日、朝鮮が植民地化されて七周年の日に申圭植らは上海で同済社の会合を開き、今後の独立運動の方針について協議した。そして、ストックホルム会議に対して「朝鮮社会党〔International Socialists Association of Korea〕」名義で、「朝鮮社会党員の希望」と題する電報を送ることを決めた。この電報はドイツの新聞『ベルリナー・ターゲブラット』九月二日付に掲載された。

今回の戦争がバルカン〔半島〕問題によって引き起こされたものであるならば、朝鮮が日本の奴隷であり続ける限り、朝鮮問題は将来、新たな戦争を引き起こすことになるだろう。われわれはこの会議で、次の事項が議題に挙がることを望む。すなわち、各民族の政治的平等、国際裁判所の設立、被支配民族の復興と国際的独立、朝鮮の設立。(19)

ストックホルム会議が「自決」を提唱する社会主義者による国際平和会議であることを理解したうえで、会議で朝鮮独立の問題を扱ってほしいと念を押す内容である。ただ、大同団結宣言では「対外の信用」を得るために「総機関」が必要だと主張していたが、電報の名義は朝鮮人全体を示すものではなく、朝鮮社会党となっている。

朝鮮社会党は「社会（主義）」という単語を冠した朝鮮人による最初の団体である。その意味では画期的なのだが、これまで見てきたように、電報の送り主である申圭植は、社会主義国家の樹立を志向していたわけでもなければ、社会主義に対する知識が豊富だったわけでもない。実際、電報には社会主義者の主な関心事である労働問題や労働者の国際連帯については何一つ言及がない。朝鮮社会党は、ペトログラード・ソヴィエトやヨーロッパの社会主義者から、彼らと同じ「社会主義者」を自称することによって朝鮮独立への支援を引き出すためにつくられた書類上の組織といったところだろう。かつて北京政府の支援を得るために帝政を標榜したのと同じで、援助を請う対象に合わせて、その対応を臨機応変に変更する申圭植お得意の戦法である。

いずれにせよ、ストックホルム宛の電報は、社会主義が被支配民族の「自決」をもたらすものであること、そして、社会主義者から支援を得るためには自らが社会主義に近づく必要があるということを、朝鮮人活動家が認識していたことを示すものである。この点は、のちに朝鮮半島に社会主義が根づいていく要因の一つとして重要である。

朝鮮独立運動にとってのロシア二月革命

これまで見てきたように、ロシア二月革命は朝鮮独立運動に二つの衝撃を与えた。一つ目は、従来は二の次とされてきた独立後の国家のビジョンをもたらしたことである。二月革命によってロシアが帝政国家から共和国になったことは、独立運動家が、世界の「最先端」の政体である共和制を志向するべきと決意する契機となっていた。この傾向は、帝政ロシアの支配下にあった諸民族が共和国として独立していくことで、より顕著になったと考えられる。

二つ目は、被支配民族の「自決」という概念の広がりである。ロシア臨時政府が世界に向けて「自決」の権利を広め、実際に帝政ロシアに支配されていた諸民族がこの権利を手にしようとしていた。さらには二月革命やペトログラード・ソヴィエトに触発されてヨーロッパの社会主義者が国際平和会議であるストックホルム会議を準備するなかで、朝鮮の「解放」にも具体的に言及するようになったのである。朝鮮人独立運動家たちは「自決」概念の世界的な広がりという千載一遇の機会を摑み取るため、互いに大同団結した組織である「総機関」の設立を構想し、これがのちに大韓民国臨時政府として具体化されることになる。

以上のように、朝鮮独立運動にとってのロシア二月革命は「共和主義」と「自決」の革命であり、その衝撃はきわめて大きかった。今日、韓国では国家の起源として大韓民国臨時政府がかつてないほどに重視されているが、その臨時政府の起源はロシア二月革命にあるといえる。

「自決」をめぐる諸問題

ところで、第一次世界大戦が勃発する少し前から、朝鮮人独立運動家は日本の敗戦に乗じた朝鮮の独立を最優先課題に掲げ、そのため外国の支援を求めていた。支援を請う対象がロシアからドイツに柔軟に変化したことからもわかるように、「敵の敵は味方」の論理で日本と対立する諸外国の勢力との提携を模索してきた。だが、大同団結宣言には日本が所属する連合国陣営の敗北に対する期待は一切見られない。にもかかわらず、停滞していた朝鮮独立運動は「自決」を背景として息を吹き返した。

つまり、朝鮮独立運動は日本の敗戦への期待を払拭し、「自決」の権利を手にして独立することへと方向転換したのである。本章の第7節で述べるように、独自の動きを見せる独立運動家もいるのだが、ロシア二月革命が勃発した一九一七年三月以降の朝鮮独立運動は、基本的には「自決」の権利を手に入れるために、いかにして諸外国と交渉するか、いかにして朝鮮民族の存在を世界にアピールするかが最大の焦点となる。申圭植らがストックホルム会議に電報を送って朝鮮問題を議論してほしいと念を押したのも、そうした動きの一環である。

それでは、そもそも「自決」とは何だろうか。大同団結宣言は、「自決」を朝鮮などの被支配民族の「解放を議論」する、いわば独立をもたらすものとして理解していたが、事はそう単純ではなく、注意すべき点や不可解な点がいくつかある。

一つ目は、「自決（Self-Determination）」概念が非常に曖昧であることだ。序章でも述べたように、原語を直訳すれば「自己決定」という意味にしかならず、だれが、何を自己決定するのかが自明でない概念なのである。事実、あくまでも言葉の使い方に限れば、本節で取り上げたロシア臨時政府、ペトログラード・ソヴィエト、シャイデマンの三者のうち、「民族」と「自決」を明確に結びつけて「民族自決〔Nationaler Selbstbestimmung, 英語にするとNational Self-Determination〕」という用語を使っていたのはシャイデマンだけである。もちろん、残る二者も「自決」の担い手として被支配民族を想定していたのは事実だから、大同団結宣言の理解が間違っていたわけではない。しかし、「自決」がかくも曖昧な概念であるため、発信する側と受け止める側はもちろん、発信する側においても論者によって解釈が大きく異なることを、念頭に置かなければならない。

これに関連して二つ目は、漢字の翻訳語の問題である。「自決」の担い手が「民族」とは必ずしも限らないにもかかわらず、日本でも韓国でも今日にいたるまで「民族自決」と訳されてきた。また、原語には主義（ism）が付されていないが、やはり日韓で「民族自決主義（민족자결주의）」という言葉が使われることもままある。このことは、朝鮮半島への「自決」概念の流入に、日本が深く関わっていることを示している。

最後に三点目は、アメリカの存在である。各国首脳で「自決」を提唱した人物としては、一九一七年一一月のロシア一〇月革命で政権を掌握したボリシェヴィキのウラディーミル・レーニン（Владимир

Ле́нин)、イギリス首相のデイヴィッド・ロイド・ジョージ（David Lloyd George）、そしてアメリカ大統領のウィルソンが代表的である。そのなかでも、「自決」はウィルソンが一九一八年一月八日の「十四ヵ条」演説で提唱したものであるというイメージは、韓国でも日本でも強くもたれているといえるだろう。実際、朝鮮史研究で三・一独立運動の国際的背景に触れることがある場合、ほぼ必ずウィルソンの「十四ヵ条」が登場する。他方、レーニンに言及することはあっても[20]、ロシア二月革命が取り上げられることはまずない。

こうした理解はまったくの間違いというわけではない。たとえば、三・一独立宣言書を起草した崔南善はそれが原因で逮捕されるのだが、一九一九年五月三〇日に行われた裁判の予審訊問において、「自決」に関する朝鮮人の一般的な傾向について次のように陳述している。

一般朝鮮人は〔パリ〕講和会議に於て米国大統領が提唱した十四ヶ条が基礎条件となり総ての問題が解決され、其十四ヶ条の一なる民族自決と云うことが行われることになれば、朝鮮は其内に含まれることで自然朝鮮独立と云うことが成就するとの考えを懐いて居るので、其為めに民族自決の意思のあることを発表することを企てたこととなるのです[21]。

崔南善のいう「十四ヶ条の一なる民族自決」というのは、具体的には第五条を指す。その条文は次の通りである。

植民地に関するすべての要求は、自由にかつ偏見なく、そして絶対的な公正さをもって調整されなければならない。その際に厳密に守られるべき原則は、主権をめぐるすべての問題の決定に際し、当事者たる住民の利害が、権限の決定をもつ政府の正当な要求と等しい重みをもつということである。[22]

たしかに植民地の問題に言及しているが、ウィルソンは「十四ヵ条」の第五条で「民族自決」はもちろん、「自決」という言葉さえ使っていない。また、「当事者たる住民の利害」と「権限の決定をもつ政府の正当な要求」は「等しい」といっている。これを朝鮮に置きかえれば、植民地支配を続けたいという日本政府の「要求」と同じくらい、独立したいという朝鮮人の「利害」も重要だといっているにすぎず、実は「朝鮮独立と云うことが成就」することをそれほど期待させる内容ではないのである。それでもウィルソンの「十四ヵ条」は、一九一九年の時点ではなぜか「一般朝鮮人」に熱烈に歓迎されていた。

このように、三・一独立運動を含めて、ロシア二月革命以降の朝鮮独立運動は、「自決」が多様な解釈ができる曖昧な概念であることを念頭に置きながら、日本とアメリカの影響を細かく追っていかなければ理解できないものなのである。

そこで次節では、日本での「自決」認識や翻訳過程を見ていく。崔南善は陳述で「民族自決」という言葉を使っているが、結論を先取りすれば、この「民族自決」という翻訳語は日本から流入したものであった。

2　吉野作造とロシア革命——翻訳語「民族自決」の誕生①

吉野作造と朝鮮

日本での「自決」の翻訳過程を分析するうえで注目したいのが、政治学者の吉野作造である。吉野といえば、天皇主権の戦前の日本において、国民を本位とする政治が行われるべきであるという「民本主義」を唱え、一九一〇年代の大正デモクラシーを牽引した人物としてよく知られているが、朝鮮と深く関わった人物でもある。

大正デモクラシーには「外に帝国主義、内に立憲主義」という標語があるように、この時期の日本人の多くは、日本国内での民主主義や自由を求める一方で、日本が支配する他民族の自由を認めようという意識は希薄であり、この点は吉野作造も例外ではなかった。吉野は一九〇五年に東京帝国大学を卒業した頃から朝鮮に関心をもつようになるが、朝鮮人には独立の意思もなければその能力もないため、日本の植民地支配によって同化（日本人化）すべきだという立場をとっていた。しかし、敬虔なプロテスタントの信者だった吉野はクリスチャンの朝鮮人留学生と接点をもつようになり、彼らとの出会いや、とくに一九一六年に実際に朝鮮を視察したことを契機として、次第に朝鮮人が独立を渇望していることを理解しはじめ、一九年の三・一独立運動を前後する時期から朝鮮人留学生と積極的に交流するようになる。(23)

吉野作造に着目して日本における「自決」認識を分析する理由の一つは、吉野と朝鮮人留学生が親交を深めていく過程を理解することにつながるからである。しかしより大きな理由は、吉野が「自決」に最も関心を寄せた日本の知識人であり、「民族自決」という翻訳語の誕生とも深く関わっているからにほかならない。

翻訳語のバリエーション

先述したように、崔南善は一九一九年五月に裁判の予審訊問で「十四ヶ条の一なる民族自決」と陳述していた。この点は同時期の日本でも同様であり、「民族自決」は「ウィルソン氏の十四箇条中に在り」という認識が広くもたれていた。[24] では、ウィルソンが「十四ヵ条」を提唱した一九一八年一月頃の日本ではどう認識されていたのだろうか。

吉野作造は一九一八年二月一七日に執筆し、翌月の『中央公論』に掲載された論考で、次のように述べている。

講和条件の一基本たるべきものとして民族主義と云う文字の盛んに用い初められたのは、露西亜の革命後、凡そ去年の五六月以降からであろう。委しく云えば民族自決主義或は民族自定主義と訳すのが正しいかもしれない。民族は総て其希望に基いて其政治的運命を決し得ざるべからず、或民族が他の民族を其意思に反して支配して居るのは不当である、若し従来斯くの如き不当なる境遇に置かれて居った民族があったならば……新たに其政治上の所属関係を自決するの権利が与えられなければならない。之が民族自決主義の主張である。[25]

この時点で「民族自決主義」という言葉が使われているが、「十四ヵ条」の影響は見られない。吉野作造によれば、「自決」には「民族主義」、「民族自決主義」、「民族自定主義」といった訳語のバリエーションがあった。そのなかで一九一七年五、六月頃からまず「民族主義」が「盛んに」用いられるようになったが、それは「露西亜の革命」と関係していたという。そこで、まずは「民族主義」という言葉に着目しながら、二月革命前後の日本での「自決」をめぐる報道を見ていきたい。

「民族主義」の用法

吉野作造の指摘する通り、一九一七年に入るまで新聞や雑誌で「民族主義」が報道されることはほとんどなかった[26]。ただ筆者の見た限り、日本のメディアで「民族主義」が本格的に報道されるきっかけとなったのは、ロシア二月革命ではなく、第一次世界大戦で連合国が一九一七年一月一〇日に発表した戦争目的に関する声明である。

一九一六年一二月、ウィルソンは第一次世界大戦の交戦国に対して戦争目的の公表を要請した。これに対してドイツが中立国アメリカの介入を拒否する姿勢を示す一方、連合国は翌年一月一〇日に、セルビアの回復、オーストリアの支配下にある民族の解放などを戦争目的として列挙し、今後のヨーロッパ秩序の構築についても言及した回答を発表する[27]。この回答は一月一二日に外務省によって日本語訳が公表され、翌一三日に各新聞がいっせいに報道した。そのため、訳文はどの新聞も同じだが、注目すべきはヨーロッパ秩序の構築に言及した箇所が「民族主義〔respect of nationalities〕及小国安全の原則に基く条規に拠り保障せらるゝ欧州の改造」となっていることである[28]。つまり外務省は、「ナショナリティの尊重（respect of nationalities）」を「民族主義」と訳したのである。

連合国の声明については、近代日本を代表する外交専門誌『外交時報』第二九五号（一九一七年二月）で、国際法学者で京都帝国大学教授の末広重雄（小説家、ジャーナリストの末広鐵腸《てっちょう》の長男）が解説している。末広によれば、「民族主義に拠りて徹底的に欧州を改造」することは「異民族の支配の下にある民族に独立少なくとも自治を認め」ることを意味する。それゆえ、将来的にイギリスのアイルランド支配が問題になる可能性があり、さらに「主張を〔ヨーロッパに限定せずに〕徹底ならしめんとすれば我が日本の朝鮮にまで手を着けねばならぬことになる」と、末広は懸念を示している[29]。外務省が「民族主義」をどう解釈したのかはわからないが、少なくとも末広は、この用語を被支配民族の独立（あるいは自治）という意味で使用していた。

以上のように、一九一七年一月一〇日に連合国が発表した戦争目的に関する声明に登場する「ナショナリティの尊重」を外務省が「民族主義」と翻訳し、外務省を情報のソースとして各新聞社がこの声明を報道したことによって、「民族主義」という用語が日本に広まっていった。その過程で、「民族主義」は民族の独立を意味する用語として使われるケースも出てきたのである。

それでは、一九一七年三月に勃発したロシア二月革命は、「民族主義」とどう関わるのだろうか。前節で述べたように、革命後に真っ先に「自決」を提唱したのはペトログラード・ソヴィエトだったが、朝鮮人への影響を含めて、世界にインパクトを与えたのは四月九日のロシア臨時政府の戦争目的に関する声明である。この点は日本も同様であり、ペトログラード・ソヴィエトの平和声明は日本ではすぐに報道されなかったが、ロシア臨時政府の戦争目的はロイター通信（四月一一日発信）、つまり英訳されたものに依拠して、各新聞が四月一三日前後にいっせいに報じた。たとえば、『大阪朝日新聞』の訳文は以下の通りである。

自由を生命とする露西亜は、他の国民より彼等の祖父伝来の国土を奪いて彼等を支配し又武力を以て外国の領土を占領せんとするの志なし。其懐く処の目的は、各国民は自国の運命を決定すべき固有の権利〔the self-determination of peoples〕を基礎として此処に恒久的平和を樹立せんとするにあり。[30]

英訳された声明の“self-determination of peoples”は、直訳すれば「人々の自決（自己決定）」となるが、「各国民は自国の運命を決定すべき固有の権利」と相当に意訳されている。まず“peoples”に関して、それがどのような「人々」なのかをロシア臨時政府の声明は明言していないため、「国民」と解釈している。そして「自己決定」についても、何を決定するのかが自明ではないため、「自国の運命を決定すべき固有の権利」と原文にない語句を補って意訳しているのである。この傾向は他紙も同様であり、「各国民各々の範囲内に於て各自の運命を決す」、「自ら運命を決せんが為に各国の権利」といったように、やはり“peoples”を「国民」と解釈したうえで、語句を補って意訳している。[31]

各紙が「自決」を意訳したのは、このロシア臨時政府の声明が日本で最初の「自決」に関する報道だったからであろう。後述するように、「自決」概念自体はロシア二月革命以前から存在していたが、日本には伝わっていなかった。すなわち、当時、多くの日本人にとって「自決」は未知の概念だったのであり、「自己決定」のように単純に翻訳しても意味は通じない。それゆえ、誰が、何を決定するのかを補いながら意訳したものと考えられる。

こうした傾向はその後も続く。一九一七年五月、ロシア臨時政府にペトログラード・ソヴィエト代表の資格をもつ社会主義者が入閣し、いわゆる「連立政府」が発足する。[32] 連立政府は五月一八日に声明を出し、「無併合、無賠償、自決〔self-determination of peoples〕の原則にもとづく講和」を提唱した。[33] 連立政府の声明は新聞、雑誌ともに要約のみが掲載されたが、「自決」の箇所は「各国自ら自国の国事を処理するの権利」のように語句を補いながら意訳されている。[34]

しかし、こうした意訳とはまったく異なる翻訳の事例が登場する。一九一七年六月刊行の『外交時報』第三〇三号には、訳者は不明だが、連立政府の声明の詳細な日本語の要約が載っている。そのなかで「無併合、無賠償、自決の原則にもとづく講和」の箇所は、「民族主義を基礎としたる非併合非賠償の一般的平和を促進する」と翻訳されているのである。[35]

これまで見てきたように、新聞では「自決」の権利主体を示す"of peoples"を主に「国民」と訳してきた。一方、『外交時報』は"self-determination of peoples"全体の訳語として、従来は「ナショナリティの尊重」の訳語として被支配民族の独立を意味することもあった「民族主義」をあてたのである。同誌の訳者が不明なため詳しいことはわからないが、おそらくはロシア臨時政府がポーランドの独立に言及したり、帝政ロシア時代のユダヤ人に対する差別政策を撤廃したりしたことが、その背景にあるものと思われる。

ともあれ、筆者の見た限りでは、一九一七年六月の『外交時報』第三〇三号が「自決」を「民族主義」と訳した最初の事例である。この年の「五六月以降」から「民族主義」が「盛んに」使われるようになったという吉野作造の指摘とも時期が一致するのだが、実は吉野は『外交時報』第三〇三号に論説を寄稿しており、[36]間違いなく連立政権の声明の訳文にも目を通している。「五六月以降」という指摘は、おそらく同号の訳文を踏まえてのものだろう。新聞を中心に「自決」についてはさまざまな意訳が見られるため「民族主義」が「盛んに」使われたとは言い難いが、「自決」を「民族自決（主義）」と翻訳するようになる兆候はこの時点ですでに芽生えていたのである。

「民族自定主義」の登場

ロシア臨時政府（およびペトログラード・ソヴィエト）は、「自決」の担い手や概念について明確には定義しなかった。そのため、日本では語句を補って意訳し、その担い手（peoples）を「国民」と解釈するか「民族」と解釈するかで揺れていた。一方、ヨーロッパの社会主義者のなかには明確に被支配民族を権利主体とする文字通りの「民族自決」を提唱する人物もいた。その代表例がレーニンである。

レーニンは一九一六年四月にドイツ語で「社会主義革命と民族自決権」というテーゼを発表し、「民族自決権〔Selbstbestimmungsrecht der Nationen〕」を「政治的意味での独立権を、抑圧民族から自由に政治的に分離する権利を意味する」と定義し、社会主義の実現のためには「隷属させられた諸民族を解放」する必要があると主張した[37]。すなわちレーニンは、誰が、何を自己決定するのかを明言していたのだが、この「社会主義革命と民族自決権」テーゼは、日本ではすぐには翻訳されることも紹介されることもなかった[38]。

しかし、この「民族自決権〔Selbstbestimmungsrecht der Nationen〕」という言葉自体は、ドイツ社会民主党のシャイデマンによって日本に伝わることとなる。前節で見たように、彼は一九一七年六月のストックホルム会議の個別会談でまったく同じ表現を使っていたのである。

もっとも、朝鮮独立運動に大きな影響を与えたのとは対照的に、日本でストックホルム会議はそれほど注目されず、大きく報道されることはなかった。シャイデマンが六月一二日付で作成し、「民族自決権」を与える対象として「朝鮮」に言及した覚書も、ストックホルム会議の中止が決まった一九一七年九月の『外交時報』第三〇八号に、西山重和（外務省嘱託、のちに九州帝国大学教授）による日本語訳がようやく掲載された程度である[39]。しかも、率直にいって西山の訳文のクオリティは高くない。西山は

「自己決定〔Selbstbestimmung〕」をすべて「自治」と訳す一方で、「自治〔Autonomie〕」については「独立」と訳すなど、[40]混乱が多々見られる。そのため「民族自決権〔Selbstbestimmungsrecht der Nationen〕」も「各国民の自治権」と翻訳している。

こうした状況のなかで、ストックホルム会議の試みを日本で誰よりも評価していたのが吉野作造である。吉野は『中央公論』一九一七年一〇月号に「露国の前途を楽観す」という論説を寄せ、ペトログラード・ソヴィエトとロシア臨時政府の平和声明、とくに前者をロシア一国の利害を超えて「永久平和」を模索するものであると高く評価した。ペトログラード・ソヴィエトが主導したストックホルム会議についても、ヨーロッパで「明白に非併合・無賠償の原則を確立」するための努力の一環として、「交戦各国の輿論を動か」そうとしたことに意義があると論じている。[41]さらに、ペトログラード・ソヴィエトが「非併合・無賠償」とともに提唱した「自決」について次のように述べている。

虐げられたる少数民族の自由を保護すると云う点は、露国側の必ず反対し得ざる主張である……民族自定主義は又彼等〔ペトログラード・ソヴィエト〕の喜んで賛成せる所である。[42]

つまり吉野作造は、ペトログラード・ソヴィエトの提唱する「自決」が「虐げられたる少数民族」を対象にしていると認識し、「民族自定主義」と訳したのである。なお、吉野がこのように認識したのは、ストックホルム会議などのペトログラード・ソヴィエトの活動に加えて、ロシア臨時政府が「ウクライナに対して、或意味の独立〔実際は制限された自治〕を認めた」ことも大きかったようである。また、「自決」という言葉自体には「主義」の意味が含まれないにもかかわらず、吉野が「民族自定主義」と訳したのは、前述したように「自決」を「民族主義」と訳す場合もあったからであろう。

このように、「自決」概念は海外で活動する朝鮮人と同様に、ロシア二月革命によって日本に知れわたった。そして、その担い手を「虐げられたる少数民族」と認識した吉野作造によって、「民族自定主義」と訳された。換言すれば、ロシア一〇月革命やウィルソンの「十四ヵ条」以前から、「民族自決（主義）」という翻訳語の原型は出来上がっていたのである。

ブレスト＝リトフスク条約交渉

一九一七年一一月、世界史上で最初の社会主義革命であるロシア一〇月革命によってロシア臨時政府が倒れ、レーニン率いるボリシェヴィキが政権を掌握した（以下、本書では一〇月革命後から一九二二年一二月にソ連が樹立されるまでのロシアをソヴィエト・ロシアと表記する）。

世界規模での社会主義の勃興という目的があるにせよ、先述したように、レーニンは被支配民族に独立を意味する「自決」権を与えるべきだと主張していた。そのため、ボリシェヴィキはロシア臨時政府やペトログラード・ソヴィエトよりも明確に、「自決」が植民地支配下にある諸民族の権利であることを世界に広めていく。その画期となったのが、ブレスト＝リトフスク条約交渉である。

ブレスト＝リトフスク条約とは、ドイツなどの中央同盟国とソヴィエト・ロシアとが講和を結んだ際の条約であり、一九一七年末から交渉がはじまった（一時中断を経て、締結は翌年三月）。この交渉ではウクライナの「自決」問題も議論されたため、東欧においては、ウィルソンではなくブレスト＝リトフスク条約交渉こそが、「自決」概念が広まるきっかけとなったともいわれる。[43] とりわけソヴィエト・ロシアの外務人民委員（外務大臣に相当）としてドイツとの交渉を担当していたレフ・トロツキー（Лев

Троцкий）が一九一七年一二月二九日に発表した連合国に向けた声明は、世界的な反響を呼んだ。

この声明は、日本ではやや遅れて一九一八年一月六日に、新聞にいっせいに訳文が掲載された。たとえば、『東京朝日新聞』の訳文は以下のようなものである。


敵国領土の一部を成せる国民は自ら其将来の運命を決定すべき権利〔self-determination for peoples who from part of the enemy states〕を有す。是れ即ち自明の理なり。又同時に自国領土又は植民地の人民に向って此権利を与へざるは取りも直さず最も専断的帝国主義に基ける意思を弁護するに等し……連合国政府が各国民をして其運命を決せしめんとする自由権利の主義〔the principle of national self-determination〕に対して信を置かざりし点は敢て独墺〔ドイツ、オーストリア〕政府に譲らず(44)。


ロシア臨時政府の声明と同様に、語句を補いながら「自決」にあたる語を意訳しており、この点は他紙も大差ない(45)。ただ、このボリシェヴィキの声明は、彼らの掲げる「自決」が連合国か中央同盟国かを問わず、植民地支配下のあらゆる「民族」を対象としていることを日本の学者や知識人に認識させるには、十分なものだっただろう。

雑誌には一九一八年二月からブレスト＝リトフスク条約交渉やボリシェヴィキの声明についての評論が掲載されはじめるが、末広重雄は二月一五日発行の『外交時報』第三二九号に発表した論説で（執筆は一月三一日）、「ブレスト、リトウスク講和会議」で「民族自決権」が議論されていると述べている。

さらに同号にはブレスト＝リトフスク条約交渉におけるウクライナの独立問題に関する無署名記事も載っているが、やはり「民族自決権主義」という用語が登場する(46)。

そして吉野作造も『中央公論』一九一八年二月号に「露独単独講和始末及び其批判」という論説を寄せ（執筆は一月一八日）、ブレスト＝リトフスク条約交渉が「露と独との間のみの平和」ではなく「一般世界の平和の永久の保障」を模索するものであると高く評価したうえで、「自決」の訳語を「民族自定主義」から「民族自決主義」に変更したのであった[47]。

ボリシェヴィキの専有物としての「自決」概念

朝鮮人独立運動家がそうだったように、日本の知識人もまたロシア二月革命とそれに端を発するストックホルム会議を通して、「自決」概念を知ることとなった。その過程で吉野作造によって「民族自定主義」と翻訳され、一〇月革命後のブレスト＝リトフスク条約交渉が決定打となり、「民族自決（主義）」という翻訳語が日本で広まった。

つまり、日本で「自決」が「民族自決」と翻訳されるようになった過程には、アメリカやウィルソンはほとんど関係していなかったといえる。ウィルソンが「十四ヵ条」を提唱した一九一八年一月頃の日本では、「自決」はボリシェヴィキの専有物であり、あらゆる被支配民族の独立を意味する概念として認識されていたのである。

では、日本で「十四ヵ条」はどのように受け止められ、その後、なぜウィルソンが「自決」を提唱したと認識されることとなったのか。これについて考えていく前に、朝鮮独立運動と一九一七年四月のアメリカの第一次世界大戦への参戦との関係を見ておく必要がある。

本章の第1節で述べたように、朝鮮人独立運動家はストックホルム会議に注目し、シャイデマンが一九一七年六月一二日付で覚書を作成した翌月には、大同団結宣言を発表して臨時政府の樹立を提唱した。

一方、日本でこの覚書が紹介されたのは九月のことであり、この事例一つとっても、「自決」概念に関する注目度は朝鮮人のほうが高かったし、その対応も迅速だったことがわかる。かくも世界情勢の変化に敏感な朝鮮人が、アメリカの参戦に無反応だったはずはない。次節では時間を一九一七年四月頃に戻し、アメリカの参戦が朝鮮独立運動に与えた影響について論じる。

3　アメリカの参戦と在米朝鮮人

アメリカ軍に入隊した朝鮮人

ロシア二月革命に迅速に対応したのが上海の朝鮮人なら、アメリカの参戦にいち早く対応したのは在米朝鮮人であり、アメリカ軍に志願して入隊した者までいる。そのなかで、自伝を残している人物にチャ・ウィソク（차의석、英語名は Easurk Emsen Charr）という朝鮮人がいる。まずは彼の自伝をもとに、入隊の経緯をたどっていこう。

チャ・ウィソクは大韓帝国が日本の保護国になる前の一九〇四年に、一攫千金とアメリカで教育を受けることを夢見て、わずか一〇歳でハワイに移住した。六ヶ月程度ハワイで過ごしたのちカリフォルニア州に移り、この地の主要な独立運動家である安昌浩の援助を受けながら生活した。一九一三年にサンフランシスコの独立運動団体である大韓人国民会から機関紙『新韓民報』の植字工として招かれ、この仕事を通して、母語である朝鮮語の理解を深めたり、独立運動に関心をもったりするようになったという。その年の秋、宣教師の斡旋によって、ミズーリ州パークヴィルのパーク・カレッジ（Park College, 現在のパーク大学）に通うこととなった。[48]

パーク・カレッジに在学中の一九一七年四月六日にアメリカがドイツに宣戦布告すると、チャ・ウィソクはすぐにアメリカ軍への入隊を志願し、選考の末、翌年四月から終戦まで一等兵としてワシントン近郊の衛生隊に勤務した。

兵役義務のない朝鮮人のチャ・ウィソクが入隊を志願した理由は二つあった。一つはアジア人差別の横行するアメリカで少しでも社会的地位を上昇させるために、アメリカに対する忠誠心を示そうとしたからである。そのため彼は、アメリカの兵士になったことを誇りに思った。そんな彼をさらに喜ばせたのは、勤務先で軍曹からアメリカ軍で勤務している者は誰でも市民権を得る資格があると聞かされたことである。喜びも束の間、朝鮮人は対象外であることがわかり彼は落胆するが、結果的には一九三五年になって大戦期に軍で勤務していたアジア人も対象に追加され、その翌年に念願の市民権を得ることとなる。(49)

もう一つの理由は、ウィルソン大統領の言葉である。チャ・ウィソクは、ウィルソンが参戦に際して発した「大国と小国の権利」と世界の「民主主義」を守るために戦うというメッセージが決め手となって、入隊を志願したと回想する。そしてアメリカにいる親戚に入隊の事実を報告すると、次のように歓迎されたという。「アンクル・サム〔アメリカを指す〕のために誰が戦わないというのか。彼らは大国と小国の権利のために戦っていて、そのなかには朝鮮も含まれている。違うかい？(50)」

チャ・ウィソクが志願した理由としては市民権の獲得に象徴される社会的地位の向上のほうが大きかったはずだが、それと同時に、ウィルソンが朝鮮のために何かしてくれるかもしれないという淡い期待が、在米朝鮮人のあいだに芽生えていたことが、この逸話から窺える。

弱小従属民族連盟（League for Small and Subject Nationalities）

「大国と小国の権利」を守るというウィルソンのメッセージは、チャ・ウィソクのような個人のレベルにとどまらず、在米朝鮮人の独立運動にも影響を与えていた。このことを示すのが、ウィルソンに期待をかける在米の弱小民族の交流団体に朝鮮の独立運動家も参加していたという事実である。一九一七年一〇月二四日付の『新韓民報』には、同月末にニューヨークで開かれる予定の「小弱国同盟会」の国際会議に、大韓人国民会から代表を派遣したことが報道されている。この「小弱国同盟会」とはどのような団体なのだろうか。

『新韓民報』によれば、事の発端は『アメリカンリーダー』という雑誌の一九一七年六月号に、ニューヨークで「小弱国同盟会」が設立されたことを伝える記事が載ったことだった。この団体に関心をもった大韓人国民会は、「小弱国同盟会」の幹事であるリトアニア人のヴィンセント（Vincent F. Jankovski）に接触を図り、七月七日付でこの団体の「目的と趣旨」および「この会が……米国政府の政治に抵触する」可能性について教えてほしいと記した手紙を『アメリカンリーダー』のアメリカ人記者に託した。しかし、同誌の記者はヴィンセントの居場所は把握しておらず、ニューヨークにあるポーランド人の新聞社に聞けばわかるだろうと返答したという[51]。

『新韓民報』には、「小弱国同盟会」の国際会議に代表を派遣するまでのその後の動向については書かれていない。ただ、以上の経緯から、この団体がアメリカ人というよりは、アメリカ在住のヨーロッパ系の弱小民族が主導していたことがわかる。リトアニア人やポーランド人をはじめ、在米のヨーロッパ系の民族主義者は第一次世界大戦を民族独立の機会と捉えてさまざまな活動をしていた[52]。「小弱国同盟会」もそうした活動の一環だと考えられる。

在米朝鮮人が「小弱国同盟会」を知るきっかけとなった『アメリカンリーダー』についてはいこ詳しいことはわからないが、ニューヨークで発行されていた『サーヴェイ』誌が五月五日付でその結成について詳しく報じている。同誌によれば、「小弱国同盟会」の正式名称はLeague for Small and Subject Nationalities（以下、弱小従属民族連盟）であり、その設立目的も紹介されている。

世界の弱小、従属、被抑圧民族による常設の会議を設立すること。今次の戦争の後の平和会議に各々の民族が直接代表を派遣する権利を主張すること……世界平和に必要不可欠な条件として、これらの民族に自治の権利を戻すことの重要性を強調すること。そして、アメリカにいるすべての民族のあいだで互いに理解を深めることを促進し、ひいてはアメリカ文化の基礎を広めること。(53)

これが大韓人国民会の知りたがっていた弱小従属民族連盟の趣旨である。端的にいえば、アメリカが加わることで連合国が大戦に勝利するという見込みのもと、きたるべき講和会議に参加して自治をはじめとする権利を手に入れるため、弱小民族同士で協力し合うというものであり、朝鮮独立運動にとっても悪い話ではなかった。また、「アメリカ文化の基礎を広めること」も趣旨の一つだが、『サーヴェイ』によれば、弱小従属民族連盟が設立されたきっかけは、「ウィルソン大統領の〔一九一七年〕一月二二日と四月二日の演説」であった。

参戦とアメリカ的価値

ウィルソンの二つの演説とは、「勝利なき平和（一月二二日）」と「参戦教書（四月二日）」を指す。後者は、チャ・ウィソクがアメリカ軍への入隊を志願する契機となった演説でもある。

後述するように、ウィルソンは大戦後の国際秩序の柱として「自決」と、一九二〇年に正式に発足する「国際連盟」を提唱することとなる。そのうち、「自決」の原型となる「被治者の同意（the consent of the governed）」を提唱したのが、「勝利なき平和」演説である。

この演説でウィルソンは、世界平和の条件を二つ挙げている。一つ目は「権利の平等」であり、大国と小国、強国と弱国のもつ権利に差をつけてはならないというものである。二つ目が「被治者の同意」で、これはあらゆる人々が自分たちの国の政治体制や発展方法を自由に決められる権利を意味し、そういった同意にもとづく統治が各国で行われなければならないと主張した[54]。簡単にいえば、国民の同意を得ずに一部の支配者が政治的な権力を行使する専制政治を世界からなくす必要があるということであり、「被治者の同意」は民主主義とほぼ同じ意味で用いられている。

この点をより明確にしたのが、ドイツに宣戦布告した理由を説明する四月二日の「参戦教書」演説である。ウィルソンはドイツ帝国が国民の民主的な「同意」を欠いた専制主義支配を行っていることを批判し、アメリカは「民主主義のため、権力に服従する人々が自分たちの政府に対して発言する権利のため、小国の権利と自由のために」参戦すると述べた[55]。すなわちウィルソンは、第一次世界大戦を専制主義に対する民主主義の戦争として位置づけたのである。

ところで、「被治者の同意」はウィルソンの造語ではなかった。人はみな平等であり、生命、自由、幸福を追求する権利をもつ。政府はそれらを確保するために組織され、「被治者の同意」を得たときに限り政府は権力を行使できる。そうでない場合は、人は新たな政府を組織する権利をもつと謳った[56]、一七七六年のアメリカ独立宣言から引用したものである。独立宣言後にアメリカは民主主義を国是として発展していく。要するにアメリカの参戦は、専制主義に対する戦いを通して、「被治者の同意」や民主主義という建国以来のアメリカ的価値を、世界の普遍的価値へと拡大させることも目的としていたのである[57]。

弱小従属民族連盟の結成は、こうしたアメリカの参戦意図を理解したうえで、それに積極的に反応したものだった。同団体の幹事であるヴィンセントとスコットランド系アメリカ人のスミス（Marion A. Smith）は、これまでの国際会議では大国が弱小民族の代表派遣を認めてこなかったため、領土の分割や変更を、関係する諸民族の「同意」を得ないまま決定してきたと、ウィルソンの言葉を引用しながら述べている。また、設立目的に「アメリカ文化の基礎を広めること」が含まれているのは、アメリカの戦争目的がアメリカ的価値の世界への拡大であることを踏まえたものである。ヴィンセントとスミスは、在米の各民族はアメリカ人との交流が薄いため「民主主義の真の精神」の理解が十分でなかったと指摘する[58]。弱小従属民族連盟の趣旨の一つである「アメリカ文化の基礎」とは、具体的には民主主義を指すと考えて間違いない。

このように、大韓人国民会が設立当初から関心を示した弱小従属民族連盟は、きたるべき講和会議に弱小民族が参加し、そこで自治をはじめとする諸権利の拡張を図るために、在米の各民族が一致団結する団体であった。その際、「権利の平等」を掲げるウィルソンやアメリカ政府から支援を得るために、民主主義というアメリカ的価値の世界化に積極的に順応することをコンセプトとしていた。当初、大韓人国民会は同団体が「米国政府の政治に抵触」することを懸念していたが、少なくとも設立者の意図においては、「抵触」するどころかアメリカの戦争目的に積極的に賛同するものだったのである。

第一回国際会議

したがって、弱小従属民族連盟の試みがうまくいくかどうかは、アメリカ人の協力が得られるかどうかにかかっていたといえるが、これについてはある程度成功した。一九一七年一〇月二九日から三一日にかけてニューヨークで開催された第一回国際会議で、弱小従属民族連盟の会長としてアメリカ人のフレデリック・ハウ（Frederic C. Howe）が司会進行にあたったのである。(59)

ハウは当時、女性参政権など各種の社会問題に取り組む革新主義者であり、ウィルソンからじきじきに任命されてニューヨーク港のエリス島移民局のコミッショナーを務めていた人物でもある。そのため、ウィルソンや彼の顧問であるハウス大佐（Edward M. House）とは、アメリカの平和政策について意見することのできる関係であった。実際はハウの意見が採用されることはなかったが、(60)彼がウィルソンとのパイプをもっていたことは、弱小民族にとってこの会議に参加する意義を高めるものであった。

参加した諸民族の内訳は、ベルギー、セルビア、デンマーク、フィンランド、リトアニア、ラトヴィア、アルバニア、シリア、ポーランド、ギリシャ、アイルランド、スコットランド、ノルウェー、スイス、スウェーデン、ユダヤ人、ボーア人（アフリカーナー）、アジアからはインド、中国、朝鮮の諸民族、そしてアメリカの黒人である。(61)参加者のなかで最も著名な人物は、アイルランドの女性運動家のハナ・シーヒー・スケフィントン（Hanna Sheehy-Skeffington）である。一九一六年のイースター蜂起で夫を亡くした彼女は、その後、独立運動団体のシン・フェインで活動するようになり、(62)同団体を代表して第一回国際会議に参加していた。

小国とはいえベルギーやセルビアは独立国であり、植民地支配下にある民族でも、ウィルソンが独立に言及していたポーランド人もいれば、アメリカと同盟関係にあるイギリスが支配するアイルランドのスケフィントンもいる。黒人の場合はおそらくアメリカでの社会的地位の向上を求めて参加しており、独立を目指していたわけではない。つまり、会議に参加した諸民族はさまざまな思惑や目的をもっており、会長のハウはこれらを団結させるのに苦心していたという。[63]

そうしたなかで、多少なりとも諸民族の団結に貢献したのが朝鮮の代表であった。会議には、大韓人国民会の指導者の一人である朴容万が、「朝鮮外交上の活動を開く準備の一つとして絶好の機会」であると考えて参加した。[64]『サーヴェイ』によれば、朴容万は日本が朝鮮で行っている圧制的支配に関してスピーチし、朝鮮と同様に植民地支配を甘受している会議参加者の共感を呼んだという。

最終的に会議では、すべての民族がきたるべき講和会議に正式に代表を派遣する権利をもつこと、この権利が保障されるように「とりわけアメリカの大統領に訴えること」が決議された。[65]「外交上の活動を開く準備」という朴容万の目的は、ハウがウィルソンとのパイプをもつことを踏まえれば、ひとまず果たされたといってよいだろう。

在外朝鮮人独立運動家のネットワーク

以上のように、在米の朝鮮人独立運動家もまたアメリカの参戦に反応を示していた。ただし、ウィルソンが朝鮮の独立を支援してくれるといった過度な期待は一切していなかった。「権利の平等」と「被治者の同意」を提唱したウィルソンの演説に触発されて設立された弱小従属民族連盟の国際会議は、すべての民族が講和会議に正式に代表を派遣する権利を最優先で求めるものであったし、朴容万も会議で朝鮮独立を主張することはなく、あくまでも将来的な外交活動の準備として参加したのである。

したがって、「自決」を提唱したロシア二月革命や社会主義者が主催するストックホルム会議が、臨時政府の樹立計画というかたちで独立運動を活性化させたことに比べると、アメリカの参戦やウィルソンの演説の影響はそれほど大きくはなかったといえる。

ところで、ロシア二月革命に対しては上海の同済社が、アメリカ参戦に対しては在米朝鮮人独立運動家が、それぞれ別個に対応していたが、在米の朴容万は大同団結宣言の署名者の一人である。また、本章の第7節で述べるように、この時期にはロシア極東でも朝鮮人の発行する新聞が復活しており、ウラジオストクの『韓人新報』が、弱小従属民族連盟の会議に朴容万が参加したことを報じている[66]。つまり、海外の各地の独立運動家を結ぶネットワークは確立されており、ロシア二月革命後に広まった「自決」概念が被支配民族の独立を意味するらしいことや、ウィルソンが弱小民族の講和会議への参加に協力的なようであることといった、朝鮮を取り巻く国際情勢に関する情報と認識の共有は、ある程度なされていたと考えられる。

その意味では、ウィルソンが「十四ヵ条」を提唱する以前からすでに、第一次世界大戦後の講和会議で朝鮮の独立を目指すべきだとする兆候が、活動家たちのあいだに生じはじめていたといえるだろう。

4 ウィルソンの「民族」と「自決」概念——翻訳語「民族自決」の誕生②

混乱を呼ぶロイド・ジョージ

再び舞台を日本に移し、「自決」をめぐる報道や翻訳語の問題について見ていきたい。先述したように、日本で「民族自決」という翻訳語が定着する契機となったのは、ボリシェヴィキが一九一七年一二月二九日に発表した連合国に向けた声明であった。この声明への対応として、イギリス首相ロイド・ジヨージが一九一八年一月五日に演説で戦後の平和の条件として「自決」を提唱する。

　ウィルソンが「十四ヵ条」を発表するのはその三日後の一月八日だが、そこでは「自決」という言葉自体は使っていない。ロシアを除く連合国側で最初に戦争目的の一つとして「自決」を焦点化したのは、イギリスだったのである。[67] ロイド・ジョージは演説で、「領土問題は、自決権あるいは被治者の同意〔the right of self-determination or the consent of the governed〕にもとづいて解決されなければならない」と述べたが[68]、これは日本では次の二つの理由で翻訳の混乱を引き起こした。一つはボリシェヴィキの「自決」とウィルソンの「被治者の同意」という中身の異なる概念を、あたかも同じものであるかのように並列させていることであり、もう一つは誰が「自決」するのかについてまったく言及がないことである。

　ロイド・ジョージ演説の該当箇所の翻訳は、四パターンある。まず挙げられるのは、「人民の同意を有する政府を以て戦争に於ける領土問題解決の基礎たらしむべきものなり」のように、語句を補いながら「被治者の同意」のみを翻訳するケースであり、この演説に関する新聞の初報（一月八日付）の特徴である[69]。第二に、これとは逆に「自決」のみを翻訳するケースもあり、『東京朝日新聞』一九一八年一月一〇付は「民族自決は本戦争に於ける領土問題解決の基礎たらざるべからざる」と報じている[70]。ただし、この日の『東京朝日新聞』でしか確認できない例外的な事例である。

　三番目は「自決」と「被治者の同意」が融合しているケースで、最も多い。一月九日付の『大阪朝日新聞』と『大阪毎日新聞』は、いずれも「領土問題の解決は被治者に自決権と諾否の権とを与へたる上にて」行われるべきだと訳している[71]。同様に国際法を専門とする東京帝国大学教授の立作太郎も『外交時報』で、ロイド・ジョージが「領土処分の問題を被治者の自決及同意の権利（The right of self-determination and《ママ》 consent of the governed）に基いて解決すべきことに言及」したと、改変した英文を添えて述べている。[72] これらの事例は「同意〔consent〕」する主体を示す“of the governed”を「自決」権の主体としても解釈したものであり、それはロイド・ジョージの演説の曖昧さに起因する。だが、そもそも訳者が「自決」と「被治者の同意」が別個の概念であることを理解していれば、こうした翻訳の混乱は起こらない。当時の日本では、これらの概念についての理解水準は高くなかったのである。

そのなかで、「自決」と「被治者の同意」が異なる概念であることを踏まえて訳していたのが吉野作造である。吉野は『中央公論』一九一八年二月号で「領土問題は住民自決主義と被治者同意主義とに基いて解決する事」と訳している。[73] もっとも正確な翻訳だといえるが、注目すべきは「自決主義」の主体として「住民」を補っていることである。先述したように、吉野はボリシェヴィキの「自決」についは「民族自決主義」と訳していたが、同じ「自決」でもロイド・ジョージのそれは主体に関する言及がない。それゆえ、「問題」となる「領土」で暮らす人々という意味で「住民」を補ったと考えられ、「自決」を機械的に「民族自決主義」と訳すのではなく、前後の文脈を踏まえて訳語を選択していたといえる。吉野にとって「民族自決主義」は、依然としてボリシェヴィキの概念であった。

「十四ヵ条」の初報

本章の第1節で述べたように、ウィルソンの「十四ヵ条」は、「植民地に関するすべての要求」に言及した第五条が、のちに「民族自決」を提唱したものとして認識されることになる。

これと関連して第一四条は「大国に対しても小国に対しても同様に政治的独立および領土保全の相互的保障を付与する目的をもって、特別の規約のもと、諸国家の一般的団体が組織されなければならない」というものであり、これがのちの国際連盟の創設につながる。第六条から第一三条はヨーロッパの諸問題の解決案を提示したもので、ドイツの占領下にあったベルギーの主権回復(第七条)やポーランドの独立(第一三条)などが含まれる。そのため、アジアやアフリカはもちろん、ヨーロッパ内でも連合国イギリスの植民地であるアイルランドなどに対する言及が見られないが、「十四ヵ条」が植民地支配下にある民族の「自決」を提唱したと認識される要素を含んでいるのは事実であった[74]。

とはいえ、日本で「十四ヵ条」は一月一〇日付の新聞でいっせいに紹介されたが、この時点では「自決」や「民族自決」と絡めた報道は皆無だった。たとえば、新聞各紙でも『外交時報』でも、第五条を「(四)凡て植民地問題を居住民の利害に従い整理する事」、第一四条を「(七)特別国際条約を締結して民族の代表を問わず均しく政治上の独立及領土の保全を保障する事」と、それぞれ第四条と第七条に順番を変えたうえで、簡略化して訳している[75]。第五条は本来、植民地の「居住民の利害」と「権限の決定をもつ政府の正当な要求」が同等であることを主張するものだが、後者が省略されたため、原文よりもはるかに植民地の「居住民」に有利な内容になった。しかしこれを、「自決」や「民族自決」であるとする論調は見られない。

「四原則」演説のインパクト

以上のように、一九一八年一月の時点では、「十四ヵ条」やロイド・ジョージの演説が被支配民族の「自決」を提唱するものであるという認識は日本では希薄だった。「民族自決」は基本的にはボリシェヴィキの概念として認識されていたのである。

こうした状況を大きく変えたのが、一九一八年二月一一日のウィルソンの「四原則」演説である。この演説で注目すべき点は二つある。一つは、「民族的願望〔National aspirations〕は尊重されなければならない。今や人々は、その同意にもとづかない限り、支配されたり統治されたりすることはないだろう。『自決』はたんなるフレーズではないのだ〔"Self-determination" is not a mere phrase〕」と、[76]公式の場ではじめて「自決」という言葉を使ったことである。以降、ウィルソンは「被治者の同意」を「自決」と言い換えるようになる。[77]

もう一つは、「民族的願望」を「尊重」すると述べているように、「自決」する主体が「民族」であることを示唆したことである。ウィルソンは平和のための四原則の四番目でも「すべての明確な民族的願望〔all well-defined national aspirations〕は……最大限満たされるべきである」と強調しており、次節で述べるように、この言葉は朝鮮人独立運動家に影響をもたらすことになる。

「四原則」演説は、ウィルソンが被支配民族を担い手とする「自決」を提唱していると日本人に認識させるのに十分なインパクトをもった。吉野作造はこの演説が発表されて六日後の二月一七日に執筆した論考（『中央公論』一九一八年三月号掲載）で、ウィルソンが「自決」に言及した箇所を「民族の希望は尊重せられざるべからず、人民は其承認による事なくして何の支配何の政治をも受くべきものにあらざる事（民族自決主義）」と訳している。[78]さらに新聞報道でも、「自決」の箇所を「民族自決主義」と訳すケースが登場しはじめる。[79]

こうして、日本で「民族自決（主義）」はボリシェヴィキだけでなく、ウィルソンも提唱していると認知されはじめた。ただ、両者の概念がまったく同じものと認識されていたわけではなかった。

吉野作造は、「米国参戦の目的」が「唯一に国際的正義の確立にあ」ることを示した「四原則」演説によって、「今や世界は……人類の――民族の平和並びに発展」を目指すようになったと、ウィルソンを高く評価した。その一方で、イギリスの統治下にあるエジプトやアイルランドに何ら言及していないため、ウィルソンの「民族自決主義」の適用範囲は「今度の戦争に関係ある地方」に限定されており、「連合国側の属領地」は「問題外とする積り」である。それゆえ、「この原則を凡ての国の凡ての問題に適用せんとする」ボリシェヴィキと比べると「醇正さを欠く」と指摘する。つまり、吉野が評価したのは、ボリシェヴィキの主張にウィルソンが続くことによって「民族自決主義」が「世界思潮」となったことであり、適用範囲を制限したウィルソンの「民族自決主義」の中身ではなかったのである。(80)

ウィルソンの専有物としての「民族自決」へ

こうした適用範囲の違いがあるとはいえ、一九一八年二月の「四原則」演説をきっかけとして、「民族自決（主義）」はボリシェヴィキとウィルソンの提唱する概念となった。ところが、その後ウィルソンと「民族自決」を結びつけた報道や論説が増えていく一方、(81)それとは対照的にボリシェヴィキが「民族自決」を提唱していることは、ほとんど語られなくなっていく。

一九一八年三月三日、日本で「民族自決」という翻訳語が普及するきっかけをつくったブレスト＝リトフスク条約が締結され、ソヴィエト・ロシアは大戦から離脱する。ロシアの軍需物資が敵国ドイツにわたることを恐れた連合国のイギリスとフランスは、一〇月革命後に革命派の赤軍と反革命派の白軍の内戦に突入したロシアへの干渉を開始し、アメリカと日本にもウラジオストクへの派兵を呼びかけた。紆余曲折を経た末に、日本はチェコスロヴァキア軍団の救出を名目に八月にシベリア出兵を決定する。(82)この過程で、日本の新聞や雑誌のロシア関連の記事はシベリア出兵が中心となり、ボリシェヴィキと「民族自決」を結びつけた報道は姿を消していくのである。

ボリシェヴィキが「民族自決」を提唱していた事実が次第に日本で忘れられていく一方で、ドイツの敗戦を契機として、「民族自決」はウィルソンが「十四ヵ条」で提唱したという認識が形成されていく。ドイツは一〇月三日に「十四ヵ条」にもとづく講和交渉の開始をウィルソンに要求し、一一月四日にはイギリスとフランスも「十四ヵ条」およびそれ以降にウィルソンが演説で公表した原則にもとづく休戦に合意した。(83) 以上の経緯が日本で報道されるなかで、一〇月中旬から新聞や雑誌で「十四ヵ条」に関する解説が数多く発表されるようになった。

「十四ヵ条」に関する解説は、民主主義、海洋の自由、国際連盟など多岐にわたるが、「民族自決」を絡めたものも多い。たとえば、『東京朝日新聞』一九一八年一〇月二二日付では、尾崎行雄が「ウィルソン大統領の十四箇條を見るに……第五條から第十三條までは大体民族自決主義を適用しようとするもの」だと述べている。(84) また、法学者の戸水寛人も一二月一日発行の『外交時報』第三二八号で、「来たるべき講和商議に於て骨子たるべきと予期されている米国大統領の所謂十四箇條」は、「民主主義」と「民族自決主義」を背景として作成されたと解説している。(85)

このように、ウィルソンが「十四ヵ条」で「民族自決」を提唱したという認識が日本で形成されはじめたのは、ドイツの敗戦が現実味を増した一九一八年一〇月からである。しかし「十四ヵ条」には、アジアはもちろん、アイルランドなど連合国に属するイギリスの植民地に関する言及もない。そのため、きたるべきパリ講和会議で連合国に属する日本の植民地である朝鮮の独立が議論されることや、これに期待して朝鮮人の独立運動が活性化することを危惧する日本人はほとんどいなかった。

その数少ない例外もまた、吉野作造である。『中央公論』に寄稿した論説で、吉野はいう。講和会議はアメリカが主導するため、「朝鮮台湾が直接の問題とならない」。しかし、「民族自決主義」はすでに「主義としては、すべて此原則が如何なる方面にも洽ねく行われん事を希望し、且つ期待するといふのが、今日世界に流るる思潮の大勢」になっている。それゆえ、朝鮮が講和会議の議題にならないとしても、「民族圧迫の態度を執るのは、即ち大勢に逆行するもの」であるから、「早く植民地統治の方針を改め」ておくべきだ、と(86)。

この論説が載った『中央公論』が発行されたのは一九一八年三月一日、すなわち三・一独立運動のちょうど一年前の時点で、吉野作造は「民族自決主義」に触発されて朝鮮で何らかの独立運動が起こることを予期していたのである。

ウィルソンのネイション観

以上が、日本で「自決」が「民族自決（主義）」と翻訳され、さらにそれが、ウィルソンが「十四ヵ条」で提唱した概念として認識されるようになった過程である。日本ではボリシェヴィキとウィルソンの「自決」概念は混同されており、いずれも被支配民族の独立を意味していると理解され、両者の違いはすべての被支配民族を対象とするか、連合国の植民地は対象外とするかという適用範囲の違いだと考えられていたといえる。

こうした理解のすべてが間違っているわけではないが、ウィルソンの「民族」と「自決」概念について、もう少し踏み込んで確認しておきたい。朝鮮人独立運動家の「自決」認識を分析することとも、関わってくるからである。

まずは「自決」概念についてだが、先述したようにウィルソンは、最初はあらゆる人々が自らの国の政治体制や発展方法を自由に決められる権利という意味の「被治者の同意」を提唱しており、のちにこのフレーズを「自決」と言い換えた。そのため、彼の「自決」概念は「国民主権〔popular sovereignty〕」

に近いものだったといわれており[87]、実際のところ、被支配民族の独立という狭い意味でこの言葉を使っていたわけではなかったようである。

もちろん、「四原則」演説で「民族的願望」は「最大限満たされるべきである」と述べているように、ウィルソンは「自決」概念に被支配民族の独立も含まれることを示唆していた。だが問題は、彼の「民族《ネイション》」観にはエスニックな要素がほとんど含まれておらず、日本語や朝鮮語でいう「民族」とは意味が異なる点にある。

一般的にネイションを漢字で表す際、日本語でも朝鮮語でもその文脈に応じて「国民」か「民族」という語をあてる。「国民」がある国家に国籍を有する正統な構成員を意味するのに対し、「民族」は必ずしも国家や国籍とは結びつかず、共通する言語、文化、風習などをもつ人々で構成されるエスニックな集団を指すことが多い。アメリカにおいては、ネイションはほぼ「国民」に近い意味で使われており[88]、ウィルソンもネイションを構成するうえで、人種やエスニシティが重要だとは考えていなかった。

ウィルソンは、南北戦争以降に民主主義という価値観によって国民が統合され、国民国家として発展を遂げたアメリカの歴史を踏まえて、ネイションを歴史的な成熟過程を経て形成される政治共同体として捉えていた。その「成熟」の度合いを測る一つの指標が、民主主義による自治能力だった。一八九八年にフィリピンを植民地にして以来、アメリカの歴代大統領はフィリピンの独立を先延ばしにしてきたが、ウィルソンはフィリピン人には自治の能力がないと考えて賛成していた。彼は「たんなる自治」と「民主的自治」を区別し、フィリピン人に後者の能力が備わるまでアメリカが啓蒙していく必要があると、植民地支配を正当化していたのである[89]。

このように、ウィルソンにとってネイションと（エスニックな集団としての）民族は決してイコールではなかった。それゆえ、彼は「十四ヵ条」などの演説でネイションと「ピープル〔people〕」という語を使い分けていた。彼のなかでネイションには該当しないが、将来的な独立を目指している特定のエスニック集団に触れる際はピープルの語を用い、その集団の諸権利については言及を避ける傾向があったといわれている。[90]

弱小従属民族連盟の第二回国際会議

こうしたウィルソンのネイション観は、日本のメディアでは十分に伝わらなかった。それを示すのが、在米の弱小民族による弱小従属民族連盟の第二回国際会議である。

パリ講和会議を目前に控えた一九一八年一二月一四日にニューヨークで開催された第二回国際会議では、講和会議に弱小民族が正式に参加する権利をウィルソンに求めるという従来の目的に加えて、「自決」権も重要な議題となった。一二月一八日付の『大阪朝日新聞』は、この会議で「民族自決の原則を十分に承認する」ことが決議され、ウィルソンに電報を送ったと報じている。[91]

しかし、事はそう単純ではなかった。『サーヴェイ』によれば、決議の過程では「誰が『ネイション』ないしは『ピープル』を定義するのか」という「難問」をめぐって、議論が紛糾した。結局、誰一人としてすべてのピープルの利害を代弁することはできないという断り書きを入れることで、何とか決議に漕ぎつけた。[92]会議終了後の一六日、会長のハウはウィルソンに電報を送り、この会議で「すべてのネイションの『自決』原則が満場一致で承認」されたことを伝え、これを考慮するよう要求した。[93]電報で「ネイション」という語を使っているところをみると、ハウもまた「ピープル」と認定された諸民族に「自決」原則が適用される可能性は低いと認識していたのだろう。

ともあれ、「ネイション」と「ピープル」に明らかな序列があることは、会議に参加した弱小民族の活動家のあいだで認識されていた。その弱小民族には朝鮮人も含まれており、第一回国際会議に出席した朴容万の友人である金憲植《キム・ホンシク》は、この第二回国際会議に参加している。少なくとも在米朝鮮人は、朝鮮民族が「ネイション」であると認められない限り、ウィルソンから独立の援助をしてもらえないことを知っていたのである。

翻訳語の借用

この点に関連して、サンフランシスコの大韓人国民会の機関紙『新韓民報』の記事を紹介しておきたい。少しのちの記事だが、一九一九年一月二三日付の社説「民族自決主義について」は、筆者の見る限り、同紙に限らず朝鮮人が発行する出版物ではじめて「自決」という言葉を使った事例である。

> 民族自決（SELF-DETERMINATION）主義は、すなわち百姓たちがその国の将来を自断できるようにすることであり、その民族が専制帝国を望むなり、立憲帝国を望むなり、立憲共和を望むなり……何を望むにせよ人類の文明と平和の保全につながれば、その民族の望むように認められるというものである……二十世紀の今日、いかなる民族も民主主義を愛しているのだから、民族自決（SELF-DETERMINATION）という新しい文字を使って人類の固有権を保護することに問題はないはずだ。[94]

社説によれば、「民族自決」とは「百姓〔おそらく人民や人々の意〕たちがその国の将来を自断できるようにすること」である。「専制帝国」や「立憲共和」など政治体制の具体例を列挙していることからわかるように、「その国の将来を自断」することとは、具体的には政体の自由な選択を指す。つまり、この社説で説明されている「民族自決」は、実質的にはウィルソンの「被治者の同意」と同じ意味である。このことは、ウィルソンの「自決」が「被治者の同意」を言い換えた表現であることを、大韓人国民会がよく理解していたことを示している。

加えて、「いかなる民族も民主主義を愛している」とあるように、アメリカが民主主義の世界的拡大を目的に参戦したことや、民主主義の能力がネイションに求められる条件であることも、大韓人国民会は理解していたといえる。

このように、在米朝鮮人はウィルソンの演説や動向を詳細に追っており、彼の「自決」やネイション概念についての理解水準は、同時代の日本より高かったといっても過言ではない。にもかかわらず、「自決」の訳語については、当時日本で定着していた「民族自決(主義)」をそのまま借用している。英語の原語を二度も併記しているのをみると、「民族自決」が「自決」の正確な訳語でないことを自覚していたのかもしれないが、在米朝鮮人が独自の訳語をつくることはなかった。こうした訳語の創出に対する無関心は、今日まで韓国で「民族自決(主義)」という翻訳語が使われてきた要因の一つである。

とはいえ、在米朝鮮人が借用したのはあくまでも翻訳語のみであり、日本のようにウィルソンとボリシェヴィキの「自決」概念を混同しているわけではなかった。以上を踏まえて、次節では朝鮮人独立運動家がどのような論理でウィルソンに接触したのかを見ていく。

5　終　戦――アメリカと上海における独立請願

第一次世界大戦の終結

一九一八年一一月一一日に第一次世界大戦が終結すると、例外はあるものの、朝鮮人独立運動家は戦後処理として一九一九年一月からパリで開催される講和会議に参加し、この会議で「自決」権を手に入れて独立することに目的を一本化していく。

ウィルソンとボリシェヴィキの「自決」概念を比べれば、被支配民族の政治的な独立を明確に主張する後者のほうが朝鮮人に魅力的に映ってもおかしくはなかっただろう。それにもかかわらず、大多数の朝鮮人が独立への望みを託したのは前者のウィルソンであった。

その要因としてまず考えられるのは、両者に関する情報量の差である。赤軍と白軍の内戦や列強による干渉によって、革命後のソヴィエト・ロシアがきわめて不安定な状況に置かれていたのとは対照的に、アメリカはメディアを積極的に活用し、ウィルソンこそが「正義」、「平等」、「自決」にもとづいて戦後の国際社会を変えようとしていると、世界に向けて大々的にプロパガンダを行っていた[95]。

しかし、より大きな要因は終戦の経緯にあるだろう。先述したように、中央同盟国のドイツが「十四ヵ条」にもとづく講和交渉を受け入れ、連合国のイギリスやフランスも了承した。そのため、パリ講和会議は「自決」を含む「十四ヵ条」が議論の基礎となり、アメリカが鍵を握るかたちになっていた。一方で、ソヴィエト・ロシアはブレスト゠リトフスク条約が締結された一九一八年三月に大戦から離脱し、パリ講和会議にも呼ばれなかった。

端的にいえば、ボリシェヴィキに接触したところで、パリ講和会議での独立の承認とは結びつかない。そのため、朝鮮人独立運動家はパリ講和会議に参加することと、同会議で朝鮮の「自決」権が承認されることを目指して、ウィルソンに接触を図っていくことになる。

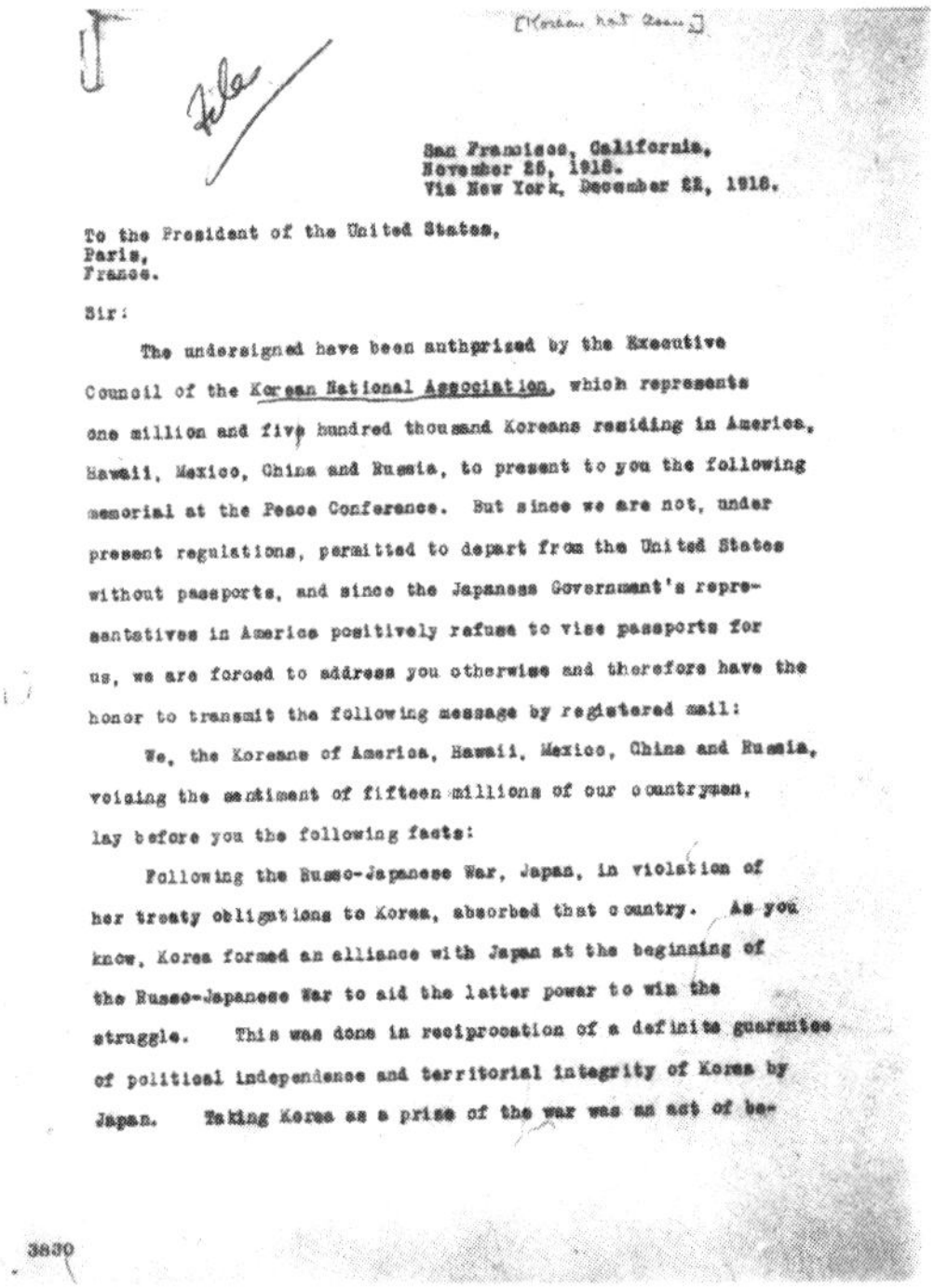

[Korean Nat Assn]

File

San Francisco, California,
November 25, 1918.
Via New York, December 22, 1918.

To the President of the United States,
Paris,
France.

Sir:

The undersigned have been authorized by the Executive Council of the Korean National Association, which represents one million and five hundred thousand Koreans residing in America, Hawaii, Mexico, China and Russia, to present to you the following memorial at the Peace Conference. But since we are not, under present regulations, permitted to depart from the United States without passports, and since the Japanese Government's representatives in America positively refuse to vise passports for us, we are forced to address you otherwise and therefore have the honor to transmit the following message by registered mail:

We, the Koreans of America, Hawaii, Mexico, China and Russia, voicing the sentiment of fifteen millions of our countrymen, lay before you the following facts:

Following the Russo-Japanese War, Japan, in violation of her treaty obligations to Korea, absorbed that country. As you know, Korea formed an alliance with Japan at the beginning of the Russo-Japanese War to aid the latter power to win the struggle. This was done in reciprocation of a definite guarantee of political independence and territorial integrity of Korea by Japan. Taking Korea as a prize of the war was an act of be-

3830

図２−１　李承晩がウィルソン大統領に送った請願書

李承晩の独立請願書

ウィルソンに対する働きかけは、アメリカと上海の朝鮮人によって行われた。まずアメリカでは、大韓人国民会の代表として李承晩が、終戦から間もない一一月二五日に独立請願書を作成している（ただし、ウィルソンに届いたのは一二月二二日だった）。

李承晩は請願書の冒頭で、日本が韓国併合以降に朝鮮人の新聞や雑誌などを徹底的に破壊し、さらに資源を搾取したため、朝鮮人の文化や啓蒙の水準が悪化せざるをえなくなったと、日本の植民地支配の現状を述べた。続けて彼は、「正義と、強者と弱者を問わない、すべての民族の平等な権利の擁護者」であるウィルソンに、朝鮮の「政治的独立」への支援を訴えるのだが、注目すべきは、彼が一方的に支援を求めているわけではないことである。

李承晩によれば、朝鮮を支配する日本は専制主義国家である。それゆえ、朝鮮を日本から独立させることは世界に民主主義を根づかせるうえで必要不可欠であり、実際に一部の在米朝鮮人がアメリカ軍に入るなど、アメリカの戦争に朝鮮人が貢献してきたことを強調する。つまり彼は、専制主義に対する民主主義の戦争というアメリカの戦争目的と関連づけて、アメリカが朝鮮を独立させる具体的なメリットを挙げているのである。また、朝鮮が独立することが民主主義の世界的な拡大につながるという主張は、ネイションの条件である民主主義の能力を朝鮮民族がもっていることを、間接的にアピールしたものだといえるだろう。

そのうえで請願書は、「すべての明確な民族的願望は最大限満たされるべきである」という恒久平和のための理想を実現するためには、「朝鮮人の明確な民族的願望」を除外してはならないと、ウィルソンの言葉を引用しながら独立を懇願して締めくくられている[96]。

アメリカで活動しているだけあって、李承晩の独立請願書はウィルソンの演説やネイション概念を踏まえて、戦略的に書かれていると評価できる。なお、李承晩ら在米朝鮮人はパリ講和会議に参加するために、アメリカ政府にパスポートの支給を求めたが、日本政府の反対により実現しなかった[97]。一方で、パリへの代表派遣に成功したのは上海の独立運動家であった。

上海の若き独立運動家たち

これまで見てきたように、上海での独立運動は同済社、とくにこの団体を組織した申圭植と朴殷植が主導してきた。一八八〇年生まれの申圭植と一八五九年生まれの朴殷植は、二人とも韓国併合以前から抗日運動を主導していた経歴の持ち主だったが、一九一八年に入ると、韓国併合後から本格的に独立運動に従事しはじめた若い世代の活動家が台頭する。その代表格が、一八八六年生まれの呂運亨《ヨ・ウニョン》と、一八九四年生まれの張徳秀である。

呂運亨は通信技術者になることを夢見て大韓帝国の官立郵逓学校に通っていたが、一九〇五年に日本の保護国となると退学し、キリスト教に入信した。以降、主に教会で活動していた呂運亨は、一九一四年に中国南京のミッション系大学である金陵大学に留学し、一七年に上海に移るとアメリカ人経営の書籍委託販売所である協和書局で勤務した[98]。一方、張徳秀は韓国併合後に早稲田大学に留学して留学生のあいだでリーダーとして活躍し、第一章でも触れたように、新亜同盟党で中国人留学生とともに活動した。新亜同盟党解散後の一九一八年五月に上海にわたり[99]、呂運亨とともに歴史的役割を果たすことになる。

呂運亨と張徳秀は、呂運亨の金陵大学の後輩にあたる趙東祜《チョ・ドンホ》らを交えて、一九一八年の夏頃から、朝鮮を取り巻く国際情勢について議論を重ねていく[100]。それとともに、彼らは中国の知識人とも交流した。新亜同盟党の団長だった中国人の黄介民は、一九一七年に同団体が解散すると中国に帰国し、翌一八

図２－２　1919年に東京で撮影された36歳の呂運亨

図２－３　張徳秀。1920年創刊の『東亜日報』の主幹となる。

年から上海で『救国日報』という反日的論調の新聞の編集者となった[101]。アジアの弱小民族の連帯を重視する彼の姿勢は変わっておらず、記者として趙東祜を雇用しており、同紙を発行する救国日報社は中国人と朝鮮人の交流の場になっていたという[102]。呂運亨と張徳秀が救国日報社に出入りしていたかはわからないが、おそらく彼らは中国人と情報を共有しながら、国際情勢について議論していたであろう。実際、朝鮮独立運動を大きく動かすほどの貴重な機会が、中国人からもたらされることになる。

新韓青年党の結成

終戦後の一一月二六日、ウィルソンの特使としてチャールズ・クレイン（Charles R. Crane）が上海に到着した。クレインは上海で連日のように演説を行い、一一月二七日の演説会には呂運亨も聴衆として参加した[103]。この日の演説について呂運亨は約一〇年後の一九二九年に、「今回、巴里に於て開催さるる世界平和会議は……真の世界平和を招来し、又被圧迫民族に対しては、其の解放を強調するものであるため、「支那《ママ》に於ても代表を派遣し、被圧迫の状況を述べ、其の解放を計るべきである」という内容だったと供述している[104]。

呂運亨が供述するように、クレインが上海に来た目的は、連合国側で第一次世界大戦に参戦して戦勝国となった中国に、パリ講和会議への参加を呼びかけることにあった。清末以来はじめて戦勝国となり祝賀ムードに沸く中国では、連合国が「公理（正義）」によって勝利したという認識が広がり、日本に奪われた山東半島の利権の回収や不平等条約の改正などへの期待も高まっていた[105]。

クレインの演説はこうした中国の人々に向けられたものだったが、呂運亨は「被圧迫民族に対しては、其の解放を強調する」という言葉に希望を見出し、外交官で中国の代表団の一人としてパリ講和会議に参加することになる王正廷《おうせいてい》の協力を得て、クレインと別室で面会した[106]。呂運亭の後年の供述によれば、その場で彼は「私等も被圧迫民族であり、是非此の機会に其の解放を図りたい」ので朝鮮からの「代表派遣は差支えなきや」と問い合わせた。するとクレインは「差支えなし。之れに付ては自分も充分に援助すべきに付き、是非代表を派遣せよ」と回答したという[107]。

クレインの回答については、呂運亭の記憶違いの可能性ももちろんある。もし事実であれば、独立国として大戦に参戦して戦勝国の一員になった中国と、日本の植民地でしかない朝鮮の置かれた状況の違いを無視した、あまりにも無責任な発言だといわざるをえない。だが、こうしたクレインの軽率な発言が、呂運亭を突き動かす。

呂運亭はすぐに自宅に戻り、張徳秀と対応を協議した。そして一一月二八日付で新韓青年党を組織し、ウィルソン宛の英文の独立請願書を作成した。呂運亭が党の代表として署名した請願書は二部作成され、一部は一一月二九日にクレインに、もう一部は、上海で雑誌社を経営し、取材のためパリに赴くことになっていたトーマス・ミラード（Thomas F. Millard）に一二月に入ってから託された[108]。

新韓青年党の独立請願書

従来、新韓青年党の独立請願書は、日本の官憲が入手して日本語訳したものしか見つかっておらず、ミラードも一九一九年にニューヨークで刊行した著書『民主主義と東洋問題』に請願書を収録しているが、一部を抜粋したものであった。近年、クレインの私文書を保管するコロンビア大学で原本が発掘され、ようやくその内容が確認できるようになった[109]。

この請願書で注目すべきは、朝鮮の歴史に多くの紙幅が割かれており、とくに日本のそれと対比しながら論じている点である。請願書によれば、朝鮮人の歴史は日本をはるかに凌ぎ、「キリスト紀元のさらに昔、すなわち四二〇〇年前からはじまっている」。そしてそれは、日本が仏教などの諸文明を朝鮮を通して受容してきたように、「中国とともにアジアの文明を発展させ、日本を導いてきた」歴史だという。つまり、古代の歴史に立ち返ることで、統治国日本よりも文明的な歴史を歩んできたことを強調しているのである。

続けて請願書は、現在の日本がドイツと同様に専制主義国家であることを指摘し、「世界の良心、とくに、ネイションは被治者の同意にもとづいて統治されるべきであるというウィルソン大統領の崇高な原則を支持するアメリカ人」に朝鮮の独立を支援してほしいと呼びかける。李承晩の独立請願書と同様に、アメリカの戦争目的と関連させ、ウィルソンの言葉を引用しながら援助を求めているのである。

さらに、一方的にウィルソンに独立への支援を求めているわけではないという点も、李承晩と同じである。新韓青年党の独立請願書は最後に結論として、ウィルソンの掲げる平和を実現するためには、「朝鮮〔の独立〕は取り戻されなければならない。民主主義はアジアに存在しなければならない」と述べて締めくくられている。すなわち、独立さえ果たせれば朝鮮人は民主主義国家を運営できると宣言することで、朝鮮民族がネイションである根拠を示しているのである。

このように、李承晩と新韓青年党の請願書は、いずれもアメリカの戦争目的を把握したうえで、朝鮮の独立がウィルソンの目指す専制主義の払拭と民主主義の世界的拡大に貢献するものだと主張している。そして、とくに新韓青年党の請願書に顕著だが、おそらくウィルソンが「歴史的な成熟過程」を重視していることを踏まえて、朝鮮民族が文明民族としての長い歴史を有し、民主主義を達成しうるというネイションとしての条件を満たしていることを示したうえで、ウィルソンの言葉を引用しながら独立を懇願するという構成になっている。

要するにこれら二通の独立請願書は、一方的に「自決」権を要求するのではなく、その担い手になるための必要条件を分析したうえで、戦略的に書かれたものであった。裏を返せば、ウィルソンが無条件に朝鮮の独立を支援してくれるという過度な期待は、新韓青年党も李承晩も抱いていなかったといえるだろう。

残念ながら、クレインがウィルソンに新韓青年党の請願書を届けることはなかったようである。その一方で、新韓青年党はパリに代表を派遣することには成功した。呂運亨は長らく上海で活動してきた同済社のメンバーで大同団結宣言の署名者の一人でもある金奎植に協力を要請し、金奎植は新韓青年党の代表として一九一九年二月一日に上海からパリに向かった（パリに到着するのは、三月一三日[110]）。

金奎植が上海を発ってから一週間後、今日の韓国で、三・一独立運動の「導火線」と評価されている出来事が起こる。アメリカと上海に続く独立運動の舞台は、東京である。

6　二・八独立宣言

三・一独立運動の「導火線」

一九一九年二月八日、東京の朝鮮人留学生は神田の在日本朝鮮基督教青年会（以下、在日朝鮮ＹＭＣＡ）のホールで一一名の署名者からなる独立宣言書を発表した。これは、二月八日に発表されたことから二・八独立宣言と呼ばれる。

先述した「導火線」という評価のように、二・八独立宣言をきっかけにして三・一独立運動が勃発したという認識は当時からもたれており、たとえば第一章でも触れた尹致昊は、一九一九年三月五日付の日記に「この運動〔三・一独立運動〕はソウルではなく、東京ではじまった」と記している[111]。一方、朝鮮で独立運動を弾圧する側の朝鮮憲兵隊も、同年六月の会議で以下のような認識を示していた。

民族自決の適用を受け独立を期待し得べく誤解し、先ず東京留学生が在外不逞者〔海外の朝鮮人独立運動家〕と遥に呼応して独立運動を開始するや痛く鮮内一般学生、青年の奮起を促し、騒擾〔三・一独立運動〕の導火線となるに至れり[112]。

朝鮮人留学生が「民族自決の適用を受け」れば独立できると「誤解」していたのかはともかく、朝鮮人留学生がアメリカや上海の独立運動と関連していたこと、二・八独立宣言が朝鮮独立運動において重要な意味をもつことは事実である。以下、終戦前後の時期の朝鮮人留学生の動向を追っていこう。

図2－4　1910年代に撮影された在日朝鮮YMCAの会館。この建物は1923年の関東大震災によって倒壊した。

ウィルソンをめぐる議論

上海で呂運亨と張徳秀がウィルソンへの独立請願や、パリ講和会議への代表の派遣を模索していた頃、東京の朝鮮人留学生たちも国際情勢について議論していた。

留学生のなかで最初にウィルソンについて言及したのは、新亜同盟党に参加していた鄭魯湜《チョン・ノシク》である。一九一八年六月に東京のレストランで開かれた会合を密偵した官憲によれば、彼は「ウィルソン大統領の宣明せしが如く、小弱国の生命財産及自由を保護する」ことがアメリカが第一次世界大戦に参戦した理由だと分析し、アメリカが「朝鮮民の自由」のために尽力してくれることを希望したという[113]。先述したように、李承晩や呂運亨はウィルソンが無条件で朝鮮の独立を支援してくれるとは考えていなかった。それに比べると、鄭魯湜のウィルソンに対する期待は大きいようにみえるが、この会合が在日朝鮮YMCAの元会長で宣教師のジョール・ケンセン（Jole Kensen）が来日した際の歓迎会だったことに注意しておく必要がある。ここで二・八独立宣言の舞台となる在日朝鮮YMCAについて説明しておこう。

在日朝鮮YMCAは一九〇六年に設立された。朝鮮人の団体ではあるが、アメリカ人宣教師が会長職などで運営に携わっていたほか、ニューヨークのYMCAから資金援助を受けており、さらには神田に自前の建物もあった。かたや留学生団体の学友会は、留学生の会費しか活動資金がなく、拠点とする建物ももたないため、会合を開く際は会場をその都度借りる必要があった。そのため、次第に在日朝鮮YMCAの会館で学友会の総会が開催されるなど、キリスト教の普及という本来の趣旨から離れ、朝鮮人留学生の活動拠点と化していったのである[114]。つまり、朝鮮人留学生の各種の活動は在日朝鮮YMCAを運営するアメリカ人宣教師の間接的な援助に支えられており、元会長の歓迎会の席でウィルソンに対して批判的な発言をするのは難しかったことを考慮する必要があるだろう。

実際、アメリカ人宣教師が同席しない一九一八年一一月二二日の学友会の雄弁会では、これに潜入した官憲の報告によれば、東京高等師範学校の留学生で二・八独立宣言の署名者にもなる徐椿《ソ・チュン》が、フィリピンが植民地である現状を例に挙げて、アメリカは「正義」を主張するが、「国として実力なくんば何等の利益を享くるものにあらず。先ず実力の養成に努力して後、正義人道を高唱すべきなりと信ず」と主張したという。(115) フィリピン人に「民主的自治」の能力が欠けていることを理由に、ウィルソンがアメリカのフィリピン支配を正当化してきたことを、徐椿がどの程度理解していたのかは不明である。しかし、少なくともアメリカの支援を得るためには、それにふさわしい「実力」が朝鮮民族に求められることを彼が理解していたのはたしかである。

また、鄭魯湜はウィルソンが「小弱国の生命財産及自由を保護する」ことを理由にアメリカが大戦に参戦したと発言したが、たしかにウィルソンは「小国の権利と自由のために」戦うと一九一七年四月二日の「参戦教書」演説で述べていた。留学生たちもまた、ウィルソンの発言や動向を分析していたのである。

朝鮮青年独立団

ウィルソンをめぐって議論していた朝鮮人留学生が、大規模な独立運動の展開に向けて本格的に動き出すのは一九一八年末になってからであった。きっかけは、神戸在住のアメリカ人が発行していた英字新聞『ジャパン・アドバタイザー』の一九一八年一二月一五日付に掲載された「朝鮮人が独立を主張」という小さな記事であった。(116)

これについて新亜同盟党にも参加していた田栄澤は、自身も通う青山学院の留学生が西洋人教授の家で『ジャパン・アドバタイザー』に李承晩が朝鮮代表としてパリ講和会議に参加するという記事が載っているのを見つけたこと、このニュースは衝撃的で、すぐにほかの留学生にも広まったことを「解放」後の一九四六年に回想している。(117) 実際は記事には「在米朝鮮人〔Koreans in the United States〕」が朝鮮独立

図2－5　1920年に撮影された二・八独立宣言を主導した留学生の集合写真。真ん中の列の左から崔八鏞、尹昌錫、1人おいて、白寛洙、徐椿、金度演、宋継白。

運動におけるアメリカの援助を求める請願書をアメリカ政府に提出したことしか書かれておらず、田栄澤の回想には後年の記憶が交ざっている。しかし、この記事が留学生たちに衝撃を与えたことは、その後の彼らの動きからわかる。

学友会は一九一八年一二月二九日と翌年の一月六日に参加者二〇〇名を超える会合を開いた。この会合では、海外の朝鮮人が独立運動に着手している以上、留学生も具体的に運動を開始すべきであるということが議論され、その実行委員として、当時の学友会会長の崔八鏞をはじめ、金度演、白寛洙《ペク・クァンス》、李《イ・》琮根《ジョングン》、宋継白《ソン・ゲベク》、崔謹愚《チェ・グヌ》、徐椿、田栄澤、尹昌錫《ユン・チャンソク》、金尚徳《キム・サンドク》の一〇名が選ばれた。[118] とくに一月の会合には、それまで北京に滞在していた李光洙が参加し、留学生たちは上海の朝鮮人がすでに独立に向けて動き出していることを知った。[119] そして、病気のため離脱した田栄澤を除く実行委員九名に、金喆寿《キム・チョルス》と李光洙を加えた一一名が代表となって、独立運動を推進するための団体である朝鮮青年独立団が秘密裏に結成された[120]。二・八独立宣言は、この一一名を署名者として朝鮮青年独立団名義で発表される。

李光洙の北京行き

二・八独立宣言を準備する過程で中心的な役割を果たすのが、李光洙である。第一章で述べたように、チタで雑誌を編集していた彼は、第一次世界大戦の勃発により帝政ロシアを追放された。その後、朝鮮に戻り崔南善の『青春』の編集に協力し、一九一五年に早稲田大学に留学した。

留学中、李光洙は学友会の機関誌『学之光』の編集を担当するが、厳しい検閲に苦しめられていた。そうしたなか、彼は一九一七年の元旦から約半年間、『毎日申報』で小説『無情』を連載した。『無情』は現在、朝鮮の近代長編文学の嚆矢と評価されているように当時から注目を集め、李光洙は一躍、朝鮮文壇のスターとなった。『毎日申報』は朝鮮総督府の息のかかった朝鮮語の御用新聞だが、新聞である以上、売り上げは重要である。そのため同紙を発行する京城日報社の社長の阿部充家は、発行部数を伸ばすために朝鮮人のあいだで人気のある崔南善ら若い知識人の文章を積極的に載せる方針を立て、李光洙にも小説の執筆を依頼した。李光洙は当然そうした阿部の意図を理解していたが、より多くの朝鮮人に自分の文章を読んでもらうことが重要だと考え、引き受けたのだった[121]。

一九一八年一〇月、李光洙は突然、東京を発ち北京に向かう。二・八独立宣言によって作家としてのみならず、独立運動家としても名声を得ることになる李光洙だが、この北京行き自体は独立運動とは何ら関係なく、恋人の許英粛《ホ・ヨンスク》との駆け落ちが目的だった。しかし、一一月八日に北京に到着した李光洙は、結局、約一ヶ月滞在したのち、朝鮮を経て東京に戻った。その間に第一次世界大戦が終結し、「自決」権を要求する運動を起こす必要があると考えたからである[122]。

呂運亨と張徳秀が上海で独立請願書を作成したり、パリへの代表派遣を模索したりしていたまさにそのとき、李光洙は北京にいたことになるが、残念ながら北京での彼の行動はよくわからない。ただ、後述するように李光洙は一九一九年の二月初旬に上海にわたると、すぐに張徳秀の下宿に向かい[123]、その後は新韓青年党で活動する。そのため、張徳秀らと何らかの連絡をとっており、上海の独立運動の動向をある程度知ったうえで東京に戻ってきた可能性が高そうである。

独立宣言書の作成と発信

一九一九年一月六日の会合後、朝鮮青年独立団はすぐに独立宣言書（以下、二・八独立宣言書）の作成に着手し、李光洙が起草を担当し、金度演と白寛洙が補佐した。二・八独立宣言書は一月一八日からパリで開催される「万国平和会議に民族自決主義を吾族にも適用せんことを請求」することに狙いを絞って書かれたため、朝鮮語版のみならず、英語版と日本語版も作成された[124]。

李光洙は二月一日には二・八独立宣言書の起草と英訳を終えた。その二日後、彼は朝鮮青年独立団の一人である崔八鏞から宣言書をもって上海に行くことを提案された。李光洙は同志を残して海外に行くことをためらったが、世界に向けて広報する必要があると崔八鏞に説得され、上海に行くことを決意した。二月五日に上海に到着し、先述のように新韓青年党に合流することになる[125]。また、朝鮮青年独立団は一月中に宋継白を朝鮮半島に派遣しており、彼を通して朝鮮半島内の知識人にも独立運動の計画は伝わっていた。これが三・一独立運動が起こる一因となる。

こうした準備を経て、一九一九年二月八日を迎えた。朝鮮青年独立団は、まず午後一時に二・八独立宣言書を第四一回帝国議会（前年一二月二七日から開会していた）、各国大使館、新聞・雑誌各社に送付

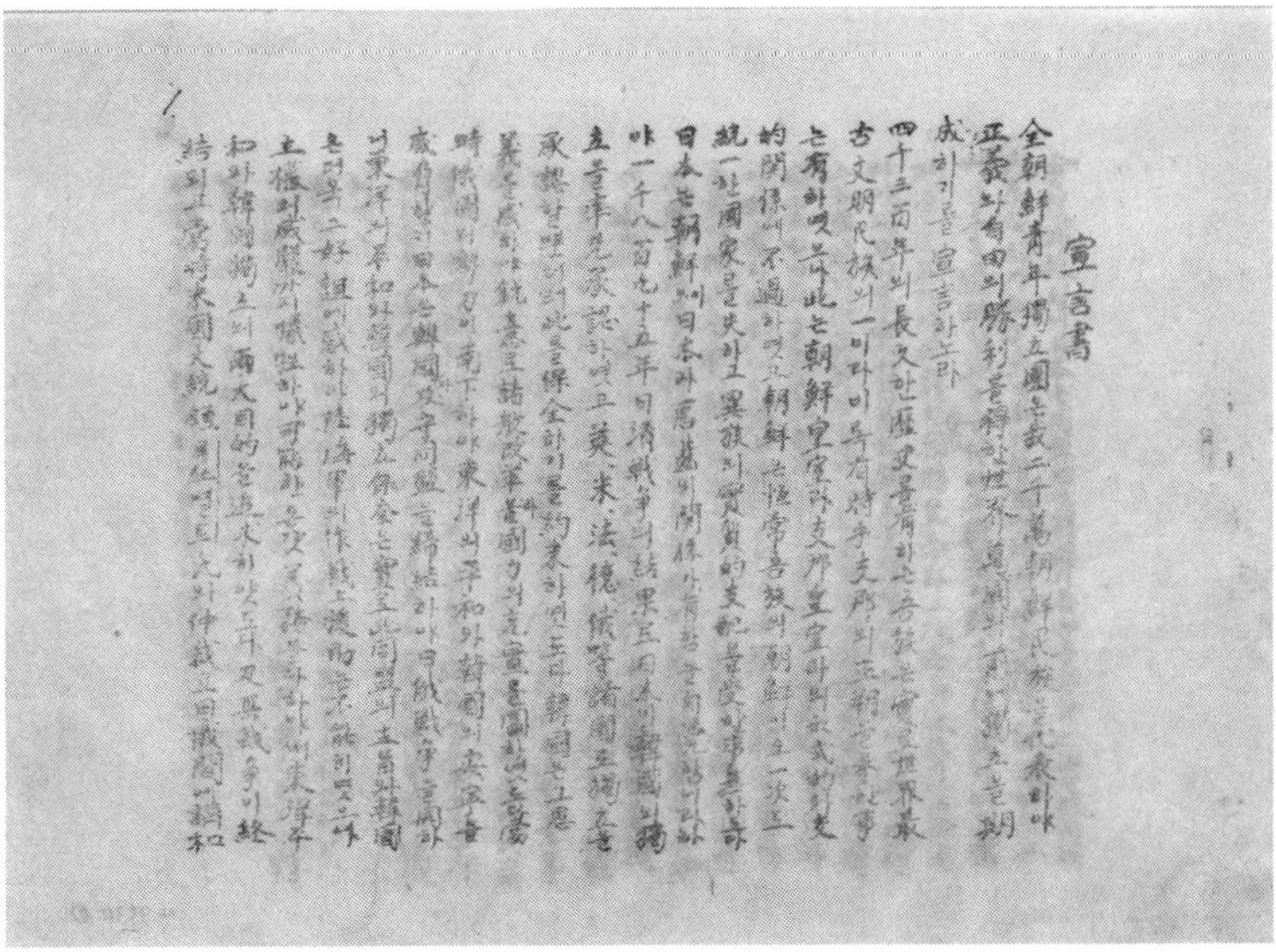
宣言書
全朝鮮青年獨立團은我二千萬朝鮮民族을代表하야
正義와自由의勝利를
成하기를宣言하노라
四千三百年의長久한歷史를

図2－6　二・八独立宣言書の朝鮮語版。ガリ版刷りで作成された。

した。そして午後七時、在日朝鮮YMCAの会館のホールで学友会の予算総会と称する会合を開き、約二〇〇名の朝鮮人留学生の前で、崔八鏞が独立宣言書を朗読したのだった。在日朝鮮YMCAは警視庁に取り囲まれており、李光洙および彼と同様に上海にわたっていた崔謹愚を除く朝鮮青年独立団員の九名が逮捕された(126)。

二・八独立宣言書

「万国平和会議に民族自決主義を吾族にも適用せんことを請求」することを目指して作成された二・八独立宣言書の内容は、具体的にどのようなものだったのだろうか。実は、ウィルソンの「ネイション」観を踏まえて書かれていた李承晩の独立請願書や新韓青年党の独立請願書と共通する点が多く、とくに後者とよく似た内容である。

二・八独立宣言書は冒頭で「独立」を宣言した後、「四千三百年の長久たる歴史を有する吾族は実に世界最古文明民族の一たり」と主張する。古代に立ち返って日本と対比させることで、「文明民族」としての歴史の長さを強調した新韓青年党の請願書に比べると、その根拠の説明が弱いが、歴史的な成熟過程を重視するウィルソンの「ネイション」観を踏まえた叙述といえる。

次いで、植民地化の経緯や日本の支配に対する批判が長々と続く。そのなかで「世界改造の主人たる米」が「正義を以て」日本の支配を「匡正」することを「世界に求める権利あり」と、一方的に朝鮮独立の援助を求める内容が挿入される。しかし見逃せないのは、朝鮮民族が独立に値する「文明民族」である根拠を示そうとしていることである。

日本批判の後、朝鮮民族が「高等なる文化を有し」ていることを再度述べたうえで、「民主主義の上に先進国の範を取りて新国家を建設せば……必ずや世界の平和と人類の文化とに貢献するところならん」と、やはり朝鮮民族に民主主義国家の運営能力があることを強調し、「民族自決の機会を与えんことを要求」して宣言書は終わる。

このように二・八独立宣言書は、歴史的な成熟過程を経た、とくに民主主義的国家の運営能力をもつ政治共同体というウィルソンの「ネイション」観のポイントを押さえた内容となっている。李光洙もまた一方的に「民族自決」を要求するのではなく、その担い手であるネイションとしての必要条件を踏まえて宣言書を作成していたのである。

戦略としての民主主義

以上のように二・八独立宣言書と、李承晩および新韓青年党の独立請願書は、ウィルソンに対するアピールの方法がほぼ同じである。とりわけ「文明民族」としての歴史を強調している点など、二・八独立宣言書と新韓青年党の請願書の内容が類似していることを考えると、李光洙が北京で呂運亨や張徳秀と連絡をとって、事前に新韓青年党の請願書に目を通していた可能性がある。

仮にそうでなかったとしても、確実にいえるのは、アメリカ、上海、そして日本で活動する朝鮮人が共通して、ウィルソンの言葉や概念をしっかりと分析したうえで、戦略的に請願書や宣言書を作成していたということである。李承晩と新韓青年党による二種類の独立請願書と李光洙の二・八独立宣言書のいずれもが独立後の国家のビジョンとして民主主義を謳っていることは、このことを何よりも物語る。

二・八独立宣言書は、近年の韓国で、三・一独立運動が民主共和主義の革命だったことを示す際に史料的根拠として活用されている。二・八独立宣言書が民主主義を標榜しているのは事実だが、それはパリ講和会議の鍵を握るウィルソンに朝鮮民族がネイションであることをアピールするための戦略であった。すなわち二・八独立宣言の目的は民主主義それ自体にあるのではなく、民主主義を標榜することで少しでも独立運動を有利に進めることにあったといえる。

また、ウィルソンに積極的にアピールしていた李承晩と李光洙を含む新韓青年党は、ロシア二月革命に触発されて共和制による「総機関」の設立を主張していた同済社のメンバーとともに、大韓民国臨時政府を立ち上げて「民主共和制」を採択することになる。その意味では、ロシア二月革命とアメリカの参戦という一九一七年の二つの世界史的イベントによって、大韓民国臨時政府の骨格が築かれたといえるだろう。

ロシア一〇月革命の影響

ところで、二・八独立宣言書には、李承晩と新韓青年党による独立請願書とは大きく異なる点が一つだけある。ごくわずかではあるが、ロシアに言及しているのである。

〔東洋平和の〕威脅者たる露国は既に帝国主義的野心を拋棄し、正義と自由と博愛とを基礎とする新国家の建設に努力しつつあり……

「新国家」、すなわち一〇月革命によって成立したソヴィエト・ロシアを、帝国主義ではない「正義」の国家として高く評価している。では、パリ講和会議に参加しない、いわばアピールする効果のほぼないソヴィエト・ロシアにあえて触れているのはなぜだろうか。

まず考えられるのは、「自決」概念である。李光洙を含め、朝鮮人留学生は日本での報道に注視していたはずである。宣言書でも使われている「民族自決主義」という翻訳語を日本で広めたのはボリシェヴィキであり、それは連合国の植民地を除外したり、民主主義の能力を求めたりすることのない、すべての植民地に適用される概念であった。吉野作造と同じように、朝鮮人留学生もボリシェヴィキの「民族自決主義」を評価し、その結果として宣言書でロシアに言及した可能性があるだろう。

もう一つ考えられるのは、李光洙の個人的な経験である。二月革命とそれに続く一〇月革命によって、かつて朝鮮の領土を狙い、李光洙を国外追放に処した帝政ロシアは過去のものとなった。彼が二月と一〇月のロシア革命やロシア臨時政府をどう認識したのかはわからないが、朝鮮の命運を左右してきた「威脅者たる」帝政ロシアが崩壊したことで、ソヴィエト・ロシアを「正義と自由と博愛」の国とみなす傾向が強まったのは間違いないだろう。

もっとも、二・八独立宣言、さらにいえば三・一独立運動が起こるまでの独立運動で、一〇月革命の影響が見出せるのはこの程度である。二月革命をきっかけに停滞していた独立運動が息を吹き返したことと比べると、一〇月革命が朝鮮独立運動に与えた影響は、当初の段階では、ほとんどなかった。一〇月革命勃発のインパクトは、パリ講和会議という朝鮮人にとっての千載一遇の機会の陰に隠れるかたちになったといってよい。

だが、当のロシアで活動するとなると、事情は異なる。最後に本章を終えるにあたって、二月革命以降のロシア極東の運動状況を見ておこう。中心人物は、李光洙と同じように大戦の勃発によって帝政ロシアを国外追放された李東輝である。

7 ロシア内戦――朝鮮独立運動の新展開

二月革命後のロシア極東の朝鮮人

ロシア二月革命に触発されて同済社が大同団結宣言を発表したとき、李東輝は獄中にいた。彼は二月革命によって帝政ロシアが崩壊し、ロシア臨時政府が「自決」を提唱したことを「千載一遇の好機」と認識し、一九一七年四月に満洲からウラジオストクに戻った。しかし、ドイツのスパイ容疑ですぐにロシア当局に逮捕されてしまう(127)。

李東輝が逮捕されたことが示すように、二月革命によってロシア極東における朝鮮独立運動が急速に進展したわけではなかった。ロシア臨時政府が戦争を続行し、日本との同盟関係も維持されたからである。革命の報を聞いて李東輝ら一部の独立運動家がロシア極東に戻ったが、ロシア臨時政府は日本に配慮して独立運動を引き続き取り締まった。

ただ、ロシア臨時政府は、朝鮮人の団体の設立や出版物の刊行については許可した。日本に警戒されるような独立運動は無理だが、ある程度の活動ができるようになったという点で、朝鮮人運動家にとって二月革命の成功は大きかった。

こうした状況のなかで、ロシア極東における朝鮮人の運動は二つの勢力に分かれていく。一つは帰化朝鮮人の勢力であり、彼らの目的はロシア極東の朝鮮人社会を安定させ、最終的には民族自治の権利を得ることであった。そのために帰化朝鮮人は一九一七年六月にニコリスクで全露韓族会という団体を組織し、翌月からは朝鮮語の機関紙『青丘新報』の刊行を開始した。[128] 一九一四年八月に『勧業新聞』が廃刊になって以来のロシア極東における朝鮮語出版物である。

ところが全露韓族会の立場は、独立運動とは相容れないものであった。団体を存続させて朝鮮人社会の安定を得るためには、ロシアと同盟関係にある日本からの干渉や妨害を防がなくてはならない。それゆえ、全露韓族会は独立志向の強いロシア籍でない朝鮮人の参加を認めず、獄中にいる李東輝の釈放運動にも冷淡な態度をとった。[129]

一方、ウラジオストクでは七月に『韓人新報』という朝鮮語新聞が創刊された。これは二月革命後にロシア極東に戻った独立運動家と、帰化朝鮮人のなかで独立志向の強い人物を中心に、『青丘新報』に対抗して刊行されたものである（以下、この一派を韓人新報グループと呼ぶ）。

もっとも、表だって独立運動を展開することはできない。そこで韓人新報グループは『韓人新報』に李東輝が無実だとする記事を掲載して彼の釈放を求めたり、上海やアメリカの独立運動家との連絡関係を維持したりするなど、独立運動の再開に備えた。大同団結宣言も、韓人新報グループを介して獄中の李東輝のもとに届けられている。[130]

であった。

韓人社会党——朝鮮人による最初の共産主義組織

李東輝が釈放されたのは、ロシア一〇月革命が勃発して間もない、一九一七年一一月のなかばのことであった。

一一月にペトログラードでの武装蜂起に成功したボリシェヴィキは、翌一二月には極東地方でも権力を掌握した。そして、ハバロフスクを本拠地とする極東地方ソヴィエトの執行委員の議長に、ボリシェヴィキ党員のアレクサンドル・クラスノシチョーコフ（Александр Краснощёков）が就任した。[131] 獄中にいた李東輝を釈放したのは、この極東地方ソヴィエトである。以降、李東輝はボリシェヴィキと提携した独立運動、すなわち共産主義運動の展開を目指していく。

一九一八年三月、李東輝や彼の釈放を求めてきた韓人新報グループのメンバーは、ロシア極東での今後の運動方針に関する会議を開いた。これはクラスノシチョーコフの提案によって、極東地方ソヴィエトの本拠地ハバロフスクで開催された。[132] ボリシェヴィキ側としては、反革命派の白軍との戦闘に加えて、一月には日本やイギリスの戦艦がウラジオストクに入港するなど連合国による干渉がはじまろうとしている状況で、朝鮮人を味方につける意図があったのである。[133]

会議で李東輝は「ボリシェヴィキ主義に賛同して、朝鮮革命をその道として促進させよう」と主張したが、「純民族的に光義団を組織して、遠東〔極東地方ソヴィエト〕執行委員会の後援のみを得よう」という反対意見も出た。結局、会議は決裂し、李東輝の提案に賛成した人々によって、一九一八年五月にハバロフスクで韓人社会党が結成される。[134]

韓人社会党はボリシェヴィキとつながっているという意味で、朝鮮人による最初の共産主義団体である。ストックホルム会議宛の電報で名前だけ登場した朝鮮社会党と違って、実体もある。しかし、李東輝は共産主義の理念に共鳴して韓人社会党を結成したわけではなかった。

李東輝のこれまでの行動を振り返れば、彼は日露の再度の戦争に乗じて独立戦争を起こす計画を立てたり、ドイツとの軍事同盟の締結計画に賛同したりしていた。つまり、外国の支援なくして独立は達成できないという認識のもと武装闘争を起こすことが、彼の目指す独立運動であった。

韓人社会党の結成もまた、従来の戦略の一環だったといえる。同党は当面の活動方針として、ボリシェヴィキの支援のもと「〔朝鮮人による〕赤軍の募集に着手し、ロシア赤軍と連合して沿海州に侵入する資本主義各国の連合軍と対抗」することを挙げている[135]。李東輝にとってボリシェヴィキとの提携は、これまで何度も挫折してきた外国の援助により武装闘争を展開するという活動方針を、「赤軍」というかたちで実現する最大の機会だったのである。

そもそも李東輝は日本と同盟関係にあった帝政ロシアには国外追放にされ、ロシア臨時政府には投獄までされた。それが一転して、ボリシェヴィキは軍事干渉をもくろむ日本と対立することとなった。さらにボリシェヴィキは自身を釈放してくれた恩人でもあり[136]、彼にとって最も信頼できる外国の勢力となったのである。

もっとも、武装闘争に関しては、李東輝の提案に反対した人々も模索していた。当時、彼らはロシア極東での義兵の再組織に向けて武器を収集しており、先述の「光義団」はおそらく義兵団体を指す。ボリシェヴィキの支援を前提としている点も同じであり、争点は「ロシア赤軍と連合」するか「純民族的」に活動するかの違いにあった。換言すれば、ロシア内戦や干渉戦争に巻き込まれるリスクを冒してまでボリシェヴィキを擁護することが、朝鮮独立運動に有益なのか否か。その認識の分裂であった。

また、韓人社会党はボリシェヴィキと活動をともにするためには、「赤軍の募集」だけでなく、共産主義理論を理解し、これを朝鮮人のあいだに広めていく必要があると認識していた。それゆえ、「共産主義的出版物を準備」することも活動方針として掲げていたが[137]、これについての李東輝の知識はほぼ皆無だったようだ。少しのちの記録だが、一九二一年にモスクワではじめてレーニンと面会した際、李東輝はレーニンの「朝鮮に——工場に、鉄道に、農場に——どれほどの労働者がいるのか」という質問にまったく答えられなかった。そのためレーニンは彼について「革命の基盤はないが、テロリズムと軍事行動の心得だけはある」と評したという逸話が残っている[138]。

いずれにせよ、朝鮮人の共産主義運動は、「軍事行動」を実行したい李東輝と、ロシア内戦や干渉戦争で朝鮮人を味方につけたいボリシェヴィキの双方の利害の一致によりはじまったのである。

このように、いち早くボリシェヴィキ支持を決めた韓人社会党だったが、計画通りには進まなかった。一九一八年五月にチェコスロヴァキア軍団がウラジオストクで反ボリシェヴィキの蜂起を起こすと、その混乱に乗じて白軍の攻勢がはじまった。チェコスロヴァキア軍団の救出を名目として八月にシベリアに出兵した日本軍が白軍を支援することにより、シベリアやロシア極東のソヴィエト政権はハバロフスク周辺を除いて瓦解していった。

韓人社会党は赤軍を募集してハバロフスクで戦闘していたが、九月に日本の援助を受けた白軍によってついに極東地方ソヴィエトも陥落する。韓人社会党のメンバーは満洲などに逃亡し、その後、彼らがロシア極東を活動拠点にすることはなかった[139]。

チェコスロヴァキアと大韓国民議会

亡命者を中心とする韓人社会党がロシア極東から撤退するなかで、在露朝鮮人、とくに帰化朝鮮人が一〇月革命やロシア内戦にどのように対応したのかを見ていこう。

帰化朝鮮人の多くは独立運動よりも、朝鮮人社会の安定と、最終的には自治を獲得することを求めていた。そのため、ボリシェヴィキの赤軍と反革命派の白軍のどちらを支持することが有益なのか、判断しかねていた。

こうした状況のなかで帰化朝鮮人は、そのどちらでもなく、一九一八年の末頃からアメリカやパリ講和会議に望みを託し、祖国の独立を目指すようになった。朝鮮人社会の安定から祖国朝鮮の独立へと運動方針を大きく転換させたのは、次の二つの理由による。

一つは、シベリア出兵によりロシア極東における日本の脅威が蘇ったからである。視点を日本側に移せば、一〇月革命によるロシア臨時政府の崩壊は、第一次世界大戦の勃発以来築いてきたロシアとの同盟関係が崩れ、この地における独立運動を取り締まる術を失ったことを意味する。それゆえ、チェコスロヴァキア軍団の救出を名目とする日本のシベリア出兵の大きな目的は、この地での独立運動の弾圧にあった。一〇月には朝鮮人が集住するポシエト地区に日本軍が進駐し、独立運動だけでなく、朝鮮人社会の安定も失われつつあった[140]。

もう一つは、チェコ人、スロヴァキア人の影響である。オーストリアの統治下にあったチェコ人、スロヴァキア人による独立運動団体であるチェコスロヴァキア国民評議会（Czechoslovak National Council）は一九一八年の春から秋にかけて「事実上の交戦国政府」として連合国に承認された。一〇月には「自決」を提唱するアメリカの働きかけもあり共和国として独立を果たし、同団体の創始者であるトマーシュ・マサリク（Tomáš Garrigue Masaryk）が初代大統領に就任していた。(141)朝鮮人にとってチェコスロヴァキアは、ロシア二月革命以来追い求めてきた「自決」原則による独立を現実のものにした憧れの存在だったといえる。

また、チェコスロヴァキア軍団と日本軍は形式的には赤軍を「共通の敵」として戦闘していたが、両者の関係は良好ではなく、対立することも多々あった。チェコスロヴァキア軍団員が朝鮮人の抗日運動に共感したことがその一因であり、朝鮮人運動家も軍団に好感をもった。軍団の少将だったラドラ・ガイダ（Radola Gajda）は後年、「チェコスロヴァキア軍はふたつの熱烈な信奉者を持っていた。中国人と朝鮮人である。何よりも、彼らの共感の重要な理由は、彼らがいかにしてわれわれが日本人の計画遂行を妨げたかを見ていたということである。やはり中国人と朝鮮人は心の底から日本人を憎んでおり、彼らを東洋のドイツ人と呼んでいた」と回想している。(142)

帰化朝鮮人はチェコスロヴァキアをモデルに、パリ講和会議での独立を目指していく。まず帰化朝鮮人の代表機関であるニコリスクの全露韓族会は、一九一八年一〇月頃に機関誌を『青丘新報』から『韓族公報』に改称したが、これはチェコスロヴァキア国民評議会の機関誌が『公報』だったからだという。(143)一九一九年二月には団体名もチェコスロヴァキア国民評議会にならって、大韓国民議会に変更した。(144)帰化朝鮮人が「国民評議会（National Council）」を「国民議会」と訳したのは、チェコスロヴァキア国民評議会を「チェック・スロヴアック国民議会」と呼んでいた当時の日本の影響であろう。(145)

朝鮮で三・一独立運動が起こってから約二週間後の一九一九年三月一七日、大韓国民議会はトップに大統領を据える政府としての性格を備えていることを表明する。それと同時に決議文を発表し、パリ講和会議で「合併の勒約〔韓国併合に関する条約〕を廃止」すること、「民族自決主義によって、韓族の正当な自由独立を主張」し、「国際連盟に参加して我等の独立を強固にする」と宣言した。[146] 以降、大韓国民議会は四月に上海で樹立される大韓民国臨時政府とも合流を模索するようになる。このように、チェコスロヴァキアの独立も、大韓民国臨時政府の源流の一つなのである。

上海、アメリカ、日本、そしてロシア極東。世界各地の朝鮮人がパリ講和会議での独立を目指しているとき、韓人社会党のメンバーはこれに否定的な立場をとった。かつてボリシェヴィキが連合国に向けて、自国の植民地に「自決」権を与えないのは帝国主義の擁護であると批判したのと同じ視点に立ち、「〔パリ講和〕会議に於いては韓族の解放がなき事をも先覚した」からであった。[147] ボリシェヴィキとのつながりを武器とする韓人社会党が朝鮮独立運動で影響力を発揮するのは、三・一独立運動後のことである。

第三章　三・一独立運動――支配者、協力者、そして情報源としての日本

1　万歳デモの展開

拡大する三月一日の万歳デモ

一九一九年三月一日の午後二時、京城の中心部に位置する仁寺洞の中華料理屋・泰和館で、二九名の宗教指導者が、崔南善が起草した「我等は茲に我朝鮮の独立国たること及朝鮮人の自由民たることを宣言す」という一節からはじまる三・一独立宣言書を黙読したのち、万歳三唱した。

三・一独立宣言書には、その起草者である崔南善の名前はなく、天道教、キリスト教、仏教の宗教指導者三三名の署名があった。彼らは「民族代表」、あるいは「民族代表三三人」と呼ばれ、そのうち二九名が三月一日に泰和館に集ったのである。言論、集会、結社の自由のない武断政治下の朝鮮で、宗教関係者は比較的自由に動くことができた。それゆえ、詳しい経緯は次節に譲るが、三・一独立運動は宗教関係者、とりわけ天道教が準備を主導した。万歳を唱えたあと、民族代表は警察に電話をして自首をする。

同じ頃、泰和館から数分のところにあるパゴダ公園（現在の正式名称はタプコル公園）には、すでに

図3－1　アメリカ領事館前を通過する3月1日の万歳デモ

三・一独立宣言書を手にした約二〇〇〇人の学生が集まっていた。従来、民族代表は独立宣言式をパゴダ公園で行う予定だったが、官憲に鎮圧されるのが確実なため、民衆を巻き込まぬよう泰和館に場所を変更した。すぐに自首したのもこうした配慮からだったが、このことを知った京城の学生たちは当初の計画通りに午後二時にパゴダ公園に集合し、三・一独立宣言書を朗読したのち、街頭に繰り出していく(1)。

学生たちは公園を出ると、まず京城のメインストリートである鍾路を東西に分かれて進み、さらにそこからもいくつかのデモ隊に枝分かれしながら、通行人に「いま巴里講和会議でわが国の独立が承認されたので、独立万歳を叫びましょう」と呼びかけた(2)。通行人も声高く「独立万歳」と叫んでこれに応え、デモ隊の規模はみるみる拡大し、最終的にこの日の京城のデモは数千人の規模になった。

複数のルートに分岐したデモ隊は、いずれもアメリカ領事館とフランス領事館を通過した。その目的は、パリ講和会議に戦勝国として参加する両国に朝鮮人の独立への意思を示すことにあった。

午後四時頃、各デモ隊は南山の朝鮮総督府の庁舎前で合流した。

こうした大規模なデモが起こることは朝鮮総督府には予想外であり、朝鮮総督府は慌てて朝鮮軍司令官（朝鮮軍は大日本帝国陸軍の一つとして朝鮮に駐屯しており、当時の司令官は宇都宮太郎）に軍隊の派遣を要請し、五時頃にデモ隊を解散させた。以降、朝鮮総督府は各地で発生する万歳デモを武力で弾圧していくことになる。

このように、三・一独立運動はパリ講和会議への期待を背景として勃発した。パリ講和会議は一九一九年一月一八日にはじまり、各国でヴェルサイユ条約が締結された六月二八日まで開催されたが、朝鮮でのデモは、なぜ三月一日に起きたのだろうか。その背景には、大韓帝国の初代皇帝で、当時は日本の「準皇族」として扱われ、「李太王」と称されていた高宗の突然死がある。

高宗の突然死

一九一九年一月二一日午前一時頃、高宗は脳溢血になり、その数時間後にこの世を去った。突然だったことや、朝鮮総督府の稚拙な対応もあって、高宗の死因をめぐってさまざまな噂が流れ、とりわけ日本によって毒殺されたとする説は今日の韓国でも広く知られている。もっとも、毒殺を裏づける決定的な証拠もなければ、当時の朝鮮総督府に高宗を暗殺するメリットもなかったことから、学術的には事件性が否定されている(3)。

事の顚末は次の通りである。高宗は一月二一日の午前六時頃には死亡していた。だがこの時点では、朝鮮総督府は高宗が「重態」に陥ったと発表し、正式な発表は彼が死んでから丸一日経過した二二日にずれ込んだ。初動対応でこうした虚偽の発表をしたことが、民衆のあいだに死因をめぐるさまざまな風説を生む要因となるのだが、このときの朝鮮総督府には、高宗の死をすぐに公表できない事情があった。

当時、朝鮮総督府は高宗の息子で大韓帝国最後の皇太子だった李垠（りぎん／イ・ウン。純宗の異母弟にあたり、当時の称号は「李王世子」）と、皇族の梨本宮方子《まさこ》の結婚式の準備に追われていた。日本の朝鮮統治が順調であると示すことを目的の一つとした、いわゆる政略結婚であり、一月二五日に東京で婚儀が執り行われる予定であった。そのため、長谷川好道（寺内正毅の後任として一九一六年に第二代朝鮮総督に就任）をはじめとする朝鮮総督府の首脳陣は東京に滞在しており、高宗の死の公表や婚儀の延期について東京からの指示を待つため、ひとまず「重態」と発表して時間を稼いだのである。

高宗の死が公表された二二日、長谷川総督は総理大臣の原敬と面会し、葬儀を日本の国葬として行うことを提案した。原首相から了承を得た長谷川ら朝鮮総督府の関係者は、すぐに京城に戻り、その後、高宗の国葬が三月三日に京城で執り行われることが決まった(4)。

李垠の婚儀は朝鮮統治政策の一環であり、そのためには高宗の協力も必要だった。実際、長谷川は一月一三日に高宗に挨拶してから東京に向かっている。また、糖尿病を患っていた長谷川は、婚儀を成功させたのち、総督を辞任することを希望していた。こうした状況を踏まえると、当時の朝鮮総督府に高宗を毒殺する意図があったとは考え難い。

しかし、朝鮮人の受け止め方は違う。その突然の死、さらには朝鮮総督府による虚偽の発表が重なり、民衆のあいだでは死因をめぐるさまざまな風説が流布していった。そのなかで死亡直後にとくに多かったのは、李垠の婚儀に対する不満を示すための自殺説である。そのほか、日本の朝鮮統治を悲観して自殺したという説もあったが、これに対しては、そうであれば韓国併合時に自殺しているはずだという反論も多かったという。二月に入ると毒殺されたという説も登場しはじめるが、これが広がっていくのは、三月一日からである。

民族代表が三月一日に独立宣言式を挙行したのは、高宗の死を最大限に利用するためである。すなわち、三月三日の国葬に参加するため、朝鮮全土から数十万人の規模の朝鮮人が京城に集まることになっていた。さらに、諸説あるにせよ、死因をめぐる風説はいずれも日本の朝鮮支配と関連しており、民衆の反日感情は高まっていた。しかし、国葬当日の三月三日は警察や軍隊の厳重な警備が予想されるため、独立宣言式を行うのは現実的ではない。そのため、国葬から二日前倒しした三月一日が選ばれたのである。(5)

朝鮮全土でのデモの展開と弾圧

三月一日は京城のほか、平壌など一部の地方でも万歳デモが発生した。国葬が終わった三月五日に京城で再びデモが起き、その後は、地方へと本格的にデモが広がっていく。韓国の政府系の研究機関である国史編纂委員会が作成した「三・一運動データベース」によれば、三月一日から五月末にかけてのデモの発生件数は一六八三件で、参加者数は延べ人数で少なくとも一〇〇万人以上だったという。運動のピークは三月末から四月の初旬にかけてであり、この期間だけで朝鮮の各地で約一〇〇〇件のデモが発生している。(6)

参加者の多くは、朝鮮人の大多数を占める農民だった。また、序章で述べたように、男性だけでなく女性も運動に参加していたことが大きな特徴である。(7)これは日本人にも印象的に映ったようで、たとえば、『大阪毎日新聞』は三月一日の京城のデモの初報(三月三日付)で、「午後二時頃、朝鮮京城に一大騒動惹起せり。事は中等学校以上の朝鮮人学生全部結束し、これに多数の女学生も加わりて一隊を組織し」たと報じている。(8)同様に『大阪朝日新聞』も三月三日付で「数十名の女学生」が参加していたことを太字で強調して報道しており、同月五日付の夕刊ではデモ行進する女学生の写真まで載せた。(9)

このように性別を問わず、数多くの朝鮮人が参加した三・一独立運動は、四月末からデモの発生件数が極端に減っていき、五月初旬にはほぼ終息する。その主たる要因は、軍隊を動員した朝鮮総督府の弾圧である。

朝鮮総督府警務局の発表によれば、三・一独立運動による死者数は官憲側の八人に対して、「暴民」、つまり朝鮮人参加者は五五三人であった。[10]ただし、この数字は実態よりも少なく見積もられており、「三・一運動データベース」を活用した最新の研究によれば、朝鮮人側の死亡者は最小で七〇一、最大で九〇四人だという。また、この数字はあくまでもデモ現場での死亡者に限られており、調査が困難なため具体的な数字は示せないが、負傷者がのちに別の地域で死亡したケースなど事後の死亡者を加えれば、さらに人数は膨れ上がる。[11]

こうした弾圧の過酷さを象徴するのが、京畿道水原郡の提岩里という村落で四月一五日に発生した「提岩里事件」である。この地域では三月末から万歳デモが発生しており、四月五日のデモは一〇〇〇人規模となった。そして鎮圧に入った警察と群衆が衝突し、日本人の巡査部長が死亡してしまう。その一〇日後、約二〇人の警察と憲兵が提岩里にデモ首謀者の探索に向かい、二〇歳以上の朝鮮人男女を同地のキリスト教の礼拝堂に閉じ込め、石油をまき、火をつけた。助かった朝鮮人はわずか一人で、男性二一人、女性二人が犠牲となった。この「提岩里事件」はキリスト教とも関係することから、宣教師によって世界中に無慈悲な弾圧として広められることとなった。[12]

噴出する植民地支配への不満

三・一独立運動の万歳デモは、韓国では非暴力の平和的な運動として語られる。この見方は、秩序立った平和的な手段で朴槿恵政権を退陣させた「ろうそくデモ」と三・一独立運動を重ね合わせることで、近年、より強まっている。だが、「提岩里事件」の発端が日本人巡査との衝突にあったように、万歳デモのすべてが平和的デモだったわけではない。実際はデモの三分の一程度で官憲側と衝突しており、民衆が暴力的手段を行使することも少なくなかった[13]。

民衆の暴力化を招いた背景には、日本の植民地支配に対する不満がある。暴力化したデモでは、独立万歳を叫ぶだけでなく、群衆が面事務所（面は朝鮮の行政区画の一つで、日本の村に相当する）や郵便所といった役所を破壊するケースが各地で見られた。たとえば、四月一日に京畿道の陽城面で発生したデモでは、「朝鮮は独立国になったので、日本の政策を施行する官庁は必要ありません……日本人を陽城面から追い出しましょう」と叫びながら、人々が面事務所を取り囲んだ。また、三月二一日の慶尚北道の臨東面では、「朝鮮人はお前ら日本人のせいで迫害を受けている」と怒りをあらわにしたデモ首謀者が憲兵に連行されたため、群衆が憲兵の駐在所を攻撃する事件も発生している[14]。

図3－2　デモに参加する学生たちのレリーフ。現在の韓国・ソウルのタプコル公園には、三・一独立宣言書の文面を刻んだ記念碑や各種のレリーフ、天道教主の孫秉煕の銅像などが設置されている。

先述したように、三・一独立運動の最初のデモは学生が主導したものだったが、彼らも日本の支配に対して不満を募らせていた。三月一日の京城のデモは、官立の京城高等普通学校の学生たちが中心となって計画した。高等普通学校とは朝鮮人男子が通う中等学校を指し、日本人の旧制中学校に相当する。しかし武断政治期には、高等普通学校の修業年限は四年と中学校よりも一年短く設定されており、朝鮮人の不満を買っていた。さらに、一九一六年に京城高等普通学校に入学した朴烈《パク・ヨル》は、後年、次のように当時を回想している。

〔入学してから〕一学期経って見ると、この学校の教育程度は日本人を収容する中学校より遥かに学科の程度が低く、俺たち生徒に対し英語を教えないという点で日本の中学校と比べ物にならないことがわかった……今日から考えると俺たち朝鮮人を日本の奴隷とするために用意されたということに気づいたのだ。[15]

修業年限の短さに加え、教科内容のレベルも日本人に比べて意図的に下げられており、朴烈によれば、ほかの学生たちも在学中に「日本を呪うような気持になって来た」という。このように不満を募らせた朴烈は、三月一日午後二時にパゴダ公園に行き、その後のデモを先導した。[16] 三・一独立運動後は、学校を中退して日本にわたり、金子文子らとともにアナキストとして活動し、天皇の暗殺を企てたとして大逆罪で無期懲役となる。

救世主ウィルソン

以上のように、万歳デモは一九一〇年以来の日本の植民地支配に対する朝鮮人の不満が吹き出したものであった。それだけに、植民地からの解放をもたらす可能性のあるパリ講和会議、とくにアメリカ大統領のウィルソンに対する期待は大きかった。

アメリカ人ジャーナリストのニム・ウェールズ（Nym Wales）が一九四一年に著した『アリランの歌』の主人公として知られるキム・サン（本名は張《チャン》志楽《ジラク》）も、朴烈と同じく三・一独立運動に学生として参加したのち、革命家として名を残す人物である。キム・サンのインタビューにもとづく同書によれば、平壌のキリスト教系の学校に通っていた彼は、三月一日の朝、教師から「この日、朝鮮独立の宣言はなされた……ウィルソン大統領とヴェルサイユ講和会議の列強とはわれらを援助し、朝鮮は自由な国となるであろう」と聞かされた。学生たちは涙を流したが、一方で、「講和会議はほんとうに朝鮮を助けてくれるの」かという疑問が浮かんだ。これに対して、教師は次のように答えたという。

> 諸君はウィルソン大統領の十四ヵ条については何度も聞いたことがあるね。もしわが平和なデモンストレーションにより彼の立場を有利に導けば、講和会議において彼は朝鮮を擁護してくれるだろう。停戦は十四ヵ条の実現を条件にして承認されたのだ。植民地支配権の問題について、第五条で植民地住民の利害は関係政府の利害と同等の重みを持つと明言している。[17]

その後、キム・サンは教師の引率で三月一日の平壌のデモに参加するのだが、注目すべきは、この教師が「十四ヵ条」の第五条を暗唱している点である。第二章で述べたように、第五条の条文自体から植民地の独立を読み取るのには無理があり、また「十四ヵ条」にはアジアやアフリカに対する言及もない。にもかかわらず、この教師はウィルソンが朝鮮の独立を「擁護してくれる」と、彼に多大な期待を寄せているのである。

ウィルソンを植民地からの独立をもたらす救世主のようにみなす事例は、ほかにも確認される。たとえば、三月一日に京城を旅行していたあるアメリカ人は、民衆のあいだにウィルソンが朝鮮の独立の確保に成功したという噂が流れており、「ウィルソン万歳」と叫んでいたと、三月九日付の『ジャパン・アドバタイザー』で述べている[18]。また、朝鮮総督府の事務官だった千葉了は、当時朝鮮ではウィルソンが飛行機で助けに来るという噂が飛び交っており、民衆が毎日のように京城の北漢山に登って飛行機が来るのを待っていたと戦後に証言している[19]。

こうした動きと関連して、高宗の死因をめぐる風説も、パリ講和会議と結びついた毒殺説へと変貌する。三月一日には三・一独立宣言書だけでなく、作成者不明の檄文も京城で配布されたり、壁に貼られたりした。その内容は、ある親日派の朝鮮人が、朝鮮人は日本の統治に満足しているため独立は望んでいないと書かれたパリ講和会議宛の証明書を作成し、高宗に調印を迫ったが、拒否されたため毒殺した、というものであった。そして三月二日以降、この檄文をもとにした新たな檄文が各地でつくられるようになり、毒殺説が民衆のあいだに浸透していった[20]。要するに、デモを通してパリ講和会議に向けて独立の意思を示すことが、植民地支配からの解放の近道であることを民衆に認識させるために、高宗の死は利用されたのである。

以上のように、日本の植民地支配に対する不満とウィルソンへの期待が、知識人や学生、そして民衆をも突き動かし、延べ一〇〇万人以上が参加する運動へと発展した[21]。また、面事務所を取り囲んだ陽城面のデモで群衆が叫んだ「朝鮮は独立国」や、『アリランの歌』に登場する教師の「朝鮮は自由な国」という言葉は、崔南善が起草した三・一独立宣言書にもとづくものであり、この宣言書もデモの展開に一定の役割を果たしていた。

次節では、三・一独立運動を計画した民族代表をはじめとする知識人が、ウィルソンやパリ講和会議の情報をどのように入手したのか、そして三・一独立宣言書がどのようにして作成されたのかを見ていこう。

2 三・一独立運動の準備過程——「自決」とパリ講和会議の情報源

情報源としての日本

三・一独立運動は秘密裡に準備されたため、民族代表は内部文書などを残していない。そのため、以下、一九一九年三月から一一月にかけて行われた警察や検察の訊問調書を主に使いながら、三・一独立運動の準備過程を跡づけていく[22]。

パリ講和会議やウィルソンの「十四ヵ条」、そして「自決」の情報をどのように入手したのかについて、三三人の民族代表の多くが新聞報道によって知ったと証言している。たとえば、キリスト教（長老派）の李明龍《イ・ミョンニョン》は、「昨〔一九一八〕年十二月頃京城発行の毎日申報紙上で平和会議が組織された事やウィルソン大統領が世界の平和の為めに十四箇条の問題を提唱した事を知り、右十四個条中に民族自決問題があった故、朝鮮人も自決支度い」と思ったという[23]。

『毎日申報』は武断政治期の朝鮮で唯一の朝鮮語新聞であると同時に、朝鮮総督府の御用新聞でもあった。しかし、国際情勢について報道しなかったわけではない。たとえば一九一八年一月一一日付の同紙は「十四ヵ条」も紹介しており、第五条の訳文は「(四) 総て植民地問題は居住民の利害に応じて整理すること〔総히 植民地問題는 居住民의 利害에 応하야 整理할 事〕」となっている[24]。「民族自決」という用語

を使いながら「十四ヵ条」について解説するようになるのは一一月六日付の社説からであり、「講和の基礎条約は米国大統領の宣明の中で包合されたもので、その主要なものは民族の自決、民族の解放、非賠償非併土、戦後の国際連盟」とある。[25] 李明龍が述べる「十二月頃」とは少し時期がずれるが、彼はこの社説を通してパリ講和会議や「自決」を知ったのかもしれない。

ところで、一九一八年一月一一日付『毎日申報』の「十四ヵ条」の第五条の訳文は、第二章第4節で挙げた一月一〇日付の日本の新聞の初報と、第五条を四番目にしている点や省略箇所を含めてほぼ一致する。加えて同紙は一一月六日付から「十四ヵ条」と「民族自決」を関連づけて解説するようになったが、日本の新聞でもその少し前の一〇月中旬からこうした傾向が顕著になっていた。『毎日申報』が日本の新聞報道を参考にしながら国際記事を作成していたのは明白である。

さらに、当時の朝鮮では日本の新聞のうち、『大阪朝日新聞』と『大阪毎日新聞』は定期購読することが可能であり、[26] 朝鮮人でも知識人層であれば読むことができた。事実、天道教幹部の権東鎮《クォン・ドンジン》は「昨〔一九一八〕年十一月中、大阪毎日新聞紙上で米国大統領が平和会議へ提唱したる議題十四個条中、民族自決の条項を見て朝鮮も此問題範囲に入るべきものと考え」たと証言しており、同じく天道教の呉世《オ・セ》昌《チャン》も「言葉は不充分ですが文章は読めます。夫れで私は大阪毎日、大阪朝日新聞を購読しております」と述べている。[27]

このように、民族代表の知識人は主として『大阪朝日新聞』や『大阪毎日新聞』、あるいはこれら日本の新聞を参考に編集された『毎日申報』を通して、パリ講和会議や「十四ヵ条」の情報を入手していた。そしてその時期に注目すると、訊問調書に書かれているなかでは、権東鎮の一九一八年「十一月中」が最も早い。すなわち、ウィルソンが「十四ヵ条」で「民族自決」を提唱したという認識が日本で定着するようになるとまもなく、朝鮮半島内の知識人も日本の報道を情報のソースとして「民族自決」に注目しはじめたのである。

そのため、第二章で述べた海外の朝鮮人独立運動家と朝鮮半島内の知識人とでは、「自決」概念に対する理解水準が大きく異なっていた可能性を念頭に置く必要がある。海外の朝鮮人独立運動家の場合、「民族自決」という翻訳語が生まれる前のロシア二月革命後から「自決」に着目しており、その概念がボリシェヴィキとウィルソンで異なること、とくにウィルソンが「自決」の担い手として民主主義の能力をもつ政治共同体であるネイションを想定していたことを理解していた。彼らは翻訳語については「民族自決（主義）」を借用していたが、「自決」概念に対する理解水準は日本より高かったといってよいだろう。

他方、朝鮮半島内の知識人にとっての「自決」は、一九一八年一〇月以降に日本で流布していたウィルソンの「民族自決」だった。当時の日本ではロシア臨時政府やボリシェヴィキが「自決」を提唱していたことや、ウィルソンが「十四ヵ条」で「自決」という言葉を使っていなかった事実は忘れ去られていた。そのため、キリスト教指導者の李明龍と天道教指導者の権東鎮は、いずれも「十四個条中」に「民族自決」の条項があると述べているのである。またこの二人に限らず、訊問調書でロシア革命やボリシェヴィキに言及した人物はほとんどいなかった。

そして問題は、日本ではボリシェヴィキとウィルソンの「自決」概念が混同され、いずれも被支配民族の独立を意味し、両者の違いは、すべての被支配民族を対象とする前者に対して、後者は連合国の植民地は問題外にするという適用範囲の違いにしかないと認識されていたことである。換言すれば、ウィルソンが「自決」の担い手としてネイションを想定していたことを、朝鮮半島内の知識人が理解していなかった可能性が高い。このことを念頭に置きつつ、まずは天道教の動きから追っていこう。

拡張する天道教の独立運動計画

天道教は甲午農民戦争（東学党の乱）で知られる東学の流れを汲む民族宗教であり、三代目教主の孫《ソン》秉熙《ビョンヒ》によって一九〇七年に天道教と改称された。孫秉熙は東学時代の外国人排斥の主張や迷信じみた思想を取り除くことで天道教を近代的な宗教へと改革し、若い知識人を信者として獲得していった。(28) その代表例が崔麟である。第一章で少し触れたように、崔麟は一九〇四年に崔南善らとともに大韓帝国の皇室特派留学生として東京府立第一中学校に留学し、その後は明治大学に進み、〇九年に卒業すると帰国した。翌年に天道教に入信し、韓国併合後は教団が運営する私立学校の普成高等普通学校の校長を務めていた。(29) 三・一独立運動の準備過程では、この崔麟が主導的な役割を果たす。

一九一八年一一月に『大阪毎日新聞』の紙面を通してパリ講和会議や「民族自決」のことを知った教団幹部の権東鎮は、同年一二月、呉世昌、崔麟と会合を開き、独立運動を起こすことを決めた。三人は一九一九年一月二〇日頃に教主の孫秉熙とも相談し、「朝鮮に於ても民族自決の意思を発表」することで方針がまとまった。さらに、独立の意思を広く一般民衆にも示すために独立宣言書を作成し、そのために天道教のみならずキリスト教などの外部勢力にも協力を要請することを取り決め、崔麟がその責任者になった。(30)

計画の遂行にあたり、崔麟はまず日本留学時代から付き合いのある崔南善と、明治大学の後輩で当時は私立中央高等普通学校の校長をしていた宋鎮禹《ソンジヌ》に協力を依頼する。崔南善と宋鎮禹もまた、一月下旬から「民族自決に就て朝鮮も黙っている訳にはいかない」と話していたところだった。(31)

この二人が「民族自決」について議論していた背景には、新聞から情報を得たことに加え、東京の二・八独立宣言の計画を知ったことがある。第二章第6節で述べたように、二・八独立宣言の実行委員だった宋継白は、この計画を伝えるために朝鮮に派遣された。一月末に朝鮮に到着した彼は、宋鎮禹に二・八独立宣言の計画の詳細を伝え、宋鎮禹を介して崔南善も計画について知ることとなったのである。[32]また、崔南善と宋鎮禹の訊問調書には出てこないが、この頃、彼らは尹致昊にも独立運動の相談をしている。一月一八日の尹致昊の日記によれば、宋鎮禹は尹に対して、朝鮮に「自決」権が与えられるはずであり、もしそうならない場合、アメリカが日本に宣戦布告するだろうとの期待を述べたという。また、一月二八日には崔南善が尹致昊に、パリ講和会議で朝鮮独立の意思を伝えるために「ヨーロッパ旅行に行くように説得」を試みている。[33]後述するように、一〇五人事件によって独立運動から距離を置くようになった尹致昊は一切の協力を拒むのだが、彼の日記は、崔南善と宋鎮禹がパリ講和会議やアメリカにいかに期待していたかをよく示している。

二月二日頃、崔麟は自宅に崔南善と宋鎮禹を招いて意見を交わした。おそらくこのときに二・八独立宣言の計画が天道教に伝わったと考えられ、教団幹部の権東鎮は「私等が独立宣言をすると云う事になった一つの動機になっ」たと証言している。[34]そして話し合いの結果、宋鎮禹は校長としての立場があるため、趣旨には賛同したものの天道教の独立運動計画には参加しなかった。一方、崔南善は独立宣言書の起草と、キリスト教側に協力を要請する交渉役を務めることとなった。[35]

民族代表の成立――キリスト教との合同

天道教と同様に、キリスト教側も先述した李明龍のように日本の新聞や『毎日申報』を通してパリ講和会議や「民族自決」について知り、独自に独立運動を計画していた。その中心となった人物が、長老派教会の長老として朝鮮北部で活動していた李昇薫《イ・スンフン》である。

李昇薫は大韓帝国の保護国期に新民会で活動した抗日運動家であり、一〇五人事件で尹致昊とともに有罪となった。釈放後の一九一五年、彼は洗礼を受けてクリスチャンとなるが、独立運動家としての志も失っておらず、独立運動にキリスト教を利用しているとして宣教師から警戒されていた[36]。要するに敬虔なクリスチャンとは言い難い側面のある人物であり、それゆえ崔南善や天道教の崔麟は、キリスト教関係者のなかで最も交渉相手に適した人物だと考えていた。

李昇薫は一九一八年の冬に『毎日申報』でパリ講和会議や「民族自決」について知ったが、独立運動を計画しはじめるのは一九一九年一月末からであった。そのきっかけとなったのは、新韓青年党の呂運亨によって上海から朝鮮半島内に派遣されていた鮮于赫《ソヌ・ヒョク》が李昇薫を訪ね、同団体がパリに金奎植を派遣したという情報を伝えたことだった。そうしたなか、二月一〇日頃に崔南善から使いの金道泰《キム・ドテ》を通して天道教との共同行動の提案を受ける[37]。

京城で崔麟ら天道教の幹部と面会した李昇薫は、協力を約束した。かくして二月末頃には天道教とキリスト教の連合が成立するのだが、キリスト教側の意見統一は容易ではなかった。先述したように天道教は東学時代に外国人排斥を主張しており、クリスチャンや宣教師を迫害した過去もある。そのため、独立運動には賛成でも、天道教との合同には批判的な意見も出ていた。こうしたキリスト教内での意見対立を乗り越え、天道教との合同を成立させた最大の立役者こそ、クリスチャンであると同時に独立運動家でもある李昇薫だったのである[38]。

もっとも、キリスト教側が天道教との合同に賛同した背景には、運動資金の不足という現実的な問題

図3－3　民族代表33人に、三・一独立運動に深く関わった15人を加えた48人の写真。いずれも出版法および保安法違反で起訴された。1列目は右から孫秉煕、崔麟、権東鎮、呉世昌、2列目は左から2人目が李昇薫、4列目の左端が本章第3節に登場する林圭、5列目は右から2人目が崔南善、4人目が宋鎮禹、6列目の右から2人目が金道泰。

もあった。そのため、運動にかかる費用、二万一〇〇〇枚におよぶ独立宣言書の印刷などは、すべて天道教が受けもった[39]。そしてキリスト教との合同が成立した直後である二月二四日に仏教も加わり、三三人の民族代表が誕生した[40]。

民族代表三三人の内訳は、天道教が一五人、キリスト教が一六人、仏教が二人である。人数はキリスト教のほうが多いが、実質的には崔麟を中心とする天道教側が三・一独立運動を準備したといえる。ただ、李昇薫はキリスト教のネットワークを使って朝鮮半島の北部での宣言書の配布や独立運動計画の周知に尽力した。その結果として、三月一日に京城のみならず平壌でも万歳デモが起こったのである[41]。

ところで、この間の朝鮮総督府の「民族自決」や独立運動に対する危機意識は、決して高くはなかった。たとえば、朝鮮総督府内務部長官の宇佐美勝夫は、初代朝鮮総督だった寺内正毅に宛てた一九一八年一二月三〇日付の書簡で、「民族の自決」は海外の朝鮮人はもとより、朝鮮半島内の朝鮮人の心理にも「何等かの快感」を与えていると分析する。その一方で、大戦後の好景気により朝鮮農民の「景気は実に素張らしきもの」だと述べるなど、民衆による大規模な抵抗運動が起こる可能性について、ほとんど警戒していなかった[42]。

さらに総督の長谷川好道にいたっては、一九一九年一月時点での最大の関心事は李垠の婚儀を成功させて総督を辞任することであり、二・八独立宣言から一〇日経った二月一八日になってはじめて、「民族自決」が独立運動におよぼす影響について注意するよう訓示を出している[43]。しかしその後も、三月一日の数日前に天道教の密偵から独立運動の情報がある程度入っていたにもかかわらず、対策をとることはなかった[44]。天道教が滞りなく三・一独立運動を準備することができた要因には、こうした朝鮮総督府の危機管理の甘さがあったのである。

「民族自決」認識と独立後のビジョン

もっとも、朝鮮総督府の関係者を含め、当時、パリ講和会議で朝鮮の独立が認められると考えていた日本人は、ほとんどいなかっただろう。新聞などの報道を見ても、先述した朝鮮語の『毎日申報』の一九一八年一一月六日付の社説は、たしかに「民族の自決」に言及している。しかし実際は、むしろ「民族の自決」が将来的な講和の基礎条件として成立しないことを強調する内容になっている[45]。

こうした論調は、朝鮮で流通していた日本の新聞も変わらない。たとえば、権東鎮が「民族自決」を知ったと証言する一九一八年一一月の『大阪毎日新聞』は、同月二七日付の「諸小国独立の前途」という社説で、「民族自決主義」は理念としては正しいが、すべての民族を独立させることは現実的に難しいと論じている[46]。すなわち、朝鮮への「民族自決」の適用に過度な期待を抱かせるような新聞報道は、ほとんど確認できないのである。

それでは、民族代表は「民族自決」についてどのように認識していたのだろうか。まず指摘できるのは、崔麟が「朝鮮民族の自決問題、朝鮮の独立を図る」ために運動を計画したと証言しているように[47]、民族代表のなかで「民族自決」に言及した人物は共通して、この言葉を単純に独立と同じ意味で使っていたことである。一方、訊問調書で民主主義に言及した人物は確認できず、ウィルソンが「自決」権を与える対象に民主主義の能力を求めていたことは、ほとんど理解されていなかったようである。したがって、上海の新韓青年党や東京の留学生との接触があったとはいえ、彼らから民族代表にウィルソンのネイション概念についての情報が十分に伝わっていたわけではなく、基本的には日本の新聞を情報源として「民族自決」について分析していたといえるだろう。

それゆえ、「民族自決」をめぐって議論になったのは、これが朝鮮にも適用されるか否かの一点であった。実は、これについて民族代表のなかで悲観的な認識を明確に示した人物は二人しかいない。一人は崔麟や権東鎮とともにいち早く独立運動を計画した呉世昌で、「民族自決」は「戦乱〔第一次世界大戦〕にかかわった国に於ては実行され、其他の国に就きては困難であると思っ」たと述べている。もう一人はキリスト教の申洪植《シン・ホンシク》で、最初は「民族自決」が朝鮮にも適用されると考えたが、その後『毎日申報』を読んで難しいと思うようになったという。[48]

申洪植が証言するように、『毎日申報』や日本の新聞から情報を収集する限り、悲観的にならざるをえないはずである。しかし民族代表のあいだでは、崔麟が「民族自決は世界の総ての民族に対するもの」と証言するように、朝鮮にも適用されるという認識が圧倒的であった。[49] その理由は二つ考えられる。一つ目は、アイルランドの動向である。天道教主の孫秉熙とキリスト教側の中心人物である李昇薫は、新聞報道でチェコスロヴァキアだけでなくアイルランドまで独立したことを知り、パリ講和会議で朝鮮の独立も承認されると思ったと述べている。さらに、先述したようにアメリカに多大な期待を寄せていた宋鎮禹も、アイルランドが独立したと認識していたようである。[50] イギリスからアイルランドが独立したのであれば、連合国側の植民地にも「民族自決」が適用されたことになり、朝鮮独立への期待が高まるのは無理もない。

一九一九年一月二一日、アイルランドではシン・フェインが中心となって「アイルランド共和国」の設立を宣言する独立宣言書を発表し、暫定的な憲法も採択した。その目的はパリ講和会議で「アイルランド共和国」の承認を得て独立を図ることにあったが、ウィルソンがイギリスとの協調を重視したため実現せず、独立戦争に突入して多くの血を流すことになる。[51] この独立宣言については、孫秉熙らが目を通したであろう『大阪毎日新聞』が、一月二五日付の朝刊と夕刊（発行は二四日）で、シン・フェインが独立を宣言したことを報じるとともに、当時獄中にあったエイモン・デ・ヴァレラ（E'amon de Valera）ら「愛蘭独立の急先鋒」の努力を称える記事を載せている。[52] 孫秉熙らは日本の新聞をアイルランドが独立したと誤読したことになるが、そうした印象を与えかねない報道ではあった。

理由の二つ目は、日本への期待である。この傾向はとくに運動を主導した人物に顕著であり、天道教では教主の孫秉熙が、「民族自決」が世界的風潮になることで「日本人の思想も変って来る事」に期待を寄せている。また、パリ講和会議にアメリカ、イギリス、フランス、イタリアとともに日本が「五大国」の一員として参加しているため、「民族自決」を提唱するアメリカと協調するはずだと考えたとも述べており、崔麟も「列国は皆平和を唱えて居り、日本も其主義に賛成して居る」と同様の認識を示した。キリスト教側では李昇薫が「日本政府の助力により独立するを得ば幸甚なりと思」ったと述べている。[53]

ウィルソンに加えて日本にも期待していた点こそ、海外の朝鮮人独立運動家には見られない、民族代表の最大の特徴だといえる。さらに日本への期待という要素は、独立後の国家のビジョンとも結びつく。アメリカの李承晩、上海の新韓青年党、東京の朝鮮人留学生は、支援を請う対象をウィルソンに絞り、専制主義国家の日本を世界の民主主義の敵として位置づけると同時に、朝鮮人の民主主義の能力をアピールすることで、朝鮮独立がウィルソン、ひいては世界の利益になることを説いた。それゆえ、独立後の国家のビジョンとして民主主義を標榜した。

一方、民族代表の場合、「欧州戦争の真最中」から戦後には「世界に君主と云う者は無い様になる」と考えていたと述べるなど、共和政体をとることを想定していた孫秉熙を除き、[54] 誰一人として具体的な国家のビジョンをもつ者はいなかった。しかも仮に独立を達成した場合には、崔麟が証言するように「日本政府と協議の上」新たな国家を建設するつもりだったのである。[55]

こうした日本に対する期待は、いずれも警察や検察の訊問で表明されたものであり、日本に敵意のないことを示して罪を軽くするための証言だった可能性は否めない。しかし、まったくの偽証かといえば、そうではない。そのことを示すのが三・一独立宣言書である。

三・一独立宣言書の意図

崔麟が三・一独立宣言書の発表を計画する際に念頭に置いたことは、『朝鮮民族に対する列国の同情を喚起」するとともに「日本政府に対して朝鮮に対する政策を悔悟」させることで、「朝鮮民族の生存権を拡張する」ことだった。それゆえ、崔南善に起草を依頼する際、「吾々が独立を図るは日本を排斥する為め」ではないので、「激烈の文句等は使用せざる様注意して置いた」という。[56]

一方、崔南善は「自分は学問に依り本領を発揮しようと思って居る」ため三・一独立宣言書に名を連ねることは拒んだが、「崔麟より聞いた趣旨と私の考とを交ぜて起草した」と証言している。彼もまた「世界の大勢が朝鮮の独立を促したので、朝鮮は日本を排斥する為に独立するものでなく朝鮮のために独立するのだ」と考えていたため、「日本を排斥する趣旨が強く書いてあ」る二・八独立宣言書との関連性については明確に否定した。[57]

三・一独立宣言書は、崔南善と崔麟が計画した通りの内容だといえる。第一章の冒頭でも述べたように、この宣言書はまず朝鮮が「独立国」で朝鮮人が「自由民」であることを「世界万邦」に向けて宣言し、朝鮮の「民族自存の正権」を主張する。「民族自存」という言葉を使っているが、この箇所は「民

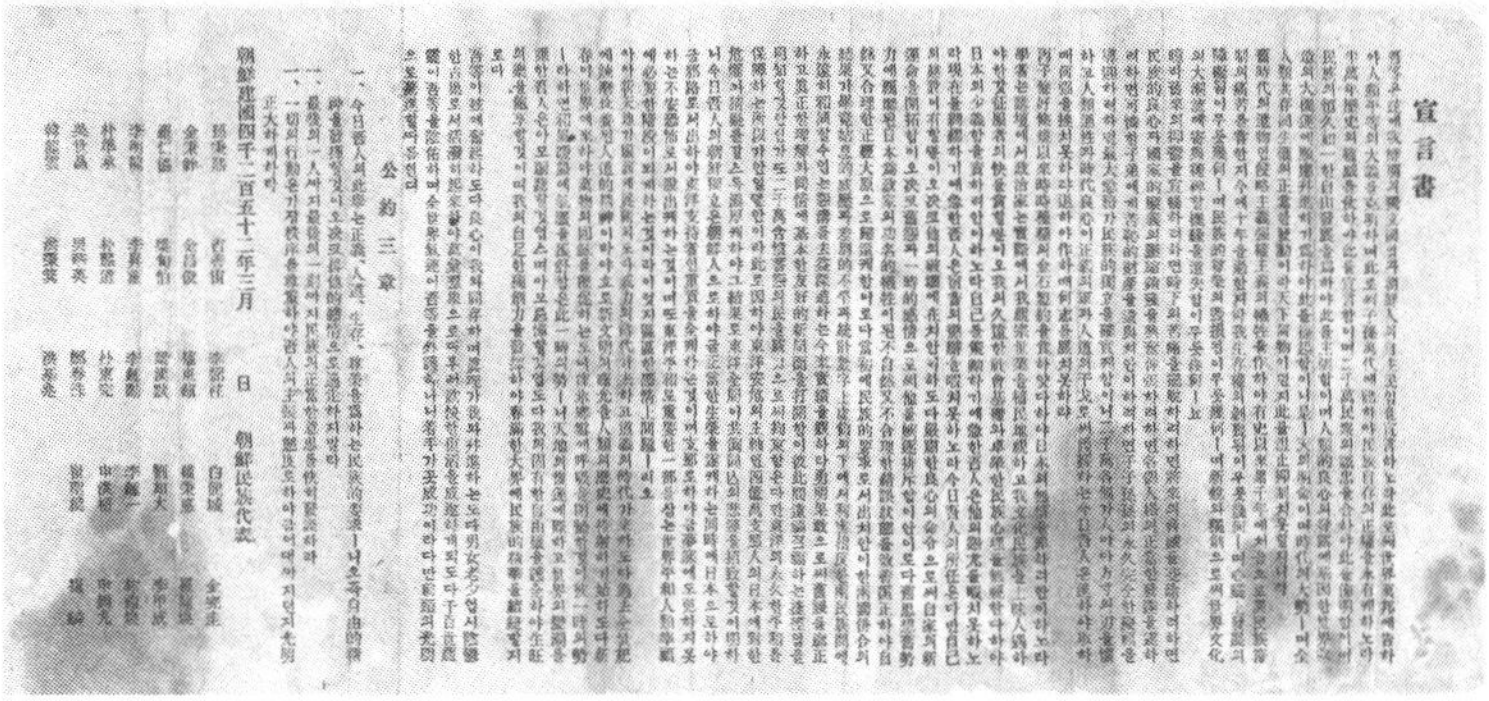
宣言書

公約三章

図3－4　三・一独立宣言書。天道教の印刷所で活版印刷され、2万1000枚作成された。

族自決」はすべての民族に適用されるという認識にもとづく内容である。

次いで、韓国併合以降、日本が朝鮮人を「土昧人遇」、つまり未開人として扱い、「民族心理」を無視し、「我生存權の剝喪したる」ことを厳しく批判する。そしてこうした状態から脱するには「民族的独立」が「最大急務」であると主張する一方で、あくまでもそれは朝鮮の「新運命」を開拓するためであり、決して「旧怨および一時的感情」によって日本を「排斥するもの」ではないことを強調するのである。ここに、朝鮮は「日本を排斥する為」ではなく、「生存権を拡張する」ために独立するという崔南善と崔麟の意図が反映されている。

そして最後に、「友好的局面」を築くことが朝鮮と日本の双方にとって「召福の捷徑〔近道〕」となるのだと呼びかけ、「男女老少」の朝鮮人が「欣快なる復活を成遂」げることを願って、宣言書は終わる。

本章の第1節でみたように、三・一独立宣言書は「男女老少」を問わず多くの朝鮮人を万歳デモへと駆り立てた。だが、民衆はウィルソンに多大な期待を寄せると同時に、支配者である日本に不満をぶつけ、流血の事態にいたることも多々あった。三・一独立宣言書が民衆の心に響いたとすれば、おそらくは書き出しの「独立国」や「自由民」というくだりであり、「排斥」ではなく日本との「友好的局面」を築くという部分は共感を呼ばなかったのではないかと考えられる。そのため、民族代表や崔南善の意図とは異なるかたちで、万歳デモは展開されたといえるだろう。

3 新宿中村屋と崔南善――ウィルソンと日本政府宛の請願書の国際発信

二つの独立請願書

三・一独立宣言書は、海外の朝鮮人が作成した独立請願書や宣言書と比べると、日本との「友好的局面」を謳っている点が大きな特徴である。しかし、違いはほかにもある。民族代表はウィルソンに期待していたものの、三・一独立宣言書にはパリ講和会議や第一次世界大戦についての直接的な言及が見られない。すなわち、大戦後の世界情勢に朝鮮を位置づけ、朝鮮が独立するメリットを国際社会にアピールする問題意識が欠けているという点でも、三・一独立宣言書は異質なのである。

その要因は、世界情勢についての情報源が日本の新聞に限られていたからだけではなく、崔南善と崔麟によって、当初からそのように計画されていたからでもあった。崔南善は宣言書の起草について次のように証言している。

強い独立の意思……強い意志を発表すると云うに付ては宣言書を発表し、日本政府や総督府に請願書を送る事も亦此独立運動と云う事が本来ウィルソン主唱の教書十四ヶ条から起った事故、ウィルソンの処へも書面を送ると云う事、其れ等の文章を作る事を〔崔麟から〕私が頼まれて居た[58]……

実は、崔南善は三・一独立宣言書に加え、「日本政府や総督府」とアメリカ大統領の「ウィルソン」に宛てた「請願書」も同時に作成していた。これらの請願書は、それぞれ「日本への通告文」、「ウィルソンへの請願書」という題目で、「解放」後の一九四六年に彼が編集した『朝鮮独立運動小史』に収録されている[59]。

「日本への通告文」は、朝鮮総督府の統治政策、とりわけ朝鮮人に対する同化政策を厳しく批判するものである。統治政策を批判している点は三・一独立宣言書と変わらないが、注目すべきは、ただ非難するだけでなく、日本が朝鮮を独立させるメリットを世界情勢に照らし合わせながら論じている点である。すなわち、「民族自決」が世界的潮流になっているなか、日本は表面的にはこれに同調している。しかし、実際は「侵略」を断念していないため、日本の「国際的孤立」は必至であり、朝鮮を独立させることは、こうした「孤立」を回避するメリットがあると説くのである。

世界情勢への視点がより顕著に表れているのが、「ウィルソンへの請願書」である。この請願書は、ウィルソンが「民族自決主義」を提唱し、「全人類的完全な幸福」の実現に尽力していることを称賛する。その一方で、パリ講和会議が「欧洲政局との関係が直接でない問題」にあまり注目していないことに懸念を示しており、「世界の平和は東洋の平和を除外してはならない」と主張している。そして、第一次世界大戦がバルカン半島からはじまったように、日清戦争と日露戦争で戦地となった朝鮮半島は「東洋のバルカン」であるため、「朝鮮問題の合理的解決」がなされることは「バルカン問題と同等の価値がある」と強調し、パリ講和会議で朝鮮の独立が議論されることを求めている。

「ウィルソンへの請願書」には、アメリカが重視する民主主義については何一つ言及がない。それゆえ、ウィルソンに対する戦略という意味では、海外の朝鮮人が作成した請願書や二・八独立宣言書に比べると水準は高くない。しかし、崔南善が執筆したこれら二通の請願書は、大戦後の世界情勢のなかに朝鮮を位置づけて、朝鮮が独立する必要性を説く姿勢が明確に示されている。こうした姿勢が三・一独立宣言書に見られないのは、問題意識が欠如していたからではなく、「強い独立の意思」を表明する三・一独立宣言書と、国際社会に向けて朝鮮独立をアピールする請願書とで、目的を使い分けていた結果だといえるだろう。

新宿中村屋——東京における協力者

それでは、これらの請願書をどうやって国際社会に向けて発信しようとしたのだろうか。崔麟が立てた計画は、朝鮮から郵送することも不可能ではないが、当局に差し押さえられるリスクがあるため、東京を経由するというものであった。具体的には、当局から「注意されて居らぬ人物」を東京に派遣し、「ウィルソンへの請願書」をアメリカなどの各国の大使館に、「日本への通告文」を日本政府や新聞社などに郵送することで、日本を含む国際社会に朝鮮独立の意思を示すことを目指した。この計画について崔麟から相談を受けた崔南善は、東京に派遣する人物として林圭《イム・ギュ》を推薦した。(60)

二つの請願書を携えて東京にわたった林圭は、一九一九年三月九日に逮捕された。警察の取り調べで、林圭は次のように供述している。

私は今回の朝鮮独立運動に関し、日本政府当局並に貴衆両院其他政党の重なる人々、各知名の新聞社業に朝鮮独立の国権還付に関する請願的意味の文書を謄写して合計二百通位出しました……東京に三月一日に到着し、旅宿《ママ》（角筈）中村と云う菓子店に投宿し、翌二日から五日迄の間に於て同家の裏にある別棟（西洋造）十畳敷位の一間で……謄写し郵送で送達したのであります。[61]

林圭は供述していないが、実際はこのときに「ウィルソンへの請願書」も各国の大使館に送付していた。[62] このように、林圭は請願書を東京から世界に向けて発信するという役割を果たしたのだが、注目すべきは現地の協力者の存在である。

林圭の供述にある「中村と云う菓子店」とは、日本でいち早くクリームパンを販売したことで知られる一九〇一年創業の新宿のパン屋・中村屋（現・株式会社中村屋）を指す。中村屋は相馬愛蔵と相馬黒《こっ》光《こう》が夫婦で経営し、新劇女優の松井須磨子、劇作家の島村抱月、同じく劇作家で社会主義者でもある秋田雨雀、ロシアの詩人ヴァスィリー・エロシェンコ（Василий Яковлевич Ерошенко）ら文化人が集ったことから「中村屋サロン」とも称される。また、一九一五年末にイギリスの要請を受けた日本政府によって国外追放に処されようとしていたインドの独立運動家ラス・ビハーリー・ボース（Rash Behari Bose）を、店舗の裏庭にある洋館のアトリエで匿ったことでも知られる。[63] 供述からわかるように、林圭はかつてボースが身を隠したアトリエで請願書の発送を準備していたのである。それでは、林圭とは一体何者であり、なぜ中村屋の協力を得ることとなったのだろうか。

日本を熟知する林圭一家

林圭は一八六六年生まれで、九五年に日本に留学し、慶應義塾中学校特別科を経て慶應義塾専修学校経済科を卒業した。留学中に崔南善と親交を深め、崔が一九〇八年に朝鮮に戻り新文館を立ち上げると、林圭も朝鮮に帰国し、その運営に協力した(64)。要するに林圭は崔南善の日本留学以来の盟友なのだが、崔のように目立った著作や活動はなく(65)、たしかに当局から「注意されて居らぬ人物」であった。ただ、崔南善が林圭を東京に派遣した理由はそれだけではなく、彼が日本に精通した人物だったからでもあるだろう。

林圭と日本との関係は一〇年以上におよぶ留学経験にとどまらない。実は林圭の配偶者は日本人であり、崔南善の協力者でもあった。崔南善がキリスト教側の代表の李昇薫に接触する際に両者を取り次いだ金道泰は、後年、次のように回顧している。

独立宣言書を書いた崔南善氏は、日本の警察の奴らがあまりに執拗に追ってくるのに耐えられなくなり、東京にいた頃からの知り合いである林圭氏の夫人の藤沢の家で作成したという話だ。そこにも刑事が来ると、「藤沢」の和服の袖のなかに入れ、刑事が去ると取り出して宣言文を書くのを繰り返した末に作成されたものだというので、この宣言書は「藤沢」の服の袖のなかで誕生したといえよう(66)。

「藤沢」の素性について、詳しいことはわからない。ただ、林圭の妻が日本人であり、彼女の家で崔南善が三・一独立宣言書を書いていたことは、独立運動家のあいだでは知られた話だったようである(67)。

さらに注目すべきが、林圭の姪、林静子《イム・チョンジャ》である。林静子は幼少期に親（林圭の弟）と死別したため、林圭夫婦に引き取られ、娘同然に育てられた。一九一八年三月に新聞で従業員募集の広告を見つけて以降、林静子は中村屋で住み込みで働いていた[68]。林静子について、相馬黒光は後年の回想で「私のところに林静子といって、日本の娘になりきった朝鮮娘が小間使いに来ていて、それがなかなかえらい子だった。年もまだ十七なのにほかの者にはちょっと出来ない働きをする」と高く評価している[69]。夫の相馬愛蔵も最初は林静子が朝鮮人だとは思わなかったようだが[70]、それは育ての親である林圭の夫人が日本人だったからにほかならない。

このように、林圭は日本と深いつながりをもつ人物であった。二・八独立宣言以降、東京では朝鮮人に対する取り締まりが厳しさを増しており、崔南善が林圭を東京に派遣したのは、林の知名度がそれほど高くなかったことに加えて、姪の林静子が同地で暮らしていることが決め手になったと考えられる。事実、林圭は東京に着くと中村屋に直行している。

中村屋の林圭

林圭の供述によれば、彼は二月二七日に崔南善から独立宣言書と請願書を受け取り、京城を出発した。三月一日の午後八時に東京駅に着くと、そのまま「娘シヅ子が厄介になって居る」中村屋に向かい、林静子に「静かな処を世話して呉れと頼んだ[71]」。

林圭の来訪については、父親の葬儀のため信州に帰省していた相馬愛蔵に代わって応対した黒光が詳細に綴っている。黒光によれば、林圭はまず「姪がお世話になっている」と挨拶したが、宿は決まっていなかった。朝鮮人の取り締まりが厳しくなっているため、宿屋が朝鮮人を泊めたがらないことを心配した黒光が「うちで泊まったらどうですか」と申し出ると、林圭は「恐縮ですがお世話になりましょう」と答えた。そこで「丁度ボースを匿った部屋が空いている、そこに泊めてあげることにした」という。[72]

かくして無事に東京での宿所を確保した林圭は、中村屋のアトリエで数日かけて三・一独立宣言書と「日本への通告文」を謄写版（ガリ版）で印刷し、郵送した。送付先は内閣総理大臣の原敬、犬養毅、尾崎行雄ら代議士約九〇名、安部磯雄、吉野作造ら著名な学者約二〇名、そのほか『大阪朝日新聞』をはじめとする主要な新聞社と、『太陽』、『中央公論』などの雑誌社であり、全部で二〇〇通ほどだった。[73]先述したように、このとき「ウィルソンへの請願書」も各国の大使館に郵送していたはずである。

無事に請願書を郵送した林圭だったが、警察と遭遇する危機もあったようである。具体的な日付はわからないが、相馬黒光によれば、林圭が中村屋の母屋の二階で黒光と会話をしていたとき、警視庁の刑事がやってきた。これに気がついた黒光は、「林さんが刑事と顔を合わせては拙い」と考え、すぐに林圭にアトリエに戻るように伝え、難を逃れたという。[74]

林圭は三月九日、見送りについてきた林静子とともに東京駅に到着したところで逮捕され、一二日に朝鮮に押送された。[75]林圭が逮捕されたことではじめて、相馬夫妻は彼がアトリエで何をしていたのかを知ったのであった。

以上のように、林圭は姪の林静子が働く中村屋を利用して、「日本への通告文」と「ウィルソンへの請願書」の郵送を成功させた。林圭の目的を知らなかったとはいえ、中村屋がこれほど協力的だったのはなぜなのだろうか。また、林圭や彼を派遣した崔南善は、ボースを匿ったり、秋田雨雀といった社会主義者が出入りしたりするなど、相馬黒光が自ら「不穏分子の策源地のような観を呈する」と述べるように、[76]中村屋がたんなるパン屋ではないことをどの程度知っていたのだろうか。まずは中村屋と朝鮮人留学生との関係から探っていこう。

中村屋と朝鮮人留学生

中村屋は今日まで続く主力商品の一つである「支那饅頭（中華まん）」と、ボースから教わったレシピによる「純印度式カリー」を一九二七年から販売している。実はこの年には朝鮮産の松の実を使った「松の実カステラ」も商品化しており、中村屋と朝鮮との関わりは深いものがあった。

相馬愛蔵が朝鮮に関心をもったきっかけは、韓国併合だった。一九三八年に刊行された彼の著書によれば、併合により朝鮮人が「新たに同胞となった」ため「一段と親しく」したいと考え、とりわけ東京の朝鮮人留学生に「喜んで接し、折に触れては家庭に招待して食事を共にするなど少しばかりの世話ぶり」をするようになったという(77)。

相馬愛蔵が述べるように、中村屋には朝鮮人留学生が頻繁に訪れていた。たとえば、相馬夫妻の娘で、一九一八年七月にボースと結婚した俊子の友人である東京女子医学専門学校に通う韓小済《ハン・ソジェ》は、たびたび中村屋に泊まりに来ていたという(78)。また、東京官立外国語学校の留学生で、在日朝鮮ＹＭＣＡの中心メンバーの崔承万《チェ・スンマン》は、中村屋に下宿していた。彼が二・八独立宣言に協力して新宿警察署に留置された際には、相馬夫妻が釈放に尽力したようである(79)。

中村屋に下宿していた朝鮮人は、ほかにも数名確認できる。その一人に、独立運動家で、「解放」後は韓国で女性政治家として野党の総裁まで務めた朴順天《パク・スンチョン》がいる。彼女は三・一独立運動の際、朝鮮南部の馬山で万歳デモを主導したため、警察から追われる身となった。そのため、一九一九年九月にちょうど朝鮮に帰省していた韓小済とともに日本に逃亡し、中村屋に身を寄せた。後年、朴順天は当時について次のように回想している。

私は東京で韓小済氏の紹介で相馬という日本人の家で下宿をすることになった。相馬氏は……とくに弱小民族に深い同情心をもっていて、インドの独立運動家である「ボース」氏を婿にするほどであった。私がはじめて入ったとき、その家にはインド人「ボース」と白系ロシア人で盲人の「エロシェンコ」が下宿しており、とても国際的な雰囲気だった。相馬氏はその後、黄信徳《ファン・シンドク》氏と私が「京城家政義塾〔正しくは一九四〇年に設立された京城家政女塾〕」を設立するときに一万円もの大金を送ってくれるなど、韓国学生を深く信頼していた(80)。

このように、中村屋は朝鮮人に「深い同情」をもって積極的に支援し、朝鮮人からも感謝されていた。しかしこうした事実が、相馬夫妻が朝鮮独立運動の理解者、支援者だったことを示すわけではない。中村屋がボースを匿うことになった発端は、彼を支援していた頭山満をはじめとする玄洋社から依頼されたからであった。玄洋社とは、日本を盟主としてアジアが一体となって西洋に対抗することを目指すアジア主義を掲げる政治結社である。玄洋社は「皇室を敬重」することを活動の骨子とし、対外的には西洋による植民地支配を批判し、西洋列強の支配に苦しむアジアの民衆に同情を寄せた。日本政府に批判的な行動をとることも多く、イギリスの要請を受けて日本政府が国外退去を命令したボースを助けたことはその一例である。しかし、玄洋社は日本の皇室に敬意をもつことをアジアの民衆にも求めており、ボースを支援したのも、彼が日本的精神に敬意をもつ人物だったことが大きい(81)。

相馬夫妻が玄洋社とまったく同じアジア主義思想をもっていたとは限らないし、彼らが善意から朝鮮人を支援していたことは否定すべきではない。だが、玄洋社がボースに向けた眼差しと、相馬黒光が朝鮮人に向けた眼差しには重なるところがある。
相馬黒光が林静子の人柄について真っ先に言及したのは、「日本の娘になりきっ」ていることであった。林圭をアトリエに泊めることにしたのも、宿屋が朝鮮人を泊めたがらないことによる親切心が主な理由ではあるが、それと同時に彼が「前に日本大学〔正しくは慶應義塾〕に来て勉強した人だし、日本語も達者であった」からでもあった。朴順天に対しても、「万歳騒ぎ〔三・一独立運動〕の一味」である可能性を疑って行動を監視する一方、次のような理由で彼女の人柄を高く評価していた。

たいへん器量よしでしとやかで、日本の着物を上手に着て、自分から日本の娘のようにおていさん《ママ》と呼んで欲しいという。それで……女中達も店員達も朝鮮の娘さんだとはきがつかなかった。それ位、日本風に優しかった。(82)

相馬黒光は自身と関わった朝鮮人たちを、経歴やたたずまいが「日本風」であるかどうかを基準にして評価しているのである。多くの日本のアジア主義者がそうだったように、相馬黒光もまた、あくまでも日本を中心に据えてアジアの人々を支援していたと考えられる。それゆえ、中村屋のアトリエで林圭が謄写した「日本への通告文」に書かれていたような、朝鮮総督府による同化政策を拒絶し、日本の支配からの独立を強く求める朝鮮人の心情を、相馬夫妻がどれだけ理解していたかは疑わしい。
このことは、中村屋に出入りしている朝鮮人であれば把握していたであろう。にもかかわらず、朝鮮人留学生が頻繁に中村屋に出入りしていたという事実は、相馬夫妻のように朝鮮人を積極的に支援する人物が、彼らにとっていかに貴重なものであったかを示している。換言すれば、このことは朝鮮人が統治国日本で暮らすことの厳しさを物語っていよう。

仲介者としての秦学文

中村屋に下宿していた朝鮮人留学生のなかで、三・一独立運動との関わりでとくに重要なのが、秦学《チン・ハン》文《ムン》である。彼は一八九四年生まれで、植民地期は言論人、「解放」後は実業家としても活動した[83]。一九〇六年に日本に留学し、慶應義塾普通部に通った。一九〇九年に朝鮮に帰国したが、一三年に再び日本に留学して早稲田大学、東京外国語学校ロシア語学科などで学び、一八年に大阪朝日新聞社の京城支局の記者として朝鮮に戻った。

秦学文が中村屋に下宿していた正確な時期は不明だが、一九一三年の二度目の留学以降に「中村屋サロン」の面々との交流が確認されている。とくに一九一四年に来日したエロシェンコとは、一六年二月から同居しはじめるほどに親しくなり、秋田雨雀とも親密な間柄であった[84]。そのほか、一九一三年に結成された劇団芸術座の創設メンバーの松井須磨子と島村抱月とも親交があった。また、ボースについて秦学文は「ボースさんの〔一九一八年七月の〕結婚披露の日」から付き合いがあり、互いに祖国を想いながら涙を流すなど「兄弟以上の間柄」であったと回想している[85]。

このように秦学文は、中村屋を通じてグローバルな人間関係を築いていた。さらに注目すべきは、彼が中村屋と朝鮮にいる崔南善を結びつける役割も果たしていたことである。

秦学文は一九〇六年の一回目の日本留学の際に留学生団体の大韓留学生会に加入しており、このときから同団体の機関誌の編集委員だった崔南善との付き合いがはじまった[86]。秦学文が一九一三年に再び日本に留学してからも、崔南善が刊行する『青春』に「臨時特派員」として関わるなど[87]、両者の交友関係

図3－5　1917年の芸術座の朝鮮訪問。真ん中の列の左端が秦学文、左から５人目が松井須磨子、６人目が島村抱月。後列の左端が崔南善。

は続いた。

一九一七年六月、芸術座の島村抱月と松井須磨子は京城を訪問している。この芸術座の朝鮮訪問は崔南善や秦学文らで企画したものであり、崔は京城で島村と松井を接待し、芸術について意見を交わした(88)。崔南善が中村屋を訪問した記録は確認できないが(89)、秦学文を通して彼に中村屋の情報が伝わっていたのは間違いないだろう。

一九一八年三月に林静子が新聞広告を見て中村屋の従業員になったのは、おそらくは独立運動とは何ら関係のない偶然である。しかし、崔南善がウィルソンと日本政府宛の独立請願書を郵送するために林静子の育ての親である林圭を東京に派遣したのは、中村屋の相馬夫妻が朝鮮人に「深い同情」をもっており、「日本風」であればあるほど協力を得やすいことを知ったうえでの、戦略的判断だったといえるだろう。

しかし筆者の調べた限り、林圭が送付した三・一独立宣言書や二つの独立請願書が、当時の日本の報道で取り上げられた形跡はない。次節では、日本社会が三・一独立運動をどう受け止めたのかを見ていきたい。

4　三・一独立運動と日本社会

歪められた報道

民族代表にせよ万歳デモに参加した民衆にせよ、朝鮮人は三・一独立運動を通して日本の支配への不満と独立への意思を明確に示した。しかし、この運動に対する日本の報道は、実態とはかけ離れたものであった。

『大阪朝日新聞』をはじめとする主要な新聞は、三・一独立運動の勃発直後、これを「天道教徒及び耶蘇教信者の陰謀」による「暴動」として報道した[90]。本章第1節で述べたように、万歳デモの半分以上は平和的に行われ、三月一日の京城のデモも官憲と衝突していない。三月一日に朝鮮の北部で民衆と官憲が衝突する事例があったのは事実だが、日本の新聞では「暴動」の側面のみが強調され、運動の実態が歪曲して報道されたのである。

同時に、「天道教徒及び耶蘇教信者の陰謀」の背景にある「民族自決（主義）」も、運動を批判するための材料として使われた。報道のなかには、ウィルソンの「民族自決」は連合国の植民地には適用されないという従来の解釈を踏襲し、朝鮮人の誤解を強調するものもある一方で、解釈自体を変更するケースも見られる。たとえば、『大阪朝日新聞』は「民族自決」を「民衆の幸福を増進」するためのものと定義し、韓国併合によって民衆が幸福になった朝鮮には必要ないと述べている。さらに『大阪毎日新聞』にいたっては、三月四日付の社説「日鮮の融和」において、「朝鮮と日本とは、太古以来、離るべからざるの親関係」であり、韓国併合によって「自然に復したるものというべき」なのだから、「日鮮同化を非とするものあらば、是寧ろ民族自決主義の最新思潮に反するもの」だと主張し[91]、朝鮮人の民族意識を真っ向から否定する概念として「民族自決」を持ち出している。

「自決」によって深まる日朝交流

新聞などを通して三・一独立運動に関する歪められた情報が拡散するなかで、ごく一部ではあるが、朝鮮人が独立を求めていることを理解しようとする日本人もいた[92]。

朝鮮人留学生が二・八独立宣言の準備をしている頃、吉野作造ら一部の日本の知識人は、第一次世界大戦後の世界が平和と民主主義の進歩に向かっていること、そうした「世界の大勢」に日本も順応していく必要性を痛感し、日本社会の「改造」を主張しはじめていた。そこで、日本社会から「世界の大勢に逆行する危険なる頑迷思想を撲滅すること」を綱領に掲げ、吉野を中心として、大山郁夫や福田徳三など当時の名だたる進歩的知識人が結集して、一九一八年一二月に黎明会という思想団体が結成された。

すべての民族を対象とするボリシェヴィキの「自決」を誰よりも評価していた吉野が中心になっていることからもわかるように、黎明会は被支配民族の解放も世界「改造」の一つとして捉えていた。換言すれば、帝国主義は日本から払拭すべき「世界の大勢に逆行する危険なる頑迷思想」の一つであり、それゆえ黎明会は朝鮮支配の問題にも関心を寄せた。本章の第2節で見たように、孫秉熙は「民族自決」が世界的風潮になることで「日本人の思想も変って来る事」に期待していたが、これはまったくの幻想ではなかったのである。

そうしたなかで起こったのが、二・八独立宣言とそれに続く三・一独立運動であり、黎明会はその直後の三月一九日の例会に朝鮮人留学生を招いている。この例会には崔承萬ら八名の留学生が参加し、朝鮮人が独立を望んでおり、朝鮮人の同化は不可能だという意見を述べた。三・一独立運動に参加している朝鮮人の生の声が新聞報道からは伝わらないなかで、吉野らにとって留学生たちから独立運動に対する意見を直接聞いたことの意義は大きかった。黎明会は六月に「朝鮮問題の研究」を主題とする講演会を開催し、朝鮮総督府の統治政策を批判したが、この講演会には朝鮮留学生も多数参加しており、彼らは批判に拍手で応えた。

以降、帝国主義に批判的な日本の知識人と朝鮮人独立運動家との交流が本格化していくことになる(93)。黎明会の三月一九日の例会はその幕開けであり、「自決」概念は一部の日本人と朝鮮人を思想的に結びつける役割を果たしていたのである。

自治論の台頭と消滅

朝鮮独立運動に理解を示した黎明会とは異なる立場から朝鮮と向き合ったのが、大日本平和協会である。

大日本平和協会は、渋沢栄一ら財界人、一九一二年から一五年まで東京市長を務めた阪谷芳郎ら政治家、そしてクリスチャンからなる、「世界の平和を保全し人類の幸福を増進する」ことを目的に掲げる平和運動団体である。この団体も三・一独立運動に関心を寄せ、運動がほぼ終息した五月から六月にかけて朝鮮に調査員を派遣し、官憲による過酷な弾圧の実情を明らかにする報告書を作成した。渋沢や阪谷らはこの報告書をもとに大日本平和協会の対応について話し合い、首相の原敬や朝鮮総督府に対し、武断政治に朝鮮人が不満を抱いたため「騒擾〔三・一独立運動〕」が勃発したとの認識を示し、統治方式の改善を要求した。ただし、大日本平和協会はこの運動が独立運動であることは理解しておらず、その一方で朝鮮人の独立運動を徹底的に弾圧する必要があることもあわせて進言している[94]。

また、具体的な時期は不明だが、大日本平和協会は朝鮮人留学生を招いて懇談会を開き、朝鮮に自治を与えることについて意見を求めている。これに対する留学生の回答は、「独立でなければいやだと席を蹴って退場」するというものだったという[95]。

実は、朝鮮を植民地として留め置きつつも、朝鮮半島に議会を設置するなどして統治は朝鮮人に委ねるという自治については、大日本平和協会に限らず、日本のメディアでも四月頃からそれなりに論じられていた。

三月末から四月にかけて万歳デモの件数が急増するなかで、『大阪朝日新聞』をはじめとする主要な新聞は、三・一独立運動の原因に武断政治に対する朝鮮人の不満があると認識するようになり、その善後策の一つとして自治を議論するようになったのである。もっとも、このとき新聞で議論されていた自治の内実とは、朝鮮人に統治を委ねることは想定されておらず、朝鮮人による諮問機関を設置し、朝鮮総督府が朝鮮人の意見を聴きながら統治するという形式的なものであった[96]。

一方、形式的なものではなく、将来的な独立をも念頭に置いて朝鮮人に自治を与えるべきだという主張も、なかったわけではない。第二章で登場した京都帝国大学教授で国際法学者の末広重雄は、その理由について、総合雑誌『太陽』の一九一九年七月号で次のように述べている。

英国は、愛蘭人の要求を無視して、之に自治を許さなかった為めに……過激なる独立派即ちシン・フエーン党が勢力を得て、愛蘭の形勢頗る不穏……予は、英国の愛蘭に鑑み、我国将来の安全の為めに、朝鮮人に自治を許さねばならぬと考ふる……[97]

つまり、万歳デモがアイルランドのような「不穏」な独立戦争に発展する前に、先手を打って朝鮮人に自治を与えたほうが、日本の治安の維持に有効だと考えたのである。イギリスのアイルランド支配は、朝鮮人と日本人の双方から、自らの置かれた状況と重ね合わせて注目されていたといえるだろう。

このように、日本では朝鮮の自治をめぐる議論がそれなりに盛り上がりを見せていた。しかし、九月に入ると一転してこの議論は紙面から姿を消す。

八月一二日、長谷川好道に代わって斎藤実が朝鮮総督に任命され、朝鮮統治政策に変化が生じたのである。斎藤は九月に入ると従来の武断政治から「文化政治」に統治政策を転換させ、朝鮮人の支配に対する不満をやわらげながら、その一方で同化も推進していく方針を示した。新聞を中心とした日本のメディアが自治を議論したのは、三・一独立運動の原因が武断政治にあると認識したことにあった。それゆえ、朝鮮総督によって武断政治の撤廃が示されたことで、自治について論じる必要がなくなったのである。

いずれにせよ、韓国併合と同時に推進されてきた武断政治はついに終わりを迎えた。これにより、三・一後の朝鮮独立運動のあり方も大きく変わっていくことになる。

5　尹致昊の三・一独立運動批判

三・一独立運動への協力の拒否

どれほど期待していたかには個人差があるにせよ、海外でも朝鮮半島でも、多くの朝鮮人がパリ講和会議での独立を目指して行動した。そうしたなかで、三・一独立運動を公然と批判したのが、一〇五人事件で転向を宣言して以降、独立運動から距離をとっていた尹致昊である。最後に、尹致昊の三・一独立運動への対応を論じて、本章を終える。

本章の第2節で述べたように、尹致昊は一九一九年一月に崔南善と宋鎮禹から独立運動の相談を受けていた。アイルランドが独立したという事実誤認もあって、朝鮮に「自決」権を与えるためにアメリカは日本と戦争する可能性さえあると述べる宋鎮禹に対し、尹致昊はその考えを全面的に否定する。

朝鮮が〔パリ講和〕会議で議題に挙がるとは思えない。朝鮮問題に介入して日本を立腹させるリスクを犯す国など、列強のなかには存在しない。そして、日本に朝鮮の独立を認めさせるためにアメリカが日本と戦争することなど、想像もつかない。(98)

このように尹致昊は国際情勢を冷静に分析し、「自決」概念にもアメリカにも一切期待しなかった。これが、彼が三・一独立運動に賛同しなかった第一の理由である。

一方、尹致昊は一月二八日に崔南善と面会した際、パリ講和会議で朝鮮独立の意思を伝えるため「ヨーロッパ旅行に行くように説得」されていた。その場で拒否することは控えた尹致昊だったが、翌日の日記で、崔南善のようにパリ講和会議にアピールすることが「朝鮮の独立に不可欠」と考える人物を

「バカ者！」と否定し、その理由を次のように説明している。

歴史上、闘わずして政治的な独立を手にした人種や民族は存在しない。朝鮮人が闘うことができない以上、独立について議論しても無駄だ。われわれは強者になる術を知らないのだから、弱者としていかに生きるかを学ばねばならない[99]。

一九世紀末にアメリカに留学して以来、「力」こそ「正義」を行動原理とする尹致昊にとって、独立とは与えられるものではなく、闘って勝ち取るものである。だが、朝鮮人に独立を勝ち取る実力はない。それゆえ、パリ講和会議に訴えかけるという他力本願な手段で「独立について議論」する前に、「弱者」である朝鮮人が「強者」である日本の統治下でどう生きるかを模索するべきだというのが、彼の考えだった。

こうした尹致昊の立場は、チェコスロヴァキアとインドに対する認識にもはっきりと表れる。チェコ人がオーストリアからの独立を果たしてチェコスロヴァキアを建国した要因について、一九一九年一二月二〇日の日記では、第一次世界大戦という絶好の機会を利用したことに加えて、マサリクをはじめチェコ人が十分な知的水準を備えており、朝鮮人とは異なり「有能な自治政府」を設立する準備ができていた点を挙げている[100]。つまり、チェコ人は「自決」を提唱するアメリカに一方的に依存するのではなく、自分たちで独立国家を運営するだけの実力を蓄えていたからこそ独立を果たしたというのである。

他方、ボースのように独立を目指す人物もいるものの、大戦で統治国イギリスに積極的に協力することで、イギリス帝国内での地位の向上を図る動きが見られたインドについては、朝鮮人の手本として高く評価する。一九一九年一月一六日の日記では「もしインド人が反英運動を試みていたら、今頃彼らは悲惨な境遇に置かれていただろう」と記し、朝鮮人もインド人を見習って「まず日本人の好意を得なければならない」と主張している[101]。

以上のように、尹致昊は朝鮮民族には独立を勝ち取り、独立国家を運営する実力が備わっていないと認識していた。だが、独立の展望が見通せない一方、朝鮮人は言論の自由をはじめとして、日本の支配によってさまざまな民族差別に苦しんでいる。そのため、独立運動よりもまずは「日本人の好意」を得て、「弱者」たる朝鮮人の地位を向上させることが先決だと考えたのである。

先述した国際情勢分析に加え、こうした朝鮮人の実力不足という認識により、尹致昊は三・一独立運動に協力しなかったのである。彼はネイションや民主主義には言及していないが、長くアメリカに留学していただけあって、「自決」権を手にするためには、それ相応の実力が求められることを、ある程度理解していたといえるだろう。

立場の表明

三月二日、尹致昊は『大阪毎日新聞』の取材で、前日に勃発した三・一独立運動に対する自身の立場を表明する。彼はパリ講和会議で朝鮮問題が議論される見込みはないこと、仮に独立が与えられたとしても、朝鮮民族は独立によって利益を得る準備ができていないこと、弱小民族が強大な民族のもとで生きていくためには、自身の身を守るために強者の好意を得ることが弱者にとって最善の策であること、ゆえに、群衆の「馬鹿げた」デモ行為は朝鮮総督府による武断政治の延長を招くだけだとして、三・一独立運動に反対した。次いで三月六日には朝鮮総督府の日本語の御用新聞『京城日報』の取材にも応じ

（掲載は三月七日）、そこでも同様の趣旨を述べた。[102]

尹致昊がこのように三・一独立運動を明確に否定したのは、「陳述に曖昧なところがあった場合、すぐさま当局から厳しい疑いの目をかけられる」と日記に不安を記しているように、[103] 一九一五年に恩赦によって出獄して以来、彼が朝鮮総督府の監視や圧力のなかで活動せざるをえなかったからである。しかし、取材で答えた内容自体は、三月一日以前から彼が日記に綴っていた内容と一致する。つまり、まぎれもない彼の本心だったのである。

尹致昊の談話は『毎日申報』にも朝鮮語訳が掲載され、多くの朝鮮人が目にすることとなった。そのため、彼は日本人から報酬をもらって運動を批判しているとみなされ、一部の独立運動家から暴力をともなう脅迫を受けるようになったという。[104]

朝鮮総督府の関係者との交渉

もっとも、三・一独立運動を批判したからといって、尹致昊が日本の支配に完全に従順だったわけではない。とくに朝鮮総督府が言論の自由をはじめ民族差別を行っていることについては、日記に「忌まわしい措置」であり「朝鮮人が共感できる統治」が必要だと記すなど、不満をあらわにしている。[105] そして、こういった状況を改善するために、彼は三・一独立運動を利用していく。

出獄後の尹致昊は、統治政策に対する意見を伝えるために、朝鮮総督府の関係者をはじめとする日本人と頻繁に会った。三月一日以降はとくに運動に対する意見を求められることが増え、彼は日本人と会うたびに、三・一独立運動の要因は朝鮮人の朝鮮総督府の政策に対する不満が背景にあることを指摘し、その改善策を提案した。たとえば、四月一八日には朝鮮軍司令官の宇都宮太郎と面会し、朝鮮人が統治に対する不満と要求を訴えることのできる機関を設置する必要があると提案し、五月一日にも朝鮮総督府内務部長官の宇佐美勝夫に対して、デモで逮捕された朝鮮人の減刑とともに、朝鮮人が総督府の政策に対する不満を表明できるような仕組みが必要だと進言している[106]。

このように尹致昊は、三・一独立運動の裏面で、朝鮮人が置かれている民族差別という状況を改善すべく朝鮮総督府の関係者と交渉を重ねていた。彼にとってそれは、独立するだけの実力をもたない朝鮮民族が、「弱者」として「生きる」ための現実的な手段であった。

次章で述べるように、海外の独立運動家のなかには、朝鮮民族が独立に値する民族であると国際社会で評価されるほどの実力を備えておらず、現実的にはパリ講和会議での独立は難しいと認識する人物も一定数いた。尹致昊の実力不足という認識が、当時、特異なものだったわけでは決してない。

しかし、実力不足を自覚するか否かにかかわらず、民衆がデモで独立万歳を叫び、また数多くの独立運動家がパリ講和会議での独立に向けてできる限りの手を打っている状況のなかで、三・一独立運動を公然と批判したのは、尹致昊がほぼ唯一である。それゆえ、独立を諦めて民族差別の改善を目指す彼の行動は、この時点では理解を得られず、むしろ運動の盛り上がりに水を差す反民族的な行為として映った。

それでは、尹致昊の予期した通りパリ講和会議で朝鮮の独立問題が黙殺されると、独立運動家たちはその現実をどのように受け止めていくのだろうか。次章では、三・一後の朝鮮独立運動の行方について見ていきたい。

第四章　朝鮮ナショナリズム――三・一後の独立運動の行方

1　大韓民国臨時政府というアピール

朝鮮ナショナリズムの変化

第一章から第三章では、一九一四年にはじまる第一次世界大戦を背景に朝鮮独立運動がグローバル化するなかで、三・一独立運動が勃発する過程について述べてきた。本章では、三・一独立運動後の数年間の運動を概観していきたい。韓国がその「建国」の起源として位置づけている大韓民国臨時政府が設立されたり、社会主義運動が次第に影響力を獲得したりするなど、今日の朝鮮半島情勢や韓国の歴史認識の問題を考えるうえでも、重要な時期となる。

三・一後の朝鮮独立運動は、それ以前と比べ、次の二つの点で大きく変化していく。一つはその舞台である。三・一以前の朝鮮独立運動は、朝鮮総督府の武断政治のため、海外が中心にならざるをえなかった。だが、三・一後に朝鮮総督府が統治政策を文化政治に転換させたことにより、朝鮮半島においてもある程度の独立運動が可能になる。その結果、他国・他民族との交流や交渉といった外交拠点としての海外の重要性は失われないものの、数多くの独立運動家が朝鮮に活動拠点を移していく。それにともない、次第に朝鮮半島が独立運動の中心になっていくのである。

もう一つの変化は、朝鮮の民族を一つに束ねて運動に動員するための論理、すなわちナショナリズムの性格である。朝鮮半島での独立運動の展開については第3節で詳しく述べることとして、まずは三・一までの朝鮮独立運動を、ナショナリズムの観点から振り返っておこう。

第一章で見たように、一九〇五年に大韓帝国が日本の保護国になると、朝鮮の知識人は愛国啓蒙運動を展開した。そこでは、大韓帝国の構成員としての意識が希薄な民衆の愛国心を涵養し、団結させることが目指された。一九一〇年の韓国併合によって国を失って以降も、上海では同済社が、ロシアのチタでは李光洙らが中心となって、民衆の民族意識の鼓吹に努めた。

つまり、朝鮮の抗日運動・独立運動は、他国・他民族に独立援助を請う交渉と並行して、民衆の民族意識を強固にして統合することも、一貫した課題だったのである。このことは独立運動家が民衆の民族意識の希薄さをいかに深刻に受け止めていたかを示すものでもある。たとえば、同済社の趙素昻は、三・一独立運動以前の状況について、「わが民族の団結性の欠如を慨嘆し、失望」していたと述べている[1]。では、独立運動家は民衆の「団結性」をどのような論理によって高めようとしたのだろうか。

李光洙はチタで自身が編集していた『大韓人正教報』第一一号(一九一四年六月)で、「いま仇敵(日本)」がわがもの顔に振る舞っているわれわれの丘や田畑は、われわれの祖先が血と汗を流して開拓したものであ」り、「わが国の文字と言葉は世界で最も美しく、すぐれている」。それらを守るためには、「日々、愛国心と学びの心を育み、誠意を尽く」す必要があると「一般同胞」に呼びかけた[2]。同済社の朴殷植も、一九一五年に刊行した『韓国痛史』の「緒言」で民族の「霊魂」を維持することの重要性を読者に説いたが、その際、「現在のわが民族はわれわれの祖先の血によって骨格が築かれており、祖先の魂によって勇敢さが備わっている」と述べている[3]。また、朝鮮半島では崔南善が一九一四年に創刊した『青春』で、朝鮮古来の文化の独創性を主張する論説を定期的に載せていた[4]。

要するに独立運動家や知識人は、言語や文化、先祖代々受け継がれてきた血縁関係といった先天的なエスニックな共通性を根拠に、民衆の民族意識を涵養しようとしていたのであり、エスニック集団としての朝鮮民族の結束を目指していたといえるだろう。

しかし、結果として民衆が朝鮮民族としての帰属意識を深めた最大の要因は、日本の支配だった。第三章で見たように、日本との友好的な関係を呼びかける三・一独立宣言書の意図とは裏腹に、民衆は日本の支配に対する不満を原動力として万歳デモを繰り広げた。日本人という他民族に支配され、生活を脅かされることで、民衆は自身が朝鮮民族であることを強く自覚するようになったといえる。こうした民衆の覚醒を、趙素昻は「わが民族以上に団結が強い民族はほかにはないことを、私は三・一運動で発見し」たと高く評価している[5]。

以上のように、三・一独立運動までの朝鮮ナショナリズムとは、エスニック集団としての朝鮮民族の結束を強固にするためのものというのが基本的な性格である。一方、第二章で述べたように、李光洙を含めて海外で活動する朝鮮人は「自決」原則、とくにウィルソンのそれに対応するなかで、新たに「ネイション」という概念に遭遇していた。そしてパリ講和会議で「自決」権を手にするためには、朝鮮民族が民主主義的国家の運営能力をもつ政治共同体であるネイションとして認知される必要があると、認識するようになった。

三・一独立運動後の朝鮮ナショナリズムは、この運動によって結束が強固になったエスニック集団としての朝鮮民族を、政治共同体としてのネイションに作り替えるものへと変化していく。その最初の作業が、大韓民国臨時政府の設立とその憲法にあたる大韓民国臨時憲章の制定である。

大韓民国臨時政府の設立準備

一九一九年三月下旬、呂運亨、李光洙、鮮于赫ら上海の新韓青年党のメンバーは、フランス租界の金神父路（現・瑞金二路）にあるフランス家屋を借りて「独立臨時事務所」を設置した。以降、一九一七年の「大同団結宣言」で朝鮮人による「総機関」の設立を提唱していた同済社の趙素昻や、朝鮮半島から上海に移動してきたキリスト教活動家など、数多くの独立運動家がこの事務所に集結する(6)。

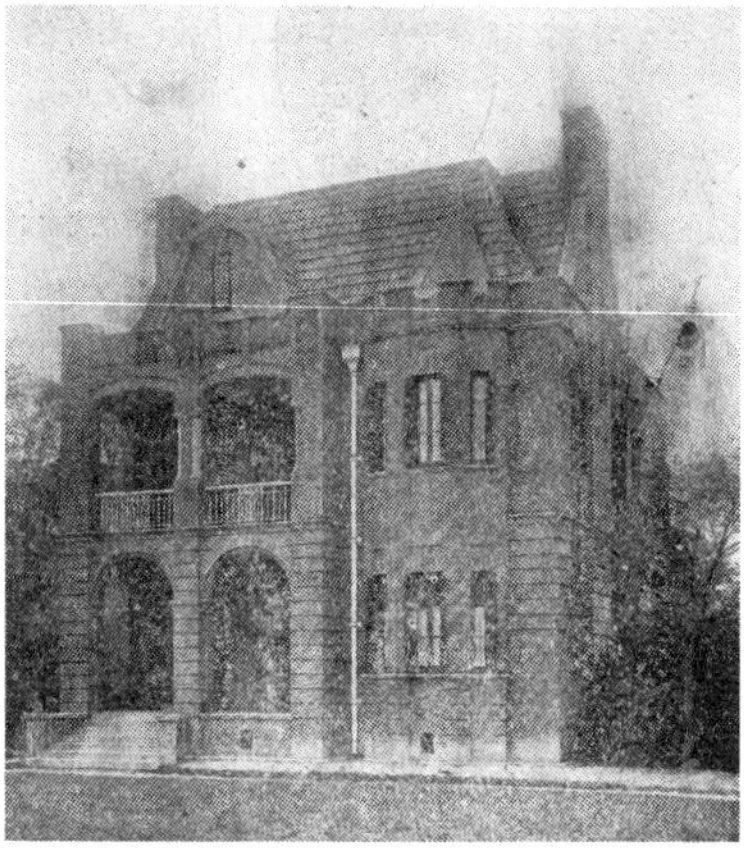

図４－１　1919年10月に撮影された大韓民国臨時政府の初代庁舎。金神父路の「独立臨時事務所」近くの「霞飛路321号」に建設され、1926年まで使用された。

独立臨時事務所では、大韓民国臨時政府の設立が急ピッチで進められた。のちに臨時政府の事業の一環として李光洙が中心となって編纂した『韓日関係史料集』（一九一九年九月）によれば、その理由の一つは「国民的統一の関係」、すなわち三・一独立運動によって深まりつつあった朝鮮民族の結束をさらに強固なものとするため、「政府を速やかに組織」する必要があると考えたからだという。しかし、臨時政府の設立を急いだ最大の理由は、「パリの代表への信任が緊急」だったからである(7)。

「パリの代表」とは新韓青年党の代表としてパリに派遣された金奎植を指す。第二章第1節で見たように、「大同団結宣言」は「国家のような権威」をもつ「総機関」をつくることができれば、諸外国からの信用が得やすくなると主張していた。だが、金奎植は新韓青年党という小さな独立運動団体の代表にすぎず、すでに三月一三日にパリに到着していた。したがって、パリ講和会議の会期中（一九一九年一月から同年六月にヴェルサイユ条約が調印されるまで）に金奎植がアメリカをはじめとする連合国の首脳との独立に向けた交渉を少しでも有利に進められるよう、できる限り早期に大韓民国臨時政府を成立させ、彼をその代表として信任する必要があったのである。それゆえ、大韓民国臨時政府はパリ講和会議、とりわけアメリカを強く意識して設立されることになる。

大韓民国臨時憲章

一九一九年四月一一日、大韓民国臨時政府はその設立と同時に、以下のように一〇ヵ条からなる大韓民国臨時憲章を宣布した。

第一条　大韓民国は民主共和制とする。
第二条　大韓民国は臨時政府が臨時議政院の決議によって、これを統治する。
第三条　大韓民国の人民は男女、貴賤および貧富の階級が無く、一切平等である。
第四条　大韓民国の人民は信教、言論、著作、出版、結社、集会、住所、移転、身体および所有の自由を享有する。
第五条　大韓民国の人民として公民の資格がある者は選挙権および被選挙権を有する。
第六条　大韓民国の人民は教育、納税および兵役の義務がある。
第七条　大韓民国は神の意思によって建国した精神を世界に発揮し、ひいては人類の文化および平和に貢献するために国際連盟に加入する。

第八条　大韓民国は旧皇室〔大韓帝国時代の皇帝一族〕を優遇する。
第九条　生命刑、身体刑および公娼制を全廃する。
第一〇条　臨時政府は国土回復後、満一個年内に国会を召集する。(8)

大韓民国臨時憲章には、言語や文化、あるいは血縁といったエスニックな共通性を示す文言は一切書かれていない。「大韓民国の人民」は、男女の別や貧富の差がなく平等であり（第三条）、選挙権を含むさまざまな権利、換言すれば基本的人権をもち（第四条、第五条）、国際社会の一員であることを自覚し（第七条）、「民主共和制」という政治理念・体制を共有する集団として定義されている。つまり、大韓民国臨時憲章は、朝鮮独立運動においてはじめて、朝鮮民族をエスニック集団ではなく政治共同体であるネイションとして具体的に定義しようとした文書なのである。

では、大韓民国臨時憲章はどのようにして作成されたのだろうか。第二条の「臨時議政院」とは、実際は独立運動家による会合にすぎないが、大韓民国臨時政府の議会に見立てるためにこのような名称が付けられた。この臨時議政院の最初の会議が四月一〇日の午後一〇時から開会し、臨時政府の正式名称と臨時憲章の内容について夜を徹して議論した結果、翌一一日の午前一〇時に閉会し、大韓民国臨時政府の設立と大韓民国臨時憲章の制定が正式に表明された。(9) その際、議論の下敷きとなったのが、趙素昻や李光洙らが中心となって四月一〇日付で起草した英文の憲法草案“The Provi o《ママ》 sional Constitution of the Republic of Korea”である。(10)

この英文の憲法草案は、会議で追加されることになる大韓民国臨時憲章の第二条、第六条、第八条を除いた七ヵ条で構成されている。それらの内容は草案と大韓民国臨時憲章でほぼ一致するが、唯一の大きな違いは、前者の第一条が「朝鮮の共和国は、アメリカ合衆国にならって民主的政治を採用する〔The Republic of Korea adopts the democratic Government after that of the United States of America〕」とされていることである。最終的に「アメリカ合衆国にならって」という文言が削除され、「民主的政治」が「民主共和制」に変更されたものの、大韓民国臨時憲章はアメリカを参考にして作成されたのである。

実際、大韓民国臨時憲章が謳う基本的人権の尊重はアメリカ独立宣言の精神であり、第二条が定める信教、言論、出版、集会の自由も、アメリカ合衆国憲法の修正第一条と共通する。一方、大韓民国臨時憲章は第三条で男女の平等を掲げ、第五条ですべての「人民」が選挙権をもつとしているが、アメリカで女性参政権が認められるのは一九二〇年のことである（修正第一九条）。近年、韓国ではこの点を根拠に、大韓民国臨時憲章の先進性を高く評価する傾向が強まっている。[11]ただ、先進的だったのは事実だとしても、一九一九年当時に先例がなかったわけではない。アメリカの協力を得て独立を果たしたチェコスロヴァキアが、すでに似た内容の憲法を制定していた。

チェコスロヴァキアの初代大統領となるマサリクらは、一九一八年一〇月に独立宣言書を発表した。宣言書は民主主義をはじめとするアメリカ独立宣言に表現されている原則を尊重すると誓ったうえで、チェコスロヴァキアの憲法の概要を紹介している。そこには、「共和国」であることや、言論、出版、集会、宗教などの「完全な自由を保障する」ことと並んで、女性参政権も挙げられていたのである。[12]

第二章で述べたように、ウィルソンの提唱する「自決」権を手にしたチェコスロヴァキアは朝鮮人にとって憧れの存在であり、とくにロシアのニコリスクの大韓国民議会に多大な影響をおよぼしていたが、上海の臨時政府の関係者もチェコスロヴァキアの動向に関心を寄せていた。少しのちの記録だが、一九一九年一二月、チェコスロヴァキア軍団の少将のガイダは、シベリアから帰国する途中で上海に立ち寄った。このことを知った呂運亨と李光洙らはガイダと何回か面会し、朝鮮の「独立完成の日は決して遠くはない」と励まされている。[13] 大韓民国臨時憲章がアメリカのみならず、アメリカの働きかけによって独立したチェコスロヴァキアの憲法も参考にして作成された可能性は十分にあるだろう。

「大韓民国」の由来

臨時政府の正式名称もアメリカと無関係ではない。四月一〇日の時点で"The Provisional Government of the Republic of Korea"という英語名は決まっていたが、同日から開催された臨時議政院の会議では、"Korea"と"Republic"をどう朝鮮語に翻訳するかで意見が分かれた。会議に参加した呂運弘《ヨ・ウンホン》(呂運亨の弟)の回想によれば、前者については、「朝鮮」、「高麗」、「大韓」が候補として挙がり、朝鮮は大韓帝国時代に滅びたため、日本から独立するという意思を示すために、あえて「大韓」を採用した。後者については、「共和国」という意見も出たものの、辛亥革命によって共和制国家となった中華民国になぞらえて、「民国」を採用したという。[14]

一方、英文の憲法草案の作成に関わった趙素昂の回想によれば、「大韓」を採用した理由については、「異族〔日本〕の亡国〔侵略〕行動に対する反抗として『朝鮮』を拒絶」したと述べており、呂運弘の回想とほぼ一致する。しかし「民国」については、「民主国の意味であり、いわゆる民主国というのは君主政治に対立する名詞であり、フランス・アメリカなど共和国でまず採用された制度です……民国というものは、民主政治を採用する国家の縮小名詞です。民主政治というのは、デモクラシーの訳」だと説明している。[15] つまり趙素昂によれば、中華民国よりもアメリカおよびフランスを、君主を置かない政治体制の共和国(Republic)よりも政治理念である民主主義(Democracy)を意識して「民国」を採用したというのである。その意味では、英文の憲法草案の「アメリカ合衆国にならって民主的政治〔democratic Government〕を採用する」という文言は、起草に携わった彼の立場をよく示すものだといえるだろう。最終的には会議でこの文言は修正されたものの、大韓民国臨時政府と大韓民国臨時憲章は、アメリカを参考にして設立、制定されたものだった。先述したように、大韓民国臨時憲章は朝鮮独立運動においてはじめて、朝鮮民族がどのようなネイションなのかを具体的に定義したものだが、それは民主主義や基本的人権といったアメリカが重視する理念によって統合された政治共同体だったのである。

大韓民国臨時政府の人事

さらに、アメリカに対するこうした意識は、大韓民国臨時政府の人事にも反映されている。臨時議政院の会議では臨時政府の組織構成についても議論され、組織のトップにあたる国務総理に李承晩（のちに大統領に職位が変更される）、内務大臣にあたる内務総長に安昌浩、外務大臣にあたる外務総長に金奎植が選出された。

この三人はいずれも、当時、上海にいなかった。これまで見てきたように、李承晩と安昌浩はアメリカで活動する著名な独立運動家である。とくに李承晩はプリンストン大学で政治学の博士号を取得するなど、朝鮮人きってのアメリカ通であった。また、外交ではなく朝鮮人自身の実力養成を重んじていた安昌浩とは対照的に、李承晩はウィルソンに独立請願書を送るなど、アメリカとの交渉を何よりも重視していた。臨時議政院の議事録には人事の理由について書かれていないが、おそらくはアメリカと交渉することを念頭に置いて、李承晩を組織のトップに据えたものと考えられる。

また、先述したように大韓民国臨時政府を急いで設立した理由は、パリにいる金奎植をその代表に

「信任」するためであった。つまり、彼を外務総長に選出したのはパリ講和会議での独立交渉を念頭に置いた人事であり、大韓民国臨時政府は四月一三日に金奎植に宛てて外務総長に加え、「専権大使」としての信任状を発送している[16]。

以上のように、大韓民国臨時政府は、その設立経緯から憲法にあたる大韓民国臨時憲章の制定、そして人事にいたるまで、パリ講和会議とアメリカを強く意識していたことを特徴とする。臨時憲章が民主主義や基本的人権を謳った背景には、当然ながら独立運動家がこれらの理念に共鳴したこともあったはずである。しかし同時に、新韓青年党の独立請願書や二・八独立宣言と同じく大韓民国臨時政府もまた、パリ講和会議で、とりわけアメリカに朝鮮民族がネイションであることをアピールするための材料でもあったのである。

パリでの挫折

だが、独立運動家の期待を一身に背負ってパリに到着した金奎植を待っていたのは、厳しい現実だった。

まずウィルソンは、「不完全国家が講和会議に参加することはきわめて望ましくない」と考えていた。そのため、金奎植は当然ながら講和会議に参加できず、会議の外から書簡を送るなどしてアメリカをはじめとする各国の要人に独立を陳情するしかなかった。アメリカの議員のなかには朝鮮の境遇に同情を寄せる人物もいたが、具体的な協力を得ることはできず、ウィルソンとの面会も叶わなかった[17]。

加えて、朝鮮の独立に対する国際社会の評価も厳しいものがあった。たとえば、三・一独立運動は世界的に報道されたが、『ニューヨーク・タイムズ』紙はこれに関する一九一九年三月二〇日付の社説で、朝鮮が日本の手に落ちたのは朝鮮人の「自治能力が欠如」しているからであり、日本による「文明的支配」を継続し、段階的に朝鮮人を自治に向かわせることが世界の利益になると主張している[18]。

こうした状況に直面して、金奎植はパリ講和会議で独立を達成することを諦める。大韓民国臨時政府が設立される前の四月五日、彼は講和会議に「日本が監督の一員ではないという条件のもと、朝鮮は一定試験期間のあいだ、自らを国際的監督に委ねることを望む」と記した書簡を送付している[19]。

この「国際的監督」とは、「自決」と並ぶパリ講和会議の重要議題となった国際連盟の委任統治制を指す。国際連盟はウィルソンが第一次世界大戦後の国際平和構想の一つとして提唱したものであり、ヴェルサイユ条約によって成立し、一九二〇年から正式に発足する。第二章で述べたように、ウィルソンは独立を目指す民族を民主主義の自治能力の「成熟」の度合いによってネイションとピープルに区別していたが、こうした諸民族を自治能力によって序列化するという発想は委任統治制にも反映されている。国際連盟は優れた文明をもつ国がそうでない国や民族を援助するという考え方にもとづいて委任統治を実施したが、統治する地域の文明の発展の程度によってA、B、C式に区別し、委任統治される民族の自治の度合いに差異を設けたのである[20]。

つまり、国際的に諸民族が序列化されていくなかで、金奎植は朝鮮の即時独立を諦め、日本以外の文明国に朝鮮を独立へと導いてもらう道を選んだのである。彼の行動は、朝鮮民族が独立に値するだけの「文明」や自治能力を有していないこと、換言すれば「自決」権を与えられるにふさわしいネイションではないことを、パリ講和会議に向けて宣言したに等しかった。

以降、金奎植は大韓民国臨時政府の代表としてアメリカとの交渉を続けるものの、国際連盟の委任統治を含め、何ら成果を挙げることのできないまま、講和会議終了後の一九一九年八月にパリを離れたのであった。

ただ、この結果は、金奎植に限らず大韓民国臨時政府の内部で、ある程度予期されたものではあっただろう。たとえば、ウィルソン宛の独立請願書で朝鮮民族に民主主義的国家を運営する能力があることを宣言した呂運亨は、アメリカ人記者のミラードに請願書を託した際、講和会議で朝鮮問題が議論される可能性はわずかだろうという感想を聞かされていた。[21] 同様に二・八独立宣言書を起草した李光洙も、臨時政府を設立する少し前に、三・一独立運動を報道した上海の英字新聞『チャイナプレス』の記者を接待したが、その際、「今後は教育と産業によって独立の実力を養いなさい。私の見たところ、現在の君たちの力では日本を追い出して独立する力はないと思う」と告げられている。[22] さらに、臨時政府の内務総長に選出された安昌浩は、「大戦の終結とわれらのすべきこと」という演説で、パリ講和会議で「自決」権が与えられる可能性は低く、民族の実力を高めることこそ「われらのすべきこと」だと述べている。[23]

朝鮮民族が独立するにふさわしいネイションであると威勢よくアピールすることと、独立運動家自身が本気でそのように考えていたかは、別問題だった。『ニューヨーク・タイムズ』の報道やアメリカ人記者からの意見など、パリ講和会議での独立承認を楽観視しえない材料はいくらでもあり、朝鮮民族が国際社会から独立に値するネイションとして評価されていないことを察知していた独立運動家も、大韓民国臨時政府の内部に一定数いたのである。

また、パリ講和会議で朝鮮問題が議論されなかったのは、そもそもこの会議が戦勝国の植民地に手をつけることを想定していなかったことに加え、尹致昊が予期していたように、「五大国」の一つとなった日本との外交摩擦を避けるためでもあった。つまり朝鮮民族のネイションとしての資質だけが問題で

図4－2 『韓日関係史料集』を作成した大韓民国臨時政府臨時史料編纂委員の集合写真。前列中央が李光洙、後列中央が安昌浩。

はなかったのだが、国際連盟の委任統治を要求した金奎植の行動が端的に示すように、一部の独立運動家はこの点を重く受け止めた。

それゆえ、パリ講和会議が終了して以降も、独立運動家がアメリカや国際連盟（ただし、アメリカは不参加）に失望したり非難したりすることはほとんどなく、むしろ期待をもち続けた。たとえば、先述した『韓日関係史料集』も、国際連盟に日本の植民地支配と朝鮮独立運動の現状を訴える目的で作成されたものである。また、一九二〇年八月にアメリカ議員団が上海を訪れた際には、臨時政府を代表して呂運亨が接待し、朝鮮独立の支援を求める覚書を手渡している[24]。

したがって、パリ講和会議の結果は、朝鮮民族が独立に値するネイションではないという国際社会の評価を、独立運動家が再確認し、広く共有していく契機となったといえるだろう。そしてこうした認識を背景として、第3

節で述べるように、彼らはさまざまな面で民衆を啓蒙していくことになる。

それと同時に、独立運動家にとってパリ講和会議は、アメリカと国際連盟の支援のみに期待することの限界も認識する契機となった。講和会議終了後、大韓民国臨時政府は独立を支援してくれる可能性のある勢力との幅広い連携を模索し、新たに共産主義にも接近していく。

2 共産主義運動の台頭——臨時政府と二つの高麗共産党

第二インターナショナルからソヴィエト・ロシア、コミンテルンへ

一九一九年五月、趙素昻は上海からパリに移動し、スイスのチューリッヒに留学経験のある李灌鎔《イ・グァニョン》とともに大韓民国臨時政府の一員として金奎植をサポートした。講和会議終了後、趙素昻と李灌鎔はスイスに向かう。第二インターナショナルの平和会議に出席するためであった。

第二章第1節で述べたように、趙素昻も作成に関わった「大同団結宣言」では、第二インターナショナルを滅亡した国の復活を支援する団体として高く評価していた。また、第二インターナショナルは第一次世界大戦の勃発とともに実質的に瓦解したが、中立国の社会主義者はペトログラード・ソヴィエトと共同で社会主義者の平和会議であるストックホルム会議を開催しようとしており、同済社は「朝鮮社会党」名義で電報を送り、朝鮮独立への支援を陳情していた。

第一次世界大戦の終結後、第二インターナショナルは活動を再開し、一九一九年八月二日から九日にかけて、スイスのルツェルンで平和会議を開催することを決めた。パリでこの計画を知った李灌鎔は、主催者にかつてストックホルム会議に朝鮮人が参加予定だったことと、朝鮮人の参加と大会での発言権

図４－３　パリに集まった大韓民国臨時政府の代表団。前列の左端が金奎植、右端が呂運亨の弟の呂運弘。後列の右から２人目が李灌鎔、３人目が趙素昻。趙素昻と李灌鎔は、このあとスイスに向かった。

を許可してほしいとの要望を書簡で伝え、ルツェルン大会に趙素昂とともに「朝鮮社会主義者集団代表〔representative of the Korean socialists party〕」として出席することになった。[25]

八月八日、趙素昂は「朝鮮の独立」という文書を会議に提出し、世界中の被抑圧民族はパリ講和会議に期待したが、「一四個の約束の一つ」である「自決」の問題はいまだ実現しておらず、社会主義者に助けを求めるのはごく自然の成り行きであると訴えた。そのうえで、「新たに設立された朝鮮の政府は、ボリシェヴィズム〔共産主義〕とは別の社会主義者の理想と本質的に調和する方針を宣言した」と主張している。[26] たしかに大韓民国臨時憲章は「貧富の階級」を認めないとしていたから、この主張はまったくの嘘ではない。だが、臨時憲章が資本主義国家であるアメリカとパリ講和会議へのアピールとして作成されたことを踏まえれば、「社会主義者の理想と本質的に調和する方針」が相当に誇張した表現であることは明らかである。趙素昂が「朝鮮社会主義者集団代表」を名乗ったことも含めて、臨時政府は事実を捻じ曲げて社会主義者からの支援を引き出そうとしたのである。

その甲斐もあって、大会最終日の八月九日、第二インターナショナルは朝鮮の独立を支持することを決議した。しかし、大韓民国臨時政府にとってはじめて国際団体の支援を獲得したことにはなったが、現実的影響にはあまり期待がもてなかった。活動を再開したとはいえ、第二インターナショナルは世界の社会主義運動のなかで影響力が著しく低下しており、一九二〇年七月のジュネーヴ大会を最後に解散してしまうのである。

当時、世界の社会主義運動を主導していたのは、革命によって共産主義国家となったソヴィエト・ロシアの政権を掌握しているレーニン率いるボリシェヴィキ（当時の正式名称は「ロシア共産党（ボリシェヴィキ）」だが、本書ではボリシェヴィキと記す）である。ボリシェヴィキは、世界規模で共産主義革命を起こすためには植民地の民族を解放させる必要があると考え、コミンテルンを設立し、実行に移していた。コミンテルンとは一九一九年三月にボリシェヴィキが中心になってモスクワで設立した、世界規模で共産主義運動を促進させるための指導機関であり、第二インターナショナルに続く社会主義者の国際団体であることから、第三インターナショナルとも称される。

大韓民国臨時政府はアメリカと国際連盟への期待と並行して、ソヴィエト・ロシアとコミンテルンにも支援を求めるようになった。これは、趙素昂が第二インターナショナルに提出した文書でその影響を否定していた「ボリシェヴィズム〔共産主義〕」にほかならないのだが、実際、臨時政府の創設メンバーのなかにボリシェヴィキとつながりのある者はいなかった。そこで臨時政府は、ボリシェヴィキからの支援を引き出すために、ある人物に接近する。独立運動の重鎮であり、韓人社会党という朝鮮人による最初の共産主義組織を設立した李東輝である。

李東輝の入閣

第二章第7節で述べたように、李東輝がいち早くボリシェヴィキと提携することを決めたのは、それが朝鮮独立の近道であると認識するとともに、赤軍というかたちで武装する機会でもあったからである。一九一八年九月に白軍によって極東地方ソヴィエトが陥落すると、韓人社会党のメンバーは四散し、李東輝は満洲に逃亡した。彼の満洲での活動の内容はよくわからないが、一九一九年の春にロシア極東に戻ると、大韓国民議会と非公式ながら協力関係を結ぶことになった。

ロシア極東での生活の安定を何よりも重視する帰化朝鮮人を中心に結成され、パリ講和会議での独立を目指した大韓国民議会と、ロシアに亡命した独立運動家で、ボリシェヴィキを支持して講和会議には一切期待しなかった李東輝とでは、立場が大きく異なる。にもかかわらず両者が提携したのは、とくに朝鮮人による政府であることを標榜する大韓国民議会側が、大韓民国臨時政府との競合を意識して味方を増やそうとしたからである[27]。

朝鮮人の臨時政府がロシア極東と上海の両方に存在するという状況は、国際社会に独立を訴えかけるうえで望ましくない。そこで、大韓国民議会と大韓民国臨時政府は一九一九年五月から統合に向けた交渉を開始する。大韓民国臨時政府側はアメリカから上海に到着した内務総長の安昌浩が中心となり、李東輝は大韓国民議会側の代表の一人として交渉に参加した。交渉は新たな臨時政府をどこに置くかで難航したが、八月三〇日、大韓国民議会は上海の大韓民国臨時政府に合流することを決め、解散した。

大韓国民議会が譲歩したのは、大韓国民議会と大韓民国臨時政府のメンバーが対等になるかたちで上海の臨時政府の組織構成を再編するという条件が交渉によって受け入れられたからであった。しかし実際は、大統領の李承晩に次ぐ組織のナンバー2として李東輝が国務総理に就任したことを除けば、大韓民国臨時政府の組織構成は変わらなかった[28]。大韓国民議会の元メンバーにしてみれば、上海の大韓民国臨時政府と李東輝に約束を反故にされたことになり、その後の独立運動の展開に禍根を残した。

上海派高麗共産党

朝鮮人の唯一の臨時政府となった大韓民国臨時政府でナンバー2の地位を手にした李東輝は、すぐに各地に散っていた韓人社会党のメンバーを上海に結集し、党の活動を再開させる。李東輝は自らが仲介役となってボリシェヴィキと大韓民国臨時政府の関係を樹立することで、多くの独立運動家からなる臨時政府を基盤とする共産主義運動の展開を目指した[29]。そして、韓人社会党のメンバーを次々と臨時政府の要職に就かせるなど、影響力を増大させていった。

韓人社会党はまず、党独自の動きとして、モスクワに朴鎮淳《パク・チンスン》を派遣した。一九一九年一二月に開催されるコミンテルンの幹部による会議で、韓人社会党のコミンテルン加盟を申請することが目的であった。無事にモスクワに到着して会議に出席した朴鎮淳は、コミンテルン加盟の承認を得ることに成功し、韓人社会党は朝鮮人初のコミンテルン傘下の組織となった[30]。

一方、こうした動きと並行して、大韓民国臨時政府では、ソヴィエト・ロシアに独立運動に対する援助を求めることを目的として、首都のモスクワに特使を派遣することが話し合われていた。李光洙が起草した二・八独立宣言に「正義と自由と博愛とを基礎とする新国家」と記されていたように、臨時政府内ではソヴィエト・ロシアに対する期待は大きく、呂運亨も「朝鮮の独立に対しても助力を惜しまないだろう」と考えて特使を派遣したとのちに回想している[31]。当初は呂運亨も特使の候補になっていたが、最終的には韓人社会党員の韓馨権《ハン・ヒョングォン》が特使に決まり、一九一九年一〇月に派遣された。

朴鎮淳と韓馨権はモスクワで合流し、ボリシェヴィキから当面の活動資金として四〇万ルーブルの提供を受けた。しかし、資金は朴鎮淳によって一九二〇年一二月に上海に持ち帰られたが、韓人社会党はこれを独占し、一九二一年一月には李東輝が大韓民国臨時政府を脱退した。そして同年五月、李東輝は韓人社会党を高麗共産党に改組する。つまり彼は、共産主義運動に大韓民国臨時政府を活用することを放棄したのである。

李東輝の高麗共産党は、一般的に「上海派高麗共産党」と呼ばれる。実は当時、ロシアのイルクーツクにも高麗共産党が設立されていた。

イルクーツク派高麗共産党

李東輝と大韓民国臨時政府に裏切られたロシア極東の大韓国民議会の元メンバーは、一九一九年一二月、その再建に着手した。一九二〇年九月、大韓国民議会は声明書を出し、パリ講和会議は「帝国主義の見地」により開かれたため、連合国は朝鮮問題に関しては日本の「忠臣」であった。それゆえ、「国民権利主義」の実現と「階級差別」の撲滅を掲げる「労農露国〔ソヴィエト・ロシア〕に於いてのみ我国民の救済は明瞭に看取するものなり」と、ボリシェヴィキ支持をはじめて宣言した(32)。

帰化朝鮮人で構成される大韓国民議会の最大の目的は、常にロシア極東の朝鮮人社会の安定にある。大韓国民議会は、かつてはボリシェヴィキの赤軍と反革命派の白軍のどちらを支持することが有益なのか決めかね、さらにはシベリアに日本軍が出兵して朝鮮人社会の安定が脅かされるという状況のなかで、パリ講和会議に望みを託した。しかし、講和会議では朝鮮の独立も日本軍の撤兵も実現しなかった。しかも、日本軍によって大韓国民議会のニコリスクの拠点が弾圧され、アムール州のブラゴヴェシチェンスクへの移転を余儀なくされる状況になっていた(33)。その一方で、ロシア内戦は日本と対立するボリシェヴィキの勝利で終わりを迎えつつあった。つまり、大韓国民議会はボリシェヴィキと運命をともにすることが、朝鮮人社会の安定につながると判断したのである。

その後、大韓国民議会は共産党の設立に向けて動き出し、一九二一年五月、東シベリアのイルクーツクで高麗共産党を結成する。ロシア内戦の過程でボリシェヴィキに入党する帰化朝鮮人が増えており、ボリシェヴィキ内の朝鮮人部隊がイルクーツクに置かれていた。大韓国民議会はこの朝鮮人部隊と合流したため、イルクーツクで高麗共産党を設立することとなった。それゆえ、一般的にイルクーツク派高麗共産党と呼ばれる。

このように、上海派とイルクーツク派のいずれもが一九二一年五月に高麗共産党を設立したのは、翌六月にコミンテルンの第三回大会が開催されることになっていたからである。当時、「共産党」とは単純に共産主義を志向する党を指すのではなく、コミンテルンからその各国・各地域の支部として承認された組織を意味していた。すなわち、六月の第三回大会でコミンテルンから朝鮮共産主義運動を率いる朝鮮人による唯一の「共産党」として承認を受けることを期待して、両派の高麗共産党はその直前の五月に設立されたのである。

以降、李東輝ら独立運動家を中心とする上海派と帰化朝鮮人を中心とするイルクーツク派の二つの高麗共産党が熾烈な勢力争いを繰り広げながらも、朝鮮共産主義運動は本格化していくことになる。

左右分裂の起点

ここまで見てきたように、一九一九年四月に設立されて以降、大韓民国臨時政府が最も精力を傾けたのは外交であり、アメリカ、国際連盟、第二インターナショナル、そしてソヴィエト・ロシアと、資本主義国か社会主義国かを問わず、幅広く独立への支援を求めた。だが、外交以外の活動は総じて不振であり、目立った活動といえば、安昌浩と李光洙によって機関紙『独立』（のちに『独立新聞』に改称）が一九一九年九月に創刊された程度であった。

図4－4　上海に到着した李承晩の歓迎会。1920年12月28日に開かれた。右から2人目が申圭植、3人目が朴殷植、4人目が安昌浩、5人目が李承晩、6人目が李東輝。この歓迎会からほどなくして、李東輝は大韓民国臨時政府を脱退した。

とりわけ、パリ講和会議へのアピールとともに目指された「国民的統一」、すなわち大韓民国臨時政府を軸として朝鮮民族を束ねるという目的は、まったくといっていいほど実現できなかった。まず、臨時政府は大韓国民議会との統合に失敗したため、ロシアの帰化朝鮮人に対して影響力をもつことができなかった。加えて、臨時政府は内部でも深刻な対立を抱えていた。一九二一年一月に韓人社会党を率いる李東輝が脱退したのも、李承晩との確執が原因である。

大韓民国臨時政府の設立と同時に本人不在のまま組織のトップである大統領（最初は国務総

理）に推戴された李承晩は、一九二〇年一二月になってようやく上海に到着した。彼は臨時政府に合流するや否や、臨時政府を共産主義運動に活用しようとする李東輝の方針に強く反発した。これが原因で、その翌月に李東輝は国務総理の役職を辞し、臨時政府を脱退したのである。さらには一九二一年四月に金奎植、五月に安昌浩が相次いで臨時政府から脱け、李承晩も臨時政府に籍を置いたまま同月にアメリカに帰国し、以降、上海に戻ることはなかった。こうして、大韓民国臨時政府は設立から約二年で首脳陣が不在となり、もはや朝鮮人を代表する組織として機能しなくなったのである。[34] 李光洙も内部抗争に明け暮れる臨時政府に見切りをつけ、海外ではなく朝鮮半島で独立運動を行うため、同年三月に京城に戻っている。[35]

本章の第1節で述べたように、大韓民国臨時政府は、朝鮮民族がアメリカをモデルとするネイションであることを示そうとしたという点で、朝鮮ナショナリズムにおける画期だといえる。しかし実際は、朝鮮の民衆を束ねることはもちろん、内部対立によって朝鮮独立運動を統括することさえできなかった。大韓民国臨時政府と袂を分かった李東輝と大韓国民議会がそれぞれ上海派とイルクーツク派の高麗共産党を結成したことを踏まえれば、むしろ臨時政府は、朝鮮独立運動が左右に分裂していく起点だったといえるだろう。

3　朝鮮半島における独立運動の展開と分裂

文化政治――朝鮮統治政策の転換

三・一後、いよいよ朝鮮半島でも独立運動が本格化していく。本章の冒頭で述べたように、その背景には朝鮮総督府の統治政策の変化がある。

一九一九年八月に朝鮮総督に任命された斎藤実は、翌月から武断政治を廃止し、文化政治という新たな政策を実施する。三・一独立運動のような大規模な運動が繰り返されぬよう、文化政治では日本の支配に対する朝鮮人の不満をやわらげると同時に、同化も推進することが目指された。その端的な例が教育政策である。

武断政治期の朝鮮人の学校は日本人に比べて修業年限が短く設定されていた。それに対する不満が万歳デモに学生たちが参加する一因になっていたが、文化政治期には修業年限が日本人と同じ長さになり、教育の差別的政策はある程度改善された。しかし同時に、武断政治期に比べて朝鮮語の授業時間が削減される一方、日本語の授業が増加したのである。

文化政治期の朝鮮人に対する差別的政策の緩和は、教育だけではなく、言論、集会、結社の自由もある程度容認された。その結果、一九二〇年に入ると朝鮮半島内で朝鮮人による新聞、雑誌が数多く刊行されたり、各種の団体が結成されたりすることになる。海外に亡命しないと民族意識を鼓舞するような出版物を発行できなかった時代は、ついに終わりを迎えたといえる。

とはいえ、朝鮮総督府は独立運動に対する監視や弾圧の手を緩めることはなかった。武器を集めて武装闘争を展開することは依然として難しく、言論の自由がある程度認められたといっても、厳しい検閲のため発禁処分となることも多く、朝鮮の独立を露骨に主張するような言論は事実上封じられた。それでも、韓国併合以来はじめて本格的に言論活動ができるようになったため、多くの独立運動家や知識人が海外から朝鮮に戻ることとなる。

『東亜日報』の創刊

三・一後の朝鮮半島内の独立運動は、日本とすぐに対決するのではなく、民衆に対する啓蒙を通して、朝鮮民族が独立を果たすための実力を高めることが中心となった。その理由は、それが文化政治下の朝鮮で展開しうる最も現実的な運動だったことに加えて、先述したように趙素昻が三・一独立運動に参加した民衆を高く評価したことをはじめとして、民衆が民族意識に目覚めたと独立運動家や知識人が認識したことが大きい。三・一独立宣言書の起草によって収監された崔南善も、釈放後の一九二二年に、「民衆自身の自助的活動」によって「完全な意味での『民族』というものを追求」したことこそ、「三一事件の歴史的意味」だと述べている(36)。

崔南善のいう三・一独立運動によって追求された「民族」とは、本章の第1節で述べたようにエスニック集団としての朝鮮民族だが、これを政治共同体としてのネイションに転換するべく、民衆を対象とする啓蒙活動が展開していく。その中心を担ったのが、『東亜日報』である。

『東亜日報』は一九二〇年四月一日に創刊された朝鮮人の経営による最初の新聞であり、現在も韓国で主要新聞の一つとして発行が続いている。創刊時の主筆には、一九一〇年代に日本で新亜同盟党に参加し、上海では呂運亨とともに新韓青年党を結成した張徳秀が就任した。そのほか、論説班の一員として新亜同盟党のメンバーだった金明植《キム・ミョンシク》が名を連ねるなど、『東亜日報』はとくに日本留学経験のある独立運動家が深く関わることで、朝鮮半島での独立運動の主体となる(37)。

張徳秀の執筆による創刊の辞で、『東亜日報』は次のように述べている。

　言論の自由が多少容認されたので、朝鮮民衆はその意思を表現し、その前途を導く友となる者を期待し、熱望した。ここに東亜日報が生まれたことを、どうして偶然だといえようか。実に民衆の熱望と時代の動力によって生まれたのだ。(38)

このように『東亜日報』は民衆を導くための新聞であることを強調したうえで、その主旨として、「朝鮮民衆の表現機関を自認する」、「民主主義を支持する」、「文化主義を提唱する」ことの三つを挙げる。創刊の辞によれば「文化主義」とは、朝鮮人の富、道徳、科学、芸術などを発達させることで、「朝鮮民衆をして世界文明に貢献せしめ」ることであり、そうすることが「朝鮮民族の使命であり生存の価値」だという。(39)要するに、朝鮮民族の「文明」を世界に通用するものへと高めることが「文化主義」だといえる。では、『東亜日報』が朝鮮の民衆を啓蒙するうえで民主主義と文化主義を重視したのはなぜだろうか。

大韓民国臨時政府の呂運亨は、一九二〇年八月に上海を訪れたアメリカ議員団に朝鮮独立への援助を求めた。同月、アメリカ議員団は朝鮮にも立ち寄っており、朝鮮の民衆から熱烈な歓迎を受け、張徳秀が接待して独立への支援を陳情した。結局、協力は得られなかったが、彼が執筆したと考えられる『東亜日報』の社説では、アメリカ議員団を迎えた感想を次のように記している。

正義と人道は口でいうのは簡単だが、実行するのは困難である……国家とは要するにその本質上、正義人道を実力で保障する団体であり、人文発達を実力で目指す共同体である……それゆえアメリカ来賓は「学術と工業に努力して、すべてのことを向上させよ」といったのだ。(40)

日本との外交関係に配慮してパリ講和会議で朝鮮問題を黙殺したアメリカを責めるのではなく、いまだ独立「国家」として認められない朝鮮民族の「実力」不足を現実的課題として受け止めている。朝鮮民族が国際社会から独立に値するネイションとして評価されていないという、パリ講和会議前後の時期に海外の朝鮮人のあいだで見られた認識は、三・一独立運動後の朝鮮半島でも共有されていたといえよう。それゆえ『東亜日報』は、アメリカに認められるためには何よりも重要となる民主主義を、主旨の一つに掲げたと考えられる。

また、『東亜日報』は金奎植が委任統治というかたちで朝鮮の命運を託そうとした国際連盟にも期待を寄せていた。同紙は創刊翌日の一九二〇年四月二日付で金明植の執筆による「大勢と改造」という論説を掲載し、国際連盟が「人類最高の理想」を目指して「不完全な現状から理想域に向かう段階にある」と高く評価していた[41]。その後も同紙は、連日のように国際連盟の動向を報道していく。

先述したように、国際連盟の委任統治には、優れた文明をもつ国がそうでない国や民族を導くという考え方が根底にあり、文明の程度を基準として統治される民族の自治の度合いを決めていた。『東亜日報』が「世界文明に貢献」することを目指す文化主義を提唱したのは、朝鮮民族が将来的に独立や自治を獲得するうえで、国際社会から優れた文明をもつ民族として認知される必要があると認識したからであろう。実際、『東亜日報』関係者をはじめとする独立運動家は、国際連盟の行っている事業をモデルとして文化の向上を目指していくことになる。

グローバルスタンダード——朝鮮労働共済会と朝鮮体育会

朝鮮総督府の支配政策が転換して言論とともに結社の自由もある程度容認されたことにともない、朝

鮮ではさまざまな団体が設立された。そのなかで、とくに規模が大きかった団体が朝鮮労働共済会である。(42)

朝鮮労働共済会は、『東亜日報』の張徳秀と金明植をはじめとして、大韓帝国の保護国期から抗日運動に従事してきた人物や日本留学経験者など、二八六名の独立運動家や知識人によって、一九二〇年四月に京城で設立された労使協調団体である。

朝鮮労働共済会は設立から約一年で平壌や大邱に支部を設置するなど、朝鮮全土に規模を拡大したことから、朝鮮で最初の全国単位の労働団体と評価されている。しかし、一九二〇年当時、朝鮮人の大部分は農民であり、労働者はそれほど多くなかった。にもかかわらず、労働者のみを対象とする団体が設立されたのは、ヴェルサイユ条約のなかに挿入された国際労働規約に触発されたからである。

国際労働規約は、国際連盟の姉妹組織として国際労働機関（ＩＬＯ）を設置することや、最低賃金、八時間労働制など人道主義的な観点から労働者の一般原則を定めたものである。朝鮮労働共済会は「朝鮮労働問題も刻一刻と国際化の道程を趨進中」という認識のもと、この規約を朝鮮人労働者に広め、将来的にＩＬＯの援助を受ける際の受け皿にする目的で、労働問題が社会問題化するのに先駆けて設立されたものであった。

また、一九二〇年七月に張徳秀ら『東亜日報』関係者を中心に設立された朝鮮体育会も、国際連盟と深い関係がある。朝鮮体育会は朝鮮人による最初の本格的なスポーツ振興団体であり、現在の韓国のアマチュアスポーツを統括する大韓体育会の前身となる組織である。(43) 張徳秀が執筆した設立趣旨によれば、「民族の発展は壮健な身体から」もたらされるという認識に加え、「現今の国際連盟の規約によって世界の人民の健康増進を規定し、世界的競技大会〔主に一九二〇年四月から開催されていたアントワープ・オリンピックを指す」がいたるところで開催されている」にもかかわらず、朝鮮にスポーツ振興団体がないのは「朝鮮民族団体の一大羞恥である」という焦燥感が、同団体を設立する動機になっていた[44]。

ヴェルサイユ条約の第一編は二六ヵ条からなる国際連盟規約にあてられており、第二二条が「委任統治」である。そして第二五条「赤十字篤志機関」の条文は「連盟国は、全世界に亘り健康の増進、疫病の予防及苦痛の軽減を目的とする公認の国民赤十字篤志機関の設立及協力を促進することを約す」となっている[45]。

この第二五条は各国の赤十字社の活動に国際連盟がお墨付きを与えるもので[46]、文面通りに解釈すれば、朝鮮人の「健康の増進」の義務を負うのは日本をはじめとする「連盟国」の赤十字社ということになる。しかし張徳秀らは、赤十字の庇護を受けることではなく、国際連盟が健康の増進を規定した事実を重視したといえる。

以上のように、朝鮮労働共済会と朝鮮体育会は、国際連盟が行っている事業に対応するために設立されたものであった。朝鮮民族が優れた文明をもつ独立に値する民族として国際社会から認知されることを目指すといっても、民主主義はともかくとして、実際は優れた文明の絶対的基準など存在しない。そこで、『東亜日報』関係者を中心とする独立運動家は、国際連盟の定める規約をグローバルスタンダードとみなし、それに合わせることで「世界文明に貢献」しようとしていたのである。

朝鮮半島の「現代」

三・一後に朝鮮半島で展開された独立運動は、国際社会を意識して展開されていた。そのため、国際連盟をモデルとする団体の設立と並行して、独立運動家や知識人は民衆に向けて民主主義をはじめとするさまざまな知識を啓蒙していくが、その前提として彼らが何よりも重視したのが、朝鮮人が国際社会の一員であるという自覚をもたせることである。

たとえば、一九二〇年六月に創刊され、植民地期を代表する総合雑誌となる『開闢』創刊号には、「世界を知れ」と題する以下のような論説が巻頭に掲載されている。

世界がどれだけ多くの文化をもっていて、どれだけたくさん発展、向上、進化しているのか。したがって、世界と一国が、世界とわが民族、世界と私は、どれだけ多くの関係、理解、価値をもっているのか。これを理解していく知力と、これを批判するだけの理性がなくてはならない……世界の範囲が縮むにつれ、世界全体とわれら局部との距離も甚だしく接近した。全体の波動は直接、局部の事実となり、局部の波動は、したがって全体の影響となるのであり、世界とわれわれの活動は、いつのまにか対岸の火事ではなくなったのだ……われわれと世界は想像する以上に隣り合わせになっていく過程にある。われわれはただちに世界を知らなければならないし、世界的知識をもたなければならない[47]。

本書で見てきたように、第一次世界大戦が勃発して以降、朝鮮独立運動は国際情勢の変化に敏感に反応しながら展開し、そのなかで三・一独立運動も起こった。「われわれと世界は想像する以上に隣り合わせ」だという主張は、こうした経験にもとづいたものだろう。『開闢』創刊号は巻頭の論説で「世界的知識をもたなければならない」理由をこう述べたうえで、「デモクラシーの略義」という民主主義の解説記事を掲載している[48]。

また、『東亜日報』をはじめとするこの時期の朝鮮人発行の新聞や雑誌では、「現代」という言葉が流行語になっており、「現代科学」や「現代文明」といったように、「現代」を付した用法も数多く確認される(49)。注目すべきは、「現代」がたんなる「今現在の世」という意味で使われているわけではないという点である。

朝鮮半島で発行された雑誌ではないが、第三章で言及した黎明会の例会に参加して吉野作造と交流していた崔承萬らは、一九二〇年一月に東京で在日朝鮮YMCAの朝鮮語の機関誌として『現代』を創刊した。その創刊号の巻頭には、次のように書かれている。

今日は古代ではなく現代であり、今は一世紀や二世紀ではなく、二十世紀をすぎて二十一世紀に向かおうとしている。現代は人文が発達し、科学が進歩した文明時代である。蒼穹では鳥人が飛び、水中では魚雷が行き交い、人心を驚愕させる。奇妙な諸科学がわれわれの目を大きく広げさせたことも、現代の事実である。欧州大戦乱、いや世界大戦乱が終わり、われわれにどのような教訓を残したのか?……人道主義（Humanism）のもと、世界を標準に考えて、努力せねばならないと考えるのである……充実的で現実的で新たな生活、まさしく現代的な生活をせよというのが、われらの絶叫するところだ(50)。

「世界を標準」として「努力」することを説いているように、第一次世界大戦後の世界と朝鮮人の動きとが一体化した時代として「現代」という言葉を使っているのである。それゆえ、「現代的な生活」とは、実質的には「世界を標準」とする「生活」を意味する。

土産奨励 今日부터實行 自作自給

二千萬民衆의一致合勢로成就할自活運動

내살림내것으로

조선사람조선것

兩處의大講演

行列禁止에憤慨

図4－5 『東亜日報』に掲載された「二千万民衆」に物産奨励運動への協力を呼びかける記事。右側の見出しには「自分の生活は　自分のもので」、左側の見出しには「朝鮮人朝鮮のもの」とハングルで書かれている。

こうした意味をもつ「現代」が朝鮮半島で流行語になっていたことは、朝鮮人が国際社会の一員であるというグローバルな認識が、少なくとも知識人のレベルでは定着していたことを示すものであろう。なお、一九二二年には朝鮮ではじめての新語辞典が出版される。その書名は『現代新語釈義』であり、「民族自決主義」、「民主主義」、「国際連盟」、さらには「共産主義」など、大戦を機に朝鮮人に広まった諸語が解説されている(51)。

教育と経済の振興

アメリカ議員団に独立への支援を陳情した際、張徳秀は彼らから「学術と工業に努力」するようにアドバイスを受け、上海では李光洙もアメリカ人記者から「今後は教育と産業によって独立の実力を養いなさい」と告げられていた。朝鮮半島では教育と経済の振興も次第に本格化していく。

まず教育面では、朝鮮人経営の大学設立を目指す民立大学設立運動が展開された。第一章でも述べたように、武断政治期に大学を設置することを認めなかった朝鮮総督府は、文化政治期の一九二二年に容認に転ずる。こうした状況の変化を受けて、同年一月に李昇薫や宋鎮禹らが中心となって朝鮮民立大学期成準備会を組織した。同団体は文系と理系からなる朝鮮人のための総合大学を設立するために寄付を募り、『東亜日報』はこの活動を宣伝することで後押しした。ただ、結局、朝鮮人経営の大学の設立は実現せず、日本の帝国大学の一つとして一九二四年に設立された京城帝国大学が、植民地朝鮮の唯一の大学となった。

一方、経済の分野では、朝鮮人が生産した商品の購入と愛用を民衆に呼びかけることで、朝鮮人資本の発展、ひいては日本からの経済面での独立を目指す物産奨励運動が展開された。この運動も『東亜日報』が紙面を通して民衆に協力を呼びかけながら、一九二二年から本格化していった。(52)

分裂する朝鮮独立運動

以上のように、三・一後の朝鮮半島で展開された独立運動は、世界と朝鮮の動きが一体化しているというグローバルな認識のもと、国際連盟が行っている事業とアメリカ議員団のアドバイスにのっとって、朝鮮民族が独立に値するネイションとして国際社会から認められることを目指して展開された。

国際社会からネイションとして認められるという目的は、朝鮮半島の独立運動も大韓民国臨時政府も共通していたが、両者には大きな違いが二つある。一つは、実質的に外交活動しかできなかった臨時政府に対して、『東亜日報』を中心とする朝鮮半島の独立運動家や知識人は、民衆に対する啓蒙を積極的に行ったことである。そしてもう一つは、経済政策のビジョンである。

大韓民国臨時政府は、大韓民国臨時憲章の第三条で「貧富の階級」を否定したものの、資本主義と共産主義のどちらを志向するのかを示すことはなく、アメリカと国際連盟に加えて、ソヴィエト・ロシアにも支援を求めた。他方、三・一後の朝鮮半島の独立運動は、どちらかといえば、資本主義を志向して出発した。たとえば、一九二〇年四月の『東亜日報』の創刊の辞では「経済組織に処しては、労働本位の協調主義」を主張しており、同じ時期に設立された朝鮮労働共済会も労使協調団体である。

朝鮮労働共済会が設立される契機となった国際労働規約は、労働者の地位の向上や待遇の改善につながる規定を定めている。しかし、この規約がヴェルサイユ条約のなかに挿入されたのは、ロシア一〇月革命によって共産主義思想が世界的規模で労働者に影響をおよぼすのを未然に食い止めるためでもあった。同じく労使協調も、資本家が労働者に待遇の改善について譲歩することで、労働者が過激化するのを防ぐための手段にほかならない[53]。つまり、『東亜日報』の主張する「労働本位」とは、あくまでも資本主義制度の枠内での話であり、その変革を目指す共産主義を志向するものではなかった。

こうした状況は、次第に変化していく。そのきっかけの一つが、韓人社会党である。モスクワでボリシェヴィキから四〇万ルーブルを提供された韓人社会党は、その資金を元手に、一九二〇年一二月から朝鮮半島での党員募集に着手した。そして、朝鮮半島の一部の独立運動家は、独立運動の重鎮にして大韓民国臨時政府のナンバー2でもある李東輝が率いていることに魅かれ、党員募集に応じた。その結果、一九二一年五月に韓人社会党が高麗共産党に改組した際には、朝鮮での共産主義運動を担う国内支部も組織された。そのメンバーには、『東亜日報』の論説委員として国際連盟を高く評価した金明植も含まれている。

しかし、朝鮮半島内の共産主義勢力は、上海派高麗共産党の国内支部だけではなかった。本書で見てきたように、朝鮮の独立運動家や知識人は、日本のメディアの影響を受けてきた。その日本では、ロシア一〇月革命後から山川均や堺利彦らによって共産主義理論が急速に普及し、運動も本格化していた。朝鮮でも独立運動家や知識人が日本の思想状況に注目し、山川や堺の書籍や論文の翻訳を通して、共産主義理論を広めるようになっていた。それにともない共産主義を志向する者も増加していくが、上海派高麗共産党の国内支部がボリシェヴィキの資金を独占していた。そのため、上海派と対立するイルクーツク派に接触する人物がいる一方で、両派の対立から距離をとって中立を標榜する団体が設立されるなど、さまざまな共産主義勢力が形成されていったのである。(54)

『現代新語釈義』に「共産主義」の項目が設けられているように、一九二二年の時点では、共産主義は朝鮮でそれなりの影響力をもつにいたっていた。それゆえ、先述した朝鮮人資本の発展を目指す物産奨励運動は、共産主義者からの激しい批判のなかで展開された。たとえば、のちに朝鮮共産党（一九二五年に京城で結成）に参加する李星泰《イ・ソンテ》は、一九二三年に次のように述べている。

> 物産奨励運動が朝鮮の資本家、中産階級の利己的運動なのは間違いない。また、生産機関を発達させることで産業の振興を期すことが、外来〔主に日本〕の資本階級を排斥して朝鮮の資本家と中産階級がそれに取って代わり、大規模に搾取する新たな勢力として君臨する資本主義社会を建設せんとする運動だということを〔私は〕看破した。したがって、それが最初から労働階級の生活を何ら保障するものではなく、外来の征服者と同じように「経済的搾取」を目標にしていることも、十分に理解した。そして彼ら〔朝鮮の資本家〕はこうした理想郷を建設するために、民族的、愛国的といった標語を掲げて労働階級の協調を求めているということも、十分に理解した。しかし、われら労働階級が要求するのは、外来の征服階級のみを排斥して、同族内の搾取階級の支配については受け入れるということではない。(55)

「資本主義社会の建設」を目指す限り、仮に朝鮮から日本の資本を追いやったとしても、今度は「同族」である朝鮮人資本家が支配者となり、朝鮮人労働者が「経済的搾取」される状況は変わらない。そのため、「民族的」であることを掲げる物産奨励運動は、実際は朝鮮の資本家のための運動でしかないというのが、共産主義者の立場であった。

かくして、一九二二年頃から展開された物産奨励運動を機に、三・一後の朝鮮独立運動の左右の分裂は顕著なものとなった。本節で見てきた、国際連盟とアメリカの支援に期待しながら、国際社会から朝鮮民族が独立に値するネイションとして認められることを目指す運動は右派の運動となり、左派の共産主義運動とは相容れないものとなったのである。

一九一八年に李東輝がハバロフスクで上海派高麗共産党の母体となる韓人社会党を結成したのは、ボリシェヴィキと提携することが朝鮮独立の近道であると考えたからであった。また、大韓民国臨時政府と袂を分かった大韓国民議会がイルクーツク派の高麗共産党を結成したのは、ボリシェヴィキと運命をともにすることがロシア極東の朝鮮人社会の安定につながると認識したからであった。要するに、両派の高麗共産党にとって共産主義は、少なくともその結成当初においては、独立や朝鮮人社会の安定といった目的を達成するための手段にすぎず、共産主義社会の実現自体は二の次だったといってよい。

それとは対照的に、一九二二年頃から朝鮮半島では共産主義が手段ではなく目的になっていった。すなわち、アメリカのような資本主義国家か、あるいはソヴィエト・ロシア（一九二二年一二月以降はソ連）のような共産主義国家か。三・一以後の数年間で、朝鮮独立運動は独立のその先にある国家の経済体制のビジョンをめぐって分裂したのである。現在の朝鮮半島の分断状況は、その分裂がいかに深いものであったかを物語っている。

終章　韓国「建国」の起源

共産主義運動の展開

最後に、左右の分裂が顕著なものとなった一九二二年以降の独立運動について簡単に論じたうえで、三・一独立運動と、これを韓国「建国」をもたらした革命とみなす「三・一革命」論について、筆者の見解を示していきたい。

まず共産主義運動だが、上海派とイルクーツク派の二つの高麗共産党が生まれてしまったことをコミンテルンは問題視し、一九二二年一二月に両派に対して解党を命じ、翌二三年一月、朝鮮人による統一された共産党を準備するためにコルビューロー（語源はロシア語のКорбюроであり、英語ではKorean Bureau）をウラジオストクに組織した。同年五月には上海派とイルクーツク派の元党員と朝鮮半島内の共産主義者からなるコルビューローの朝鮮支部も組織され、朝鮮支部のメンバーは「火曜派」と呼ばれる一大派閥を築いていく。

しかし、コルビューローが設置された頃の朝鮮には「北風派」と「ソウル派」という派閥も存在していた。北風派は日本とつながりの深い共産主義者による派閥である。第四章で述べたように、朝鮮において共産主義理論は堺利彦や山川均ら日本人共産主義者の書籍を通して拡散していった。そのため、日本にわたって共産主義理論や運動の方法を学ぼうとする朝鮮人も一定数いた。北風派は、堺や山川ら日本人共産主義者とともに活動しながら、日本で共産主義者として成長した人物が、朝鮮に戻って築いた派閥である。

　コミンテルンとの関係を何よりも重視するのが火曜派と北風派だったが、それに対してソウル派は、コミンテルンからの指示を絶対視せず、朝鮮の民衆の状況を踏まえた運動の展開を目指した。

　このように、両派の高麗共産党が解散して以降も派閥争いは続いた。そうしたなか、一九二五年に火曜派が主導権を握るかたちで朝鮮共産党が京城で結成され、翌年にはコミンテルンからも承認された。派閥の対立という限界は克服できなかったものの、朝鮮人による統一された共産党がついに朝鮮半島に誕生したのである[1]。

　朝鮮共産党は朝鮮総督府に警戒されたため、弾圧と再建を繰り返し、一九二八年に実質的に崩壊する。しかし、その後も朝鮮での労働者人口の増加などを背景に、共産主義運動は地下活動のかたちで繰り広げられていく。

　また、ソ連や満洲といった亡命地でも運動が展開した。とくに帰化朝鮮人の場合、朝鮮共産党をはじめとする朝鮮半島の共産主義運動に参加せず、ソ連に残りボリシェヴィキの党員として活動する人物も多かった。しかし、彼らの一部は、レーニンの死後に権力を掌握したヨシフ・スターリン（Ио́сиф Виссарио́нович Ста́лин）の大粛清によって一九三七年から三八年にかけて処刑されていたことが近年明らかになっている[2]。一方、満洲で活動した共産主義者には、北朝鮮を「建国」する金日成がいる。一九一二年に平壌で生まれた金日成は、幼少期に満洲に移住し、朝鮮共産党の崩壊後の一九三〇年代になってから中国共産党で活動した新興の共産主義者であった[3]。

尹致昊化する独立運動家

三・一後の朝鮮半島の独立運動は、アメリカと国際連盟から朝鮮民族が独立に値するネイションとして認知されることを目指してスタートしたが、独立後の経済体制のビジョンをめぐる対立が原因で、こうした運動からは共産主義者が離脱した。結果的に、教育や産業の振興を通して、朝鮮民族がネイションとして認知されるための実力の養成を図る運動は右派の独立運動となったが、その後、さらに離脱者が相次いでいく。

本書で見てきたように、一九〇五年に大韓帝国が日本の保護国になったときから、独立運動家や知識人は、朝鮮人にはただちに日本と対決する力がないことを自覚しており、どのように民衆を束ねて彼らの実力を養成していくかという問題と向き合ってきた。そうしたなかで、どれだけ努力したところで朝鮮人が日本と対決できるだけの実力をつけるのは不可能だと考え、独立を目指すことを諦め、日本の支配のなかで朝鮮人がいかに生きるかをいち早く模索しはじめたのが、尹致昊であった。

一九二〇年代の中頃から、右派の独立運動家のあいだで、尹致昊のように独立を諦め、朝鮮総督府との交渉を通じて植民地支配における朝鮮人の地位の向上や権利の拡張を目指す人物が増えていく。本書で取り上げた人物でいえば、二・八独立宣言を主導した李光洙、徐椿、三・一独立宣言書を準備した崔麟、崔南善らが朝鮮総督府と妥協する姿勢を次第に見せはじめ、一九三七年に日中戦争が勃発して以降は、朝鮮人民衆を戦争に動員することに積極的に協力した。

彼らが朝鮮総督府に協力したのは、独立を目指すよりも、総督府の政策に協力する見返りとして朝鮮人の地位の向上を引き出したほうが現実的な利益があると判断したからである。しかし、尹致昊はもとより、李光洙、崔麟、崔南善らも三・一独立運動に多大な貢献をした独立運動家であると同時に、植民地支配に協力した「親日派」として、現在、韓国で二重の評価を受けている。

左右合作の模索

朝鮮独立運動が左右に分裂したのは、独立後の国家がとる経済体制をめぐって資本主義か共産主義かで対立したからであり、逆にいえば、朝鮮の独立を目指すという点では一致していた。そのため、左派と右派の独立運動家が独立後の経済体制は棚上げにして、当面の独立を共同で目指す左右合作運動も展開された。

その代表的事例が、一九二七年に結成された新幹会である。新幹会は右派の独立運動家と左派の共産主義者によって京城で結成された独立運動団体であり、朝鮮各地に支部を設けた。しかし、朝鮮総督府のたびかさなる弾圧に加え、左右の路線対立もあって、主に共産主義者が新幹会の解消を提起するようになり、一九三一年に解散した。

また、本書で扱った人物では、呂運亨も左右合作を模索した。第二章で述べたように、彼は第一次世界大戦の終結後に新韓青年党を結成して、ウィルソン宛の独立請願書を作成すると同時に、金奎植をパリに派遣するなど、三・一独立運動が勃発するきっかけをつくった人物である。第四章で見たように、パリ講和会議終了後も呂運亨のアメリカに対する期待は続いており、一九二〇年八月には上海でアメリカ議員団に独立の援助を陳情した。

その後、呂運亨はソヴィエト・ロシア（ソ連）の支援に期待するようになり、イルクーツク派の高麗共産党の斡旋によって金奎植とともに一九二二年にモスクワにわたり、レーニンと面会している。以降、

図5－1　1922年1月からモスクワで開催されたコミンテルン主催の極東諸民族大会に出席する呂運亨（左端の起立している人物）。右から3人目の眼鏡をかけた人物は、当時コミンテルンの幹部だった片山潜。

呂運亨は共産主義運動に参加することはなかったものの、左右合作を模索する立場で独立運動に従事した。一九四五年八月の日本の敗戦が迫ると、彼は朝鮮建国準備委員会を組織して新国家を建設する準備に入り、朝鮮「解放」後の九月に「朝鮮人民共和国」の樹立を宣言した。「朝鮮人民共和国」は右派の李承晩と左派の共産主義者による左右合作の国家を目指したものだったが、李承晩には協力を拒まれ、南朝鮮を占領するアメリカからも承認を得られず、この構想は頓挫した④。

呂運亨は一九四七年に右派の青年に暗殺され、その生涯を終えた。結局、南朝鮮で正式に国家が誕生するのは、アメリカの後ろ盾を得た李承晩を中心に四八年八月一五日に「建国」されることになる大韓民国を待たなければならなかった。そして、その約一ヶ月後の九月九日、三八度線以北を占領するソ連の支援を受けた金日成によって北朝鮮が「建国」されることで、今日まで続く朝鮮半島の分断が確立するのである。

以上のように朝鮮独立運動は、当然ながら一九一九年の三・一独立運動後の大韓民国臨時政府の樹立によって終了したわけではない。むしろ、その後の独立運動は左右の分裂と離脱、そして合作を繰り返すなど、険しい道程をたどった。また、大韓民国臨時政府は設立から約二年で独立運動の中心としてはまったく機能しなくなった。たしかに臨時政府は一九四五年の「解放」まで組織としては存続していたが、それが独立運動の主流だったとは決していえない。
にもかかわらず、近年の韓国は、大韓民国臨時政府を「建国」の起源と位置づけ、独立運動の国民的記憶の中心に据えようとしてきた。そのために、三・一独立運動を、臨時政府の樹立をもたらした「革命」として再定義したものが、進歩派政権と独立運動史研究者が官民一体となって創り出した「三・一革命」論である。これについて筆者の見解を述べるまえに、北朝鮮が三・一独立運動をどのように認識してきたのかについても確認しておこう。

北朝鮮の歴史認識と「三・一人民蜂起」

序章で述べたように、北朝鮮における歴史研究は、共産主義と金日成の革命運動に絶対的な価値を置く。たとえば、一九八三年に刊行されたキム・ハンギル『現代朝鮮歴史』の書き出しは、次のようなものである。

朝鮮人民の現代歴史は民族の自主権と国の独立のために、社会主義共産主義という偉業のために力強く闘い、勝利してきた栄光の歴史である……われら人民がこうした最も困難な環境のなかでも、最も偉大な成果を得ることができたのは、すべて革命の英才であられ、偉大な社会理論家であられる敬愛する金日成同志の賢明な領導に起因するものであり、人民大衆が〔金日成〕首領のまわりに鉄石のように団結し、英雄的に闘争したからである。(5)

北朝鮮の「現代」は、共産主義運動とともにはじまる。そして、朝鮮の独立と共産主義国家の建設は、金日成が人民を導くことで成し遂げられた。こうした歴史認識は、現在もほとんど変わっていない。

では、北朝鮮の歴史認識において、三・一独立運動はどのように位置づけられているのだろうか。金日成は一九五七年にソ連の新聞（ソヴィエト連邦共産党の機関紙）『プラウダ』に「偉大な一〇月の思想は勝利している」という論考を寄稿し、次のように述べている。

一〇月革命の勝利は、日本帝国主義の耐え難い民族的抑圧と搾取に反対して闘争する朝鮮人民を鼓舞し、一九一九年に全民族的な反日三・一蜂起へと決起させた。ブルジョア民族運動の時期は終わり、マルクス・レーニン主義〔共産主義〕の旗のもとに労働者階級を先頭とする朝鮮人民の民族解放闘争は、新しい段階に入るようになった。[6]

つまり、共産主義革命であるロシア一〇月革命の影響によって三・一独立運動が起こったと主張しているのである。本書で述べたように、運動の発生当初に関していえば、ロシア一〇月革命の影響はそれほど見られなかった。しかし北朝鮮では、こうした金日成の認識を背景に、「建国」当初から一貫して三・一独立運動を共産主義と関連させて把握してきた。そのため、共産主義者ではなかった民族代表や崔南善はいずれも「ブルジョア民族主義者」として運動に与えた影響が否定され、同様に大韓民国臨時政府もブルジョア民族主義者が組織し、人民から支持を得られなかった「亡命政府」として切り捨てられてきた。北朝鮮では三・一独立運動を「三・一人民蜂起」と呼ぶが、それはこうしたブルジョア民族主義者の影響を否定し、万歳デモに参加した人民のみを評価する意図によるものとみられる。[7]

もっとも、一九一九年の時点では、朝鮮に労働者は決して多くなかった。それゆえ、北朝鮮では三・一独立運動を、労働者階級が未成熟であり、彼らを指導する共産主義指導者もいなかったという理由で、失敗した運動として位置づけてきた。この点もまた今日まで一貫している。

しかし、とくに一九八〇年代以降、三・一独立運動をめぐってはロシア革命と金日成を含めた共産主義者の位置づけが大きく変わっていく。金日成が『プラウダ』に寄稿した一九五七年頃から、ソ連と中国は共産主義の路線をめぐって対立しはじめていた。中ソ対立のなか、両国からの支援もあって北朝鮮の指導者の地位を手にした金日成は、紆余曲折を経て自主路線を選ぶようになる。そして、ロシア（ソ連）と中国にルーツを求めない朝鮮独自の共産主義理論として、さらに両国からの援助が途絶えるなかで自身の北朝鮮での指導的地位を確固たるものとするためのイデオロギーとして「主体思想」を構築し、一九六〇年代の末から国民への浸透を図っていった。[8]

一九八〇年代に入ると、「主体思想」の理論化のために歴史研究が本格的に活用されていく。その結果、かつては三・一独立運動が勃発した要因とされていたロシア革命に関する言及が姿を消した。共産主義指導者の不在と労働者階級の未成熟によって失敗したという評価はそのままに、三・一独立運動を農民や労働者が自発的に全民族的な反日闘争を繰り広げた運動として位置づけることで、朝鮮民族の「主体」性を強調しようとしたのである。[9]

さらに、金日成体制の権威づけのために金の革命運動のみを正統として描く一方、本書で取り上げた上海派とイルクーツク派の高麗共産党や朝鮮共産党に対しては、きわめて厳しい評価が下されるようになった。もちろん、「主体思想」が構築される以前から、北朝鮮の歴史研究は金日成の革命運動を正統として描いていた。ただ、高麗共産党や朝鮮共産党についても、これらの団体が派閥問題を抱えていたことを批判しつつも、共産主義理論を普及させたことについては意義を認めていた。しかし一九八〇年代以降は、こうした意義には一切触れなくなり、派閥闘争に明け暮れた団体として糾弾し、金日成以外の共産主義運動を認めなくなったのである。(10) それと関連して、朝鮮各地で展開された三・一独立運動の万歳デモは、ソウルではなく平壌から、金日成の父である金亨稷《キム・ヒョンジク》が率いるかたちではじまったと叙述されるようになった。(11) 金日成のみならず、彼の家系をも神格化させるためである。

以上のように、北朝鮮では「建国」以来、一貫して三・一独立運動を共産主義の枠組みで捉えてきたが、とりわけ一九八〇年代以降から政治との結びつきが深刻なものとなった。それにともなって、ロシア革命への言及が消滅するなど歴史叙述が一国史的になり、史実も大きく歪んでいったのである。

韓国と北朝鮮では三・一独立運動をめぐる歴史認識はまったく異なる。しかし、歴史研究と政治の結びつきが深刻化し、史実が歪められるという状況は、近年の韓国も同様である。以下、本書で明らかにしたことを踏まえて、「三・一革命」論に対する筆者の見解を提示していこう。

「三・一革命」の虚構

「三・一革命」論は、民主共和制を採択した一九一九年四月の大韓民国臨時政府の樹立から逆算するかたちで、三・一独立運動が「民主共和国志向」の「革命」であったことを過剰なまでに強調する。そのため、「三・一運動の最も大きな成果物」として臨時政府を誕生させた点に最大の評価を置く一方、この運動が日本の支配からの解放を目指すものであったことや、とくに当時の国際情勢との関係についてはほとんど着目していない。

三・一独立運動を考えるうえで重要なのは、海外と朝鮮半島内の動きを分けて捉えることである。両者では第一次世界大戦によって変動する国際情勢に関する情報源が大きく異なっており、必然的に独立運動家の動きも違ってくるからである。

民主共和制に着目したのは、海外の独立運動家である。第一次世界大戦が勃発した当初は、国のトップに君主を置かない共和制か、従来通りの帝政かどちらを目指すべきかで揺れていたが、ロシア二月革命後から前者で志向を固めた。一方、政治理念である民主主義については、大戦の終結後から朝鮮民族が民主主義的な国家を運営する能力をもっていることを主張しはじめる。それは、ウィルソンの「自決」概念を分析した結果、「自決」権を手にするためには民主主義の能力をアピールすることが不可欠だと、独立運動家が認識したからである。つまり、朝鮮独立運動において民主主義は、独立のための戦略として受容されたのである。

大韓民国臨時政府が民主共和制を採択したのも、同様の理由である。もともと独立運動家は、三・一独立運動以前のロシア二月革命後から諸外国との交渉を有利に進めるために「総機関」を設立する構想をもっていた。そして、「自決」を議題の一つとするパリ講和会議で朝鮮人の代表である金奎植が有利に交渉を進められるよう、その会期中に臨時政府を急いで設立した。もちろん、臨時政府が設立された背景には三・一独立運動によって民族意識に目覚めた民衆の結束をより強固なものとする目的もあったから、三・一独立運動と臨時政府がまったくの無関係だったわけではない。だが、臨時政府は、ウィルソンが「自決」を提唱して以来、独立承認に期待を託してきたパリ講和会議で効果的なアピールをするために設立されたのであり、それゆえに民主主義を採択したのである。

このように、海外の独立運動家の目的は民主主義それ自体にあるのではなく、民主主義を標榜することで、独立運動を少しでも有利に進めることにあった。では、朝鮮半島内ではどうだったのだろうか。

第三章で述べたように、武断政治下の朝鮮では海外のように国際情勢についての情報が十分に得られなかった。崔南善や天道教の崔麟ら民族代表は、日本の新聞からパリ講和会議や「自決」の情報を得て三・一独立運動を準備したため、ウィルソンの提唱する「自決」権を手にするには民主主義の能力が求められることを知らなかった。それゆえ、崔南善が起草した三・一独立宣言書とウィルソン宛の独立請願書には民主主義に関する言及は一つもなく、民族代表も独立後の具体的な国家のビジョンをほとんど持ち合わせていなかったのである。また、万歳デモに延べ一〇〇万人以上の民衆が参加したのは、アメリカへの大きな期待とともに、何よりも朝鮮総督府の武断政治からの解放を求めたからであった。

以上を踏まえると、朝鮮半島内の知識人や民衆が日本の支配からの解放以上に、民主共和制国家の樹立を目指して運動を展開していたと捉えるのは、きわめて難しいだろう。

もっとも、天道教の教主である孫秉熙は、大戦の最中から、戦後には「世界に君主と云う者は無い様になる」と考えていたと述べていた。また、三月一日以降、高宗が毒殺されたことを伝える檄文が各地で作成された。そのなかには、毒殺説とともに「仮政府を組織」して「仮大統領」が選出される予定だという「仮政府組織説」について記された三月二日付の檄文が残っており[12]、共和制を志向していた人々がいたことについては、ごくわずかだが記録がある。しかし、朝鮮半島内の運動が民主主義国家の樹立を目指していたことを示す史料は、いまのところ確認できない。現状でいえるのは、仮に日本の支配から解放された場合、君主制を廃止して共和制の国家を樹立するのが望ましいと漠然と考える人物が朝鮮内にいたということだけである。また、先述したように上海に集った独立運動家も、三・一独立運動以上にパリ講和会議を意識して大韓民国臨時政府を設立していた。

このように、三・一独立運動を民主共和制の大韓民国臨時政府を生んだ革命として描くには根拠が著しく不足しており、歴史学の手法で証明するのは無理がある。パリ講和会議の議題となった「自決」権を手に入れるためのアピールとして民主主義を標榜した海外の独立運動家と、武断政治からの解放を目指して三・一独立宣言書を準備した崔南善および民族代表、そして万歳デモに参加した民衆。これらに共通するのは、いずれも独立を求めていたということである。三・一独立運動は、何よりも日本の支配からの解放を第一に目指した文字通りの独立運動であった。こうした歴史資料にもとづく事実が、「三・一革命」論という独立運動史研究者も加担する政治的な主張によって、歪められているのである。

韓国「建国」の起源をどう考えるか

では、なぜ「三・一革命」論が生まれたのかといえば、ニューライトと二〇〇八年に誕生した保守政権が、それまで曖昧にされてきた韓国「建国」の起源を一九四八年八月一五日に定め、それとともに韓国人が共有すべき記憶から三・一を含めた独立運動全般を実質的に切り離そうとしたことが発端である。「三・一革命」論はニューライトと保守政権に対抗するために構築され、一九一九年四月の大韓民国臨時政府の樹立を韓国「建国」の起源とすることで、独立運動の権威を高めようとした。このように見解が二分する韓国「建国」の起源をどう考えるべきかについても、筆者の見解を示しておこう。

二つの「建国」の起源をめぐる争点の一つは、領土・国民・主権の「国家の三要素」を大韓民国臨時政府が満たしているかどうかである。ニューライトは、臨時政府が「国家の三要素」を一つも満たさないため国家ではなく、国際社会から国家として待遇されるようになったのは一九四八年の韓国からだと主張する。ただ、ニューライトの主張は明快だが、国家の起源を設定するには、国際社会の承認が条件になるわけではない。実際、日本の二月一一日の建国記念の日（戦前は紀元節）も日本神話にもとづくものである。したがって、大韓民国臨時政府はどの国からも承認を得られず、実際は独立運動団体でしかなかったが、これを韓国独自の概念によって国家に見立てて、その樹立をもって「建国」の起源とすることが、間違っているわけではない。

しかし筆者は、現在の韓国「建国」の起源はやはり一九四八年八月一五日であり、少なくとも臨時政府を起源にすべきではないと考える。その理由は、実態と乖離した歴史観が広がっていく可能性が懸念されるからである。

本書で繰り返し述べてきたように、三・一独立運動も大韓民国臨時政府の設立も、第一次世界大戦というグローバルな文脈のなかで起こった歴史的出来事である。それゆえ、三・一独立運動後の朝鮮では、世界の動きと朝鮮の動きが連動しているというグローバルな認識が芽生えていた。国際関係を度外視して韓国独自の国家概念をつくりあげ、一九一九年の臨時政府の樹立を韓国「建国」の起源として位置づけることは、当時、朝鮮人が国際社会の一員であるという自覚をもちはじめていた実態にそぐわず、一国史的な歴史観が拡大していく可能性を孕むものである。

国家の起源をどう設定するかに制約はない。しかし、大韓民国臨時政府がグローバルな文脈で設立され、当時の朝鮮人もグローバルな世界認識をもっていたことを踏まえて、韓国「建国」の起源を考えていく必要があるだろう。

三・一独立運動と現在

このように筆者は大韓民国臨時政府を韓国「建国」の起源として位置づけることには否定的である。その一方で、三・一前後の時期の独立運動はさまざまな面で今日の朝鮮半島の土台を築いたと考えている。

たとえば、序章で論じたように、保守政権も進歩派政権も、韓国の国民を統合するうえで民主主義的な国家を営んできたという自負心を重視しているように、韓国ナショナリズムは民主主義と密接に結びついている。その淵源は、海外の独立運動家がウィルソンの「自決」概念に対応するなかで、朝鮮民族をエスニック集団ではなく、民主主義という政治理念を共有するネイションとして統合しようとしたことに遡ることができる。そのため、三・一独立運動後から朝鮮半島でナショナリズムと民主主義がどのように展開し、現在にいたるのかを分析するうえでは、何よりもアメリカとの関係に着目することが重要になるだろう。

また、北朝鮮の国家体制である共産主義も、パリ講和会議での独立を目指す裏面で、アメリカではなくボリシェヴィキと提携することを選択した一部の独立運動家によって取り入れられ、次第に朝鮮で定着していった。第四章でも述べたように、韓人社会党の李東輝を迎えたり、モスクワに特使を派遣したりするなど、大韓民国臨時政府は少なくとも一九二〇年末までは共産主義に好意的でさえあった。「主体思想」と歴史研究が結びついて以降、北朝鮮では金日成以外の独立運動を認めなくなったが、朝鮮半島の共産主義の淵源も三・一独立運動を前後する時期に遡ることができるのである。今日、南北朝鮮の歴史認識の溝は深まっている。韓国「建国」の起源である臨時政府の樹立という結論を捨て、あらためて三・一独立運動の歴史過程を見直していくことが、南北の歴史認識の溝を埋める第一歩になるように思われる。

歴史認識といえば、日韓両国の溝も深い。三・一独立運動が日本の支配からの解放を目指す運動である以上、どれだけパリ講和会議に目が向いていたとしても、これはまさしく反日運動である。しかし、

第三章で見たように、日本はこの運動にさまざまなかたちで関わっていた。警察と憲兵による万歳デモの厳しい弾圧があった一方で、新宿中村屋のような協力者や、日本で誰よりも「自決」概念と向き合い、朝鮮独立運動の理解者となった吉野作造のような人物もいた。また、朝鮮の民衆がデモに参加した原動力は、日本の支配に対する不満である。しかし、崔南善や民族代表は、日本の新聞などによって国際情勢について知り、日本との友好的な関係を築くことを願って三・一独立宣言書を準備した。三・一独立運動は、決して反日一色の運動ではなかったのである。

これから先も、毎年三月一日には韓国で式典が開かれ、その様子はメディアを通して日本にも伝わるはずである。韓国のみならず日本でも三・一独立運動を意識する機会が定期的に訪れる。それゆえ、日本人と朝鮮人が三・一独立運動に「反日」にとどまらない多様な関わり方をしていた事実を日本と韓国で共有していくことは、両国の歴史認識の溝をも埋めることにつながるのではないだろうか。

このように、三・一独立運動は今から約一〇〇年前の出来事だが、朝鮮半島の現在を理解し、また日本との関係を含む将来を考えるうえで、いまだその重要性は薄れていない。

注

はじめに

（1）『서울経済』電子版、二〇一八年一一月九日付。『国民日報』電子版、二〇一八年一一月九日付。なお、本書で引用している韓国の新聞の電子版の記事は、すべて韓国言論振興財団のホームページ（http://www.bigkinds.or.kr）で閲覧できる。

（2）原爆の被害者には日本人だけではなく、日本に移住した朝鮮人も含まれていた。韓国原爆被害者協会の推定によれば、広島で五万人、長崎で二万人が被爆し、それぞれ二万人、一万人が生存したという。生存者の多くは戦後（朝鮮人にとっては「解放」後）韓国に戻った。原爆被害者の多くが慶尚南道陝川郡の出身だったことから、陝川は「韓国の広島」と呼ばれ、二〇一七年には原爆資料館も設立された。BTSのメンバーが原爆／光復節Tシャツを着たことは、日本人のみならず、こうした在韓被爆者に対する配慮を欠く行動でもあった。そのため、BTSの所属するビッグ・ヒット・エンターテインメントの関係者は陜川の韓国原爆被害者協会を訪ね、非公式に謝罪している（『東亜日報』電子版、二〇一八年一一月一六日付）。朝鮮人の原爆被害や在韓被爆者については、市場淳子『ヒロシマを持ちかえった人々――「韓国の広島」はなぜ生まれたのか』凱風社、二〇〇五年を参照。

（3）SNSの引用は、韓国の『毎日新聞』電子版、二〇一八年一一月九日付による。

（4）『高等学校　韓国史』金星出版社、二〇一三年、二六五頁。

（5）本書では次の二つの理由で、ナショナリズムを厳密に定義することは避ける。一つは議論の幅を狭めてしまうからである。たとえば、多様な意味をもつナショナリズムの最大公約数的な定義としては、政治的な単位（国家）とナショナルな単位であるであるネイション（nation）とを一致させようとする考え方や運動というものが有力であり、この場合のネイションとは日本語の「民族」に該当するエスニックな集団が想定される（塩川伸明『民族とネイション――ナショナリズムという難問』岩波新書、二〇〇八年、二〇～二一頁）。しかし、この定義を朝鮮民族という一つのナショナルな単位が韓国と北朝鮮という二つの国家に分裂している「解放」後の朝鮮半島にあてはめた場合、朝鮮ナショナリズムは統一を目指す考え方にほぼ限定されることになり、韓国と北朝鮮の双方に（統一とは相反する）独自の国民統合の論理があることを見えにくくしてしまう。関連して二つ目の理由は、ネイションが必ずしも「民族」とイコールではないということである。本書の第二章で述べるように、ネイションと民族の違いをどう解釈するかという問題は、朝鮮独立運動に多大な影響をおよぼしていた。そのため本書では、ナショナリズムという用語を基本的には国民・民族を統合するためのイデオロギーという広い意味で使用する。そのうえで、一九一九年の三・一独立運動を前後する時期に、ナショナリズムやネイションがどのように理解され、その構成要素はどのようなものだったのかについて言及していくこととしたい。

序章　三・一革命――独立運動と変容する韓国ナショナリズム

（1）大韓民国憲法（憲法第一〇号）、国家法令情報センター（http://www.law.go.kr/lsEfInfoP.do?lsiSeq=61603# 二〇一九年一二月一八日閲覧）。

（2）大韓民国憲法（憲法第一号）、国家法令情報センター（http://www.law.go.kr/lsInfoP.do?lsiSeq=53081#0000 二〇一九年一二月一八日閲覧）。

（3）韓国では一九八九年に、四月一三日が大韓民国臨時政府の記念日に制定された。その後、大韓民国臨時政府に関する史料発掘が進むとともに四月一一日に樹立されたと認識されるようになり、二〇一八年に記念日が四月一一日に変更された（조형열「大韓民国臨時政府樹立記念日의 制定과 法統」『내일을 여는 歴史』第七三号、二〇一八年、一三二頁）。

（4）朴賛勝『大韓民国은 民主共和国이다――憲法第一条成立의 歴史』돌베개、二〇一三年、三三二頁。

（5）金正仁「三・一運動과 臨時政府法統性認識의 政治性과 学問性」韓国歴史研究会三・一運動一〇〇周年企画委員会編『三・一運動一〇〇年（1）메타歴史』휴머니스트、二〇一九年、九〇～九一頁。

（6）同右、九一頁。

（7）『한겨레新聞』電子版、二〇一六年八月一三日付。

（8）『한겨레新聞』電子版、二〇一六年八月一五日付。
（9）尹海東「뉴라이트運動과 歴史認識――〝非歴史的歴史〟」『民族文化論叢』第五一号、二〇一二年、二二九、二三二頁。
（10）金正仁『歴史戦争、過去를 解釈하는 싸움』책세상、二〇一六年、一七四～一七五頁。
（11）教科書포럼『代案教科書　韓国近・現代史』기파랑、二〇〇八年、五～八頁。
（12）姜万吉『分断時代의 歴史認識』創作과批評社、一九七八年、五頁。なお、同書は日本語訳も出版されている。宮嶋博史訳『分断時代の歴史認識』学生社、一九八四年。
（13）이기훈「그들의 大韓民国歴史――教学社『韓国史』教科書의 歴史認識」『進歩評論』第五八号、二〇一三年、一八四頁。
（14）教科書포럼、前掲『代案教科書　韓国近・現代史』、一七、二七五頁。
（15）韓国の歴史教科書の国定化問題については、池享「『韓国史』教科書国定化問題をめぐって」『歴史学研究』第九五六号、二〇一七年を参照。
（16）李栄薫「우리도 建国節을 만들자」『東亜日報』二〇〇六年七月三一日付、三四面。
（17）하상복「李明博政府와〝八・一五〟記念日의 解釈」『現代政治研究』第五巻第二号、二〇一二年、一一〇～一一一頁。
（18）同右、一一〇頁。
（19）同右、一二三頁。
（20）金暎浩「建国史観과 分断史観」金暎浩編『建国六〇年의 再認識』기파랑、二〇〇八年、七七～八三頁。
（21）同右、七九頁。
（22）최혜성「과연 우리나라에 建国節이 필요한가?」『哲学과 現実』第一一二号、二〇一七年、二七九頁。
（23）金正仁、前掲「三・一運動과 臨時政府法統性認識의 政治性과 学問性」、九三～九五頁。
（24）金喜坤『臨時政府時期의 大韓民国研究』知識産業社、二〇一五年、五～六頁。
（25）同右、七頁。
（26）金暎浩『大韓民国의 建国革命』第一巻、誠信女子大学校出版部、二〇一五年、四五頁。

(27) 金喜坤『大韓民国臨時政府研究』知識産業社、二〇〇四年、六頁。

(28) 梁東安『大韓民国「建国日」과「光復節」考察』백년동안、二〇一六年、一七頁。

(29) 金暎浩、前掲『大韓民国의 建国革命』第一巻、三二頁。

(30) 최혜성、前掲「과연 우리나라에 建国節이 필요한가?」、二六八〜二九二頁。

(31) 梁東安、前掲『大韓民国「建国日」과「光復節」考察』、八五頁。

(32) 同右、八二〜八五頁。

(33) 金喜坤、前掲『大韓民国臨時政府研究』、二七四頁。同、前掲『臨時政府時期의 大韓民国研究』、二五七〜二五八頁。

(34) 『京郷新聞』電子版、二〇一七年八月一五日付。

(35) 三・一運動 및 大韓民国臨時政府樹立一〇〇周年記念事業推進委員会ホームページ (https://www.together100.go.kr/lay2/S1T12C25/contents.do 二〇一九年一二月一八日閲覧)。

(36) 三・一独立運動と大韓民国臨時政府という二つのイベントをセットで記念するのは、二〇一九年の一〇〇周年事業がほぼはじめてだという (조형열、前掲「大韓民国臨時政府樹立記念日의 制定과 法統」、一三〇頁)。

(37) 『아시아経済』電子版、二〇一八年九月一三日付。

(38) 金正仁、前掲「三・一運動과 臨時政府法統性認識의 政治性과 学問性」、七六頁。

(39) 同右、九六〜九七頁。

(40) 金喜坤、前掲『臨時政府時期의 大韓民国研究』、二五〇頁。金正仁、前掲「三・一運動과 臨時政府法統性認識의 政治性과 学問性」、九九頁。

(41) 金喜坤、前掲『大韓民国臨時政府研究』、二四〜二五頁。金正仁、前掲「三・一運動과 臨時政府法統性認識의 政治性과 学問性」、九九頁。

(42) 以下、民衆史学による大韓民国臨時政府に対する批判から擁護への「転向」の論理については、전영숙「八、九〇年代〝進歩的〟韓国史学界의 〝올바른 歴史認識〟이라는 自己規定」『歴史問題研究』第三七号、二〇一七年、金正仁、前掲「三・一運動과 臨時政府法統性認識의 政治性과 学問性」、一〇〇〜一〇七頁、金喜坤、前掲『大韓民国臨時政府研究』、二四〜二五頁による。

(43) 朴賛勝、前掲『大韓民国은 民主共和国이다』。이영록「韓国에서의 民主共和国의 概念史――특히 共和概念을 중심

으로」『法史学研究』第四二号、二〇一〇年。

(44)『한겨레新聞』電子版、二〇一四年二月二五日付。

(45)金三雄「〝三・一革命〟正名回復의 意味」『내일을 여는 歴史』第六二号、二〇一六年、二二七頁。

(46)金三雄だけでなく、「三・一革命一〇〇周年記念事業推進委員会」の一人であるイ・ジュンシクも類似した趣旨の論文を発表している。이준식「〝運動〟인가 〝革命〟인가——〝三・一革命〟의 再認識」『歴史와 責任』第七号、二〇一四年。

(47)金三雄『三・一革命과 臨時政府——大韓民国의 뿌리』두레、二〇一九年、八〜九頁。

(48)民主化運動記念事業会・韓国民主主義研究所編『韓国民主主義、一〇〇年의 革命 一九一九〜二〇一九』한울아카데미、二〇一九年。

(49)とくに民主化運動記念事業会・韓国民主主義研究所編、前掲『韓国民主主義、一〇〇年의 革命 一九一九〜二〇一九』の第三章「中断없는 民主主義革命——様相과 成果」(이나미)、第四章「三・一運動、最初의 民主主義革命」(김동택)にその傾向が顕著である。ただし、同書の序文で「この本もまた三・一運動からロウソク革命までの民主主義の歴史を一〇〇年の民主主義革命という視角で接近」するとしているものの(一〇頁)、第一章「韓国民主主義의 起源의 再構成」(金正仁)をはじめ、三・一独立運動に関して「革命」という用語を使わない論文も収録されている。

(50)이나미「大韓民国臨時政府와 民主共和制에 대한 再考察」『내일을 여는 歴史』第七四号、二〇一九年、九〇頁。

(51)김광재「三・一運動의 三・一革命으로서 憲法史的再解釈——建国節論難과 연관하여」『法学論叢』第三九巻第一号、二〇一九年。

(52)朴賛勝『一九一九——大韓民国 첫 번째 봄』다산북스、二〇一九年、三五一頁。

(53)同右、八、三五一〜三五二頁。なお、同書の帯には「三・一運動および大韓民国臨時政府樹立一〇〇周年記念特別作」と書かれている。

(54)韓国歴史研究会三・一運動一〇〇周年企画委員会編『三・一運動一〇〇年』全五巻、휴머니스트、二〇一九年。なお、筆者も同シリーズの第二巻『三・一運動一〇〇年 (2) 事件과 目撃者들』に、朝鮮人の「民族自決」認識や二・八独立宣言(詳しくは本書の第二章で扱う)に関する論文「二・八独立宣言의 戦略性과 影響」を寄稿している。

(55)朴杰淳『韓国独立運動과 歴史認識』歴史空間、二〇一九年、五頁。

(56) 前述したように、韓国歴史研究会三・一運動一〇〇周年企画委員会編、前掲『三・一運動一〇〇年』は意図的に「三・一革命」論とは距離を置いており、大韓民国臨時政府に焦点を当てた論文も収録されていない。その一方で、「三・一革命」論について紹介したうえで、その立場をとることを鮮明にした論文も掲載されている（『三・一運動一〇〇年（4）空間과 社会』所収の고태우「三・一革命의 余震과 朝鮮社会」）。

(57) 拙著『朝鮮独立運動と東アジア――一九一〇～一九二五』思文閣出版、二〇一三年、二五～二六頁。

(58) 『（増補版）朝鮮歴史常識』科学百科事典総合出版社、一九九八年、八五～八六頁。

(59) 拙著、前掲『朝鮮独立運動と東アジア』、五頁。

(60) 三・一独立運動の国際的背景に関する研究史に言及しておくと、韓国では一九六〇年代まではこの運動を「民族自決」やパリ講和会議に注目して分析するのが一般的だった。たとえば、三・一独立運動に関する最初の本格的な論集として五〇周年である一九六九年に出版された東亜日報社編『三・一運動五〇周年紀念論集』東亜日報社、一九六九年には、朝鮮人の「民族自決」概念の受容を検討した李普珩の論文も掲載されている。しかし、その後は民衆や朝鮮で展開されたデモ行進の地域的特徴など朝鮮独自の要素に着目した研究が主流になり（都冕會「三・一運動原因論에 관한 省察과 提言」前掲『三・一運動一〇〇年（1）』）、「民族自決」やパリ講和会議といった運動を規定する国際的要因は十分に研究されなくなった。

そうした研究状況のなかで、鄭秉峻の一連の研究はアメリカで新たな史料を発掘することで、パリ講和会議に朝鮮人を代表して派遣された金奎植らの行動を詳細に跡づけた重要なものである（鄭秉峻「三・一運動의 起爆剤――呂運亨이 크레인에게 보낸 편지와 請願書」『歴史批評』第一一九号、二〇一七年。同「一九一九年、파리로 가는 金奎植」『韓国独立運動史研究』第六〇号、二〇一七年）。また、「民族自決」の受容に関しては、アメリカに移民した朝鮮人の「民族自決」概念を分析した尹寧實「植民地의 民族自決과 世界民主主義」『韓国現代文学研究』第五一号、二〇一七年がある。

一方、日本では長田彰文『日本の朝鮮統治と国際関係――朝鮮独立運動とアメリカ一九一〇～一九二二』平凡社、二〇〇五年が、三・一独立運動に関する最も代表的な研究である。同書は国際政治史の観点からアメリカの史料も活用することで、「民族自決」やパリ講和会議の問題に踏み込んで分析している。関連して、Erez Manela, *The Wilsonian Moment: Self-Determination and the International Origins of Anticolonial Nationalism* (Oxford: Oxford University Press, 2007) も、アメリカ大統領ウィルソンの「自決」概念を緻密に分析したうえで、朝鮮を含む各国の植民地への「自決」概念の影響を検討している。

本書ではこれらの研究に学びつつ、パリ講和会議に限定せず、広く第一次世界大戦に着目して三・一独立運動の歴史過程を論じていく。なお、第一次世界大戦に着目した研究としては、ロシア極東の朝鮮独立運動を扱う劉孝鐘の一連の研究があり（劉孝鐘「極東ロシアにおける朝鮮民族運動――『韓国併合』から第一次世界大戦の勃発まで」『朝鮮史研究会論文集』第二二号、一九八五年。同「極東ロシアにおける一〇月革命と朝鮮人社会」『ロシア史研究』第四五号、一九八七年。同「二月革命と極東ロシアの朝鮮人社会」中村喜和編『ロシアと日本――共同研究』第二集、一橋大学社会学部中村喜和研究室、一九九〇年）、本書のロシア関係の叙述は、劉孝鐘の研究に負うところが多い。また、二〇一九年に韓国で発表された権보드래『三月一日의 밤』돌배게、二〇一九年も、第一次世界大戦や「民族自決」などの国際的背景から文学まで、三・一独立運動を包括的に論じている点で重要である。ただ、同書は朝鮮との比較の観点から第一次世界大戦期のヨーロッパの民族運動などに言及しているが、両者の具体的な影響関係にまでは考察がおよんでいない。本書は比較ではなく、できる限り、第一次世界大戦期の他民族の運動と朝鮮独立運動との相互関係を明らかにしながら、三・一独立運動の歴史過程を跡づけていくことを目指す。

第一章　第一次世界大戦――共和制か帝政か

（1）六堂（崔南善）「十年」『青春』第一四号、一九一八年六月、四頁。

（2）皇室特派留学生については、武井一『皇室特派留学生――大韓帝国からの五〇人』白帝社、二〇〇五年を参照。

（3）金度亨『大韓帝国期의 政治思想研究』知識産業社、一九九四年、一二四～一二八頁。

（4）以下、崔南善の出版活動と新文館については、とくに注記しない限り、田中美佳「崔南善の初期の出版活動にみられる日本の影響――一九〇八年創刊『少年』を中心に」『朝鮮学報』第二四九・二五〇合併号、二〇一九年、同「崔南善主幹『青春』（一九一四～一九一八）における『世界的知識』の発信方法――日本の出版界との関係を中心に」『朝鮮史研究会論文集』第五七号、二〇一九年、同「一九一〇年代の朝鮮における新文館の児童雑誌――日本の児童文学界と崔南善」『東洋史研究』第七九巻第二号、二〇二〇年による。

(5) 「少年時言――『少年』의 既往과 및 将来」『少年』第三年第六巻、一九一〇年六月、一三頁。田中美佳、前掲「崔南善の初期の出版活動にみられる日本の影響」、四五～四六頁。

(6) そのほか、一九一一年に制定された（第一次）朝鮮教育令による朝鮮人の学校教育政策も武断政治の重要な論点だが、本書では第三章で簡単に触れるにとどめる。この点について詳しくは、拙著『帝国日本と朝鮮野球――憧憬とナショナリズムの隘路』中公叢書、二〇一七年、一〇三～一〇六頁を参照。

(7) 憲兵警察制度については、松田利彦『日本の朝鮮植民地支配と警察――一九〇五～一九四五年』校倉書房、二〇〇九年を参照。

(8) 朝鮮総督府編『施政二十五年史』朝鮮総督府、一九三五年、三五～三六頁。水野直樹「治安維持法の制定と植民地朝鮮」『人文学報』第八三号、二〇〇〇年、九九～一〇一頁。

(9) 田中美佳、前掲「一九一〇年代の朝鮮における新文館の児童雑誌」、九七～九九頁。

(10) 朝鮮での定期刊行物（新聞、雑誌）の取り締まりの法的根拠について補足しておくと、朝鮮人と（朝鮮在住の）日本人では異なっていた。朝鮮人に対しては大韓帝国の保護国期の一九〇七年に制定された新聞紙法（大韓帝国法律第五号）が、日本人に対しては〇八年に制定された新聞紙規則（統監府令第一二号）が、植民地期になってもそれぞれ適用された。いずれの法律・規則も定期刊行物を発行する場合は当局に届け出ることを義務づけていたが、とくに朝鮮人に対しては一九一〇年代の武断政治期は発行許可が格段に下りにくくなった。そのため、この時期には新聞紙規則が適用される日本人を編集人にすることで当局から朝鮮語雑誌の発行許可を得て、実際の誌面は朝鮮人が制作するという「抜け道」も存在した。その数少ない事例として、竹内録之助が名義上の編集人となり、実質的には作家の崔瓚植が編集していた朝鮮語の教養雑誌『新文界』（一九一三年四月～一九一七年三月）がある。竹内録之助や『新文界』については、拙稿「植民地朝鮮における竹内録之助の出版活動――武断政治と朝鮮語雑誌」『史淵』第一五七号、二〇二〇年を参照。

(11) 以下、本項の尹致昊についての記述は、とくに注記しない限り、拙稿「尹致昊（一八六五～一九四五年）――ある独立運動の傍観者の葛藤」李成市編『アジア人物史』第八巻、集英社、二〇二二年刊行予定による。尹致昊については、彼のクリスチャンとしての側面に焦点を当てた評伝として、木下隆男『評伝尹致昊――「親日」キリスト者による朝鮮近代六〇年の日記』明石書店、二〇一七年、韓国併合を前後する時期までの啓蒙活動を分析した柳忠熙『朝鮮の近代と尹致昊――東アジアの知識人エトスの変容と啓蒙のエクリチュール』東京大学出版会、二〇一八年がある。

（12）大韓民国文教部国史編纂委員会編『尹致昊日記』第二巻、大韓民国文教部国史編纂委員会、一九七四年、五四頁。木下隆男、前掲『評伝尹致昊』、九二頁。

（13）尹致昊は一九〇五年一一月二七日付の日記に、「独立とは善政を行うことのできる民族のみが可能」であり、朝鮮人は他者の好意に甘え、自主独立の精神を欠くため、「強くて賢明な政府」を樹立することができなかったと記している（大韓民国文教部国史編纂委員会編、前掲『尹致昊日記』第六巻、一九七六年、一九九〜二〇〇頁）。

（14）노상균「傍観과 親日 사이——尹致昊의 三一運動認識과 対応」『精神文化研究』第四一巻第四号、二〇一八年、一七頁。

（15）「本社長을 訪問한 尹致昊氏」『毎日申報』一九一五年三月一四日付、三面。

（16）金源模「韓国民族運動의 始端——美州大韓人国民会中央総会（安昌浩）의 李光洙新韓民報主筆招聘交渉（一九一四）」『春園研究学報』第七号、二〇一四年、二四〜三八頁。

（17）編輯人「二號之光이 出現」『学之光』第二号、一九一四年四月、一頁。

（18）拙著『朝鮮独立運動と東アジア——一九一〇〜一九二五』思文閣出版、二〇一三年、八一〜八二頁。

（19）原暉之『シベリア出兵——革命と干渉 一九一七〜一九二二』筑摩書房、一九八九年、一七三〜一七四頁。イゴリ・R・サヴェリエフ『移民と国家——極東ロシアにおける中国人、朝鮮人、日本人移民』御茶の水書房、二〇〇五年、九一頁。

（20）以上のロシア極東の朝鮮人をめぐる状況については、劉孝鐘「極東ロシアにおける朝鮮民族運動——『韓国併合』から第一次世界大戦の勃発まで」『朝鮮史研究会論文集』第二二号、一九八五年、一四七〜一五三頁による。

（21）「俄領実記（九）」『独立新聞』一九二〇年三月三〇日付、一面。

（22）「本報創刊第二周年記念」『勧業新聞』一九一四年五月五日付、一面。

（23）朴烜『러시아地域 韓人言論과 民族運動』景仁文化社、二〇〇八年、一四八頁。

（24）潘炳律『誠斎 李東輝一代記』범우社、一九九八年、一〇二頁。

（25）朴烜、前掲『러시아地域 韓人言論과 民族運動』、一八七〜一九九頁。

（26）李光洙については、波田野節子『李光洙——韓国近代文学の祖と「親日」の烙印』中公新書、二〇一五年に詳しい。

（27）金源模、前掲「韓国民族運動의 始端」、九三〜一一四頁。波田野節子、前掲『李光洙』、六八〜七三頁。

(28)「浦潮発情報（朝憲機第二九一号、大正三年五月五日）」外務省外交史料館、分類項目 四‐三‐二‐二‐一‐二。
(29) 前掲「俄領実記（九）」、一面。
(30) 本書では、「不逞団関係雑件 朝鮮人ノ部 在内地」外務省外交史料館、分類項目 四‐三‐二‐二‐一‐四に収められている二・八独立宣言書の日本語版を使用する。
(31)「우리同胞의 義俠心」『勧業新聞』一九一四年八月一六日付、一面。
(32)「欧州戦争과 韓国」『勧業新聞』一九一四年八月一六日付、二面。
(33) 劉孝鐘、前掲「極東ロシアにおける朝鮮民族運動」、一五七頁。
(34)「우리同胞가 徳国軍費를 補助」『新韓民報』一九一四年九月一〇日付、一面。
(35) 姜徳相編『現代史資料（26）朝鮮（二）』みすず書房、一九六七年、一五頁。
(36) ロシアとは異なり、ドイツが朝鮮を侵略する可能性を危惧する朝鮮人はいなかったものと思われる。ただし、日本に留学する朝鮮人のあいだでは、仮にドイツとの戦争が長期化した場合、日本は戦争遂行のため朝鮮での資源の収奪をより強めるのではないかという懸念ももたれていた（同右、一五頁）。
(37) 閔石麟「中国護法政府訪問記」申圭植『韓国魂』三省印刷廠、一九五五年、一〇三頁。
(38) 裵京漢『孫文과 韓国』한울아카데미、二〇〇七年、四二～四三頁。
(39)「曺成煥이 安昌浩에 보낸 편지（檀記四二四五年壬子之月二日）」『島山安昌浩資料集』第二巻、独立記念館韓国独立運動史研究所、一九九一年、七三～七四頁。
(40) 閔石麟「睨観申圭植先生伝記」申圭植、前掲『韓国魂』、七二頁。
(41) 楊天石「中韓愛国志士的早期連系」『史学月刊』二〇〇七年第三期、五二頁。
(42) 閔石麟、前掲「睨観申圭植先生伝記」、七三頁。
(43) 朝鮮総督府警務総長立花小一郎から上海総領事有吉明宛（大正三年七月七日）、警高機発第一五七九号、外務省外交史料館、分類項目 四‐三‐二‐二‐一‐七。
(44) 川島真「関係緊密化と対立の原型——日清戦争後から二十一カ条要求まで」劉傑・三谷博・楊大慶編『国境を越える歴史認識——日中対話の試み』東京大学出版会、二〇〇六年、四六頁。
(45)「與同社諸子書」『南社叢刻』第一三集、一九一五年三月、附録三。

(46) 太白狂奴「緒言」太白狂奴原輯『韓国痛史』大同編譯局、一九一五年、二〜三頁。
(47) 更生撰「韓国痛史　序」太白狂奴原輯、前掲『韓国痛史』、六頁。
(48) 滅亡した朝鮮の歴史を通して中国の今後を考えるという傾向は、『韓国痛史』以外でも見られる。同書の刊行と前後して、申圭植は中国人の葉楚傖、史量才らと共同で朝鮮の歴史に関する勉強会を開いている(閔石麟、前掲「睨観申圭植先生伝記」、七三頁)。
(49) 新亜同盟党に関しては、拙著、前掲『朝鮮独立運動と東アジア』の第三章で詳しく論じている。本書では、新出史料による新たな知見を加えつつ、この団体の概略を述べることとし、新出史料を用いる場合は注を付す。なお、新亜同盟党には台湾人の参加者もいるが、本書では省略した。
(50) 中華留日基督教青年会は一九〇六年に王正廷らの働きかけによって設立された。一九一二年には東京の北神田に会館が完成し、以降、中国人留学生の民族運動の拠点となった(渡辺祐子「もうひとつの中国人留学生史――中国人日本留学史における中華留日基督教青年会の位置」『明治学院大学教養教育センター紀要』第五巻第一号、二〇一一年、一九〜二〇頁)。
(51) 黄志良「三十七年游戯夢――黄介民回憶録」『近代史資料』第一二二号、二〇一〇年、一五二頁。
(52) 同右、一四七頁。
(53) 同右、一五四〜一五五頁。
(54) 警保局保安課「朝鮮人概況 第二(大正七年五月三十一日調)」朴慶植編『在日朝鮮人関係資料集成』第一巻、三一書房、一九七五年、七一頁。
(55) 「判決文(京城地方法院、一九一五年一〇月三〇日)」韓国・国家記録院所蔵「独立運動関連判決文」、文書番号七七二一―七三。
(56) 「朝鮮保安法違反事件検挙ノ件(警高機第一三五八号、大正四年九月二七日)」金正柱編『朝鮮統治史料』第五巻、宗高書房、一九七〇年、六五二頁。
(57) 「韓人請入華籍」『民立報』一九一二年七月二一日付。
(58) 前掲「判決文(京城地方法院)」。
(59) 前掲「朝鮮保安法違反事件検挙ノ件」、六五二頁。

(60) 前掲「韓人請入華籍」。
(61) たとえば、辛亥革命の第二革命の際には、革命派を鎮圧した張勳と面会している（前掲「朝鮮保安法違反事件検挙ノ件」、六五二頁）。
(62) 「中独英露カ日本ヲ連攻セムトスルノ大勢」金正柱編、前掲『朝鮮統治史料』第五巻、六五六頁。同書に収められている高宗宛の手紙は、官憲が押収し、日本語訳したものである。
(63) 韓国併合後の大韓帝国皇帝一族については、新城道彦『朝鮮王公族——帝国日本の準皇族』中公新書、二〇一五年を参照。
(64) 前掲「朝鮮保安法違反事件検挙ノ件」、六五二頁。
(65) 同右、六四八頁。
(66) 同右、六四八頁。
(67) 小野寺史郎「中国ナショナリズムと第一次世界大戦」山室信一・岡田暁生・小関隆・藤原辰史編『世界戦争（現代の起点 第一次世界大戦）』第一巻、岩波書店、二〇一四年、一八六頁。
(68) 閔石麟、前掲「睨観申圭植先生伝記」、七三頁。
(69) 「中韓誼邦條約」金正柱編、前掲『朝鮮統治史料』第五巻、六五七〜六五八頁。
(70) 前掲「朝鮮保安法違反事件検挙ノ件」、六四六頁。前掲「判決文（京城地方法院）」。
(71) 「国家의 概念（続）」『西北学会月報』第一号、一九〇八年六月、一五〜一六頁。

第二章　民族自決——戦略としての民主主義

(1) 尹大遠『上海時期 大韓民国臨時政府研究』서울大学校出版部、二〇〇六年、二四頁。
(2) 趙素昻「自伝」三均学会編『素昻先生文集』下巻、횃불社、一九七九年、一五七頁。なお、同書に収録されている趙素昻の年譜には、彼が一九一二年に黄介民と朝鮮で出会ったと書かれているが（同右、四八七頁）、これは誤りである。
(3) 残りの四名は、李龍𤢖、洪焞、朴基駿、申斌である。李龍𤢖は新民会の元メンバーで一〇五人事件によって逮捕さ

れ、一審で有罪、二審で無罪となり釈放された。釈放後はアメリカに亡命して、大韓人国民会で活動した（尹慶老『（改訂増補版）一〇五人事件과 新民会研究』漢城大学校出版部、二〇一二年、三七六〜三七七頁）。残る三名は、大同団結宣言以外での活動がほとんど確認できない人物である。

（4）「大同団結의 宣言」、一九一七年七月、韓国独立記念館所蔵、四頁。なお、この文書は「不逞団関係雑件 朝鮮人ノ部在欧米3」外務省外交史料館、分類項目 四－三－二－二－一－五－三にも収録されている。

（5）当時ロシアでは旧暦（ユリウス暦）を用いており、ロシア革命は旧暦の二月と一〇月に勃発したため、それぞれ二月革命、一〇月革命と呼ばれる。本書ではロシアに関する事象であっても、すべて新暦（グレゴリオ暦）で表記を統一している。

（6）朴殷植著、姜徳相訳注『朝鮮独立運動の血史』第一巻、平凡社、一九七二年、一三〇頁。

（7）前掲「大同団結의 宣言」、七〜八頁。

（8）朝鮮（人）のことを指す。大同団結宣言によれば、韓国併合後、日本の同化政策によって朝鮮人は「半日半韓」になってしまった。

（9）前掲「大同団結의 宣言」、八〜九頁。

（10）Frank Alfred Golder, *Documents of Russian History, 1914–1917* (New York: Century, 1927), pp. 325, 330.

（11）Arno J. Mayer, *Political Origins of the New Diplomacy, 1917–1918* (New Haven: Yale University Press, 1959), p. 75. 日本語版はA・J・メイア著、木畑洋一・斉藤孝訳『ウィルソン対レーニンⅠ——新外交の政治的起源 一九一七〜一九一八年』岩波書店、一九八三年、一一九頁。

（12）Mayer, *op. cit.*, pp. 65, 75.

（13）鶴見太郎『イスラエルの起源——ロシア・ユダヤ人が作った国』講談社選書メチエ、二〇二〇年、一一六〜一一八頁。

（14）以下で述べる社会主義者による国際平和会議（ストックホルム会議）については、山内昭人「ストックホルム会議とツィンメルヴァルト運動」『史林』第六一巻第五号、一九七八年、同『戦争と平和、そして革命の時代のインタナショナル』九州大学出版会、二〇一六年、一一四〜一一八頁による。

（15）第二インターナショナルについては、西川正雄『第一次世界大戦と社会主義者たち（岩波人文書セレクション）』

岩波書店、二〇一三年を参照。
(16) 片山潜『万国社会党』渡米協会、一九〇七年。
(17) 山内昭人、前掲「ストックホルム会議とツィンメルヴァルト運動」、一〇一〜一〇二頁。〔 〕内のドイツ語の原文の引用は、Philipp Scheidemann, *Der Zusammenbruch* (Berlin: Verlag für Sozialwissenschaft, 1921), S. 135–137.
(18) 山内昭人、前掲「ストックホルム会議とツィンメルヴァルト運動」、一〇二頁。
(19) "Die Wünsche der Koreanischen Sozialisten," *Berliner Tageblatt*, September 2, 1917.
(20) たとえば、日本で比較的最近発表された近現代史の通史である糟谷憲一・並木真人・林雄介『朝鮮現代史』山川出版社、二〇一六年は、三・一独立運動の国際的背景として、ウィルソンが「民族自決主義」を含む「十四ヵ条」を提唱したことのみを挙げている(同書、一〇四頁)。また、韓国で刊行された朝鮮独立運動に関する代表的な通史の邦訳である姜万吉編著、太田修・庵逧由香訳『朝鮮民族解放運動の歴史――平和的統一への模索』法政大学出版局、二〇〇五年も、やはり背景として言及されるのは、ウィルソンとレーニンである。
(21) 「崔南善地方法院予備訊問調書」市川正明編『三・一独立運動』第三巻、原書房、一九八四年、九五頁。
(22) 木畑洋一『二〇世紀の歴史』岩波新書、二〇一四年、九〇頁。
(23) 吉野作造の朝鮮観の変化や留学生との関係については、松尾尊兊『民本主義と帝国主義』みすず書房、一九九八年、第一部を参照。同書は吉野と中国との関係についても扱っている。また、キリスト教の観点から吉野と中国知識人との関係を論じた研究として、武藤秀太郎『大正デモクラットの精神史――東アジアにおける「知識人」の誕生』慶應義塾大学出版会、二〇二〇年がある。
(24) 早川鉄治『戦後の青年』戦後経営調査会、一九一九年、九一頁。
(25) 吉野作造「講和条件の一基本として唱へらる、民族主義」『中央公論』第三三巻第三号、一九一八年三月、九二頁。
(26) 一九〇〇年代に入って以降、「国民」と「民族」の違いや「民族主義」について説明した学術書は出版されている。その内容を簡潔にまとめれば、「国民」は同一の政治の配下にある人々を指し、「民族」は同一の起源を有する人々を指す。一つの「国民」が複数の「民族」で構成されることも多々あり、「民族主義は成るべく一民族を以て一国家を形造らんとの主義」と理解されていた(高田早苗講述『国家学原理』早稲田大学出版部、一九〇五年、三〇頁。佐藤正『日本人長所短所論』東亜堂書房、一九一三年、九頁)。

(27) 小関隆「未完の戦争」山室信一・岡田暁生・小関隆・藤原辰史編『遺産(現代の起点 第一次世界大戦)』第四巻、岩波書店、二〇一四年、六～七頁。
(28) 「連合国対米回答」『東京朝日新聞』一九一七年一月一三日付、二面、「対米回答手交」『東京日日新聞』一九一七年一月一三日付、二面など。〔 〕内の英文の引用は、James Brown Scott, ed., *Official Statements of War Aims and Peace Proposals, December 1916 to November 1918* (Washington: Carnegie Endowment for International Peace, 1921), p. 37.
(29) 末広重雄「米国大統領と平和問題」『外交時報』第二九五号、一九一七年二月、三～四頁。『外交時報』については、伊藤信哉『近代日本の外交論壇と外交史学――戦前期の『外交時報』と外交史教育』日本経済評論社、二〇一一年に詳しい。
(30) Golder, *op. cit.*, p. 330.「露国政策声明」『大阪朝日新聞』夕刊、一九一七年四月一三日付、一面。戦前の新聞の夕刊は翌日の日付を記したため、実際は四月一二日に発行されている。
(31) 「国民への宣言書」『東京朝日新聞』一九一七年四月一四日付、二面。「露国仮政府の宣言」『大阪毎日新聞』一九一七年四月一三日付、一面。
(32) 池田嘉郎『ロシア革命――破局の八か月』岩波新書、二〇一七年、八〇～八五頁。
(33) Golder, *op. cit.*, pp. 353–355.
(34) 「新露政府宣言す」『大阪朝日新聞』一九一七年五月二二日付、一面。この記事もロイター通信に依拠したものである。
(35) 「露西亜仮政府の改造」『外交時報』第三〇三号、一九一七年六月、七三頁。
(36) 吉野作造「最近支那政界の二大勢力」『外交時報』第三〇三号、二〇一七年六月。
(37) ソ同盟共産党中央委員会付属マルクス＝エンゲルス＝レーニン研究所編、マルクス＝レーニン主義研究所訳『レーニン全集』第二二巻、大月書店、一九五七年、一三二～一三五頁。
(38) 日本で最初に翻訳されたレーニン文献は、『新社会』一九一七年一〇月号に掲載された堺利彦「ロシヤの革命」であり、これは「ロシア革命におけるロシア社会民主労働党の任務について」の邦訳であった(山内昭人『初期コミンテルンと在外日本人社会主義者――越境するネットワーク』ミネルヴァ書房、二〇〇九年、二七二頁)。
(39) 西山重和「国際社会党会議の苦悩」『外交時報』第三〇八号、一九一七年九月、四八～五九頁。

(40) 同右、五一頁。Scheidemann, *a. a. O.*, S. 137.

(41) 吉野作造「露国の前途を楽観す」『中央公論』第三二巻第一〇号、一九一七年一〇月、四〇、四六頁。

(42) 同右、四一頁。

(43) 詳しくは、Borislav Chernev, "The Brest-Litovsk Moment: Self-Determination Discourse in Eastern Europe before Wilsonianism," *Diplomacy & Statecraft* 22, No. 3, 2011 を参照。

(44) 「単独講和宣言書」『東京朝日新聞』一九一八年一月六日付、二面。〔 〕で挿入した英文の引用は、C. K. Cumming and Walter W. Pettit, eds., *Russian-American Relations, March, 1917–March, 1920: Documents and Papers* (New York: Brace and Howe, 1920), pp. 62–63. ただし、『東京朝日新聞』の情報源はロシアの通信社ウエストニックであり、ロシア語から翻訳した可能性もある。

(45) たとえば『大阪毎日新聞』は、「適確に〔おそらく「敵国」の誤記〕領土の一部分をなす所の国民は自らその将来の運命を断定すべき権利」、「各国民をして各自の運命を決せしめんとする主義と権利」のように意訳している（「過激派外相の宣言」『大阪毎日新聞』一九一八年一月六日付、二面）。

(46) 末広重雄「與国の戦争目的」『外交時報』第三一九号、一九一八年二月、一二頁。「芬蘭及ウクライナの独立承認」『外交時報』第三一九号、一九一八年二月、九四頁。

(47) 吉野作造「露独単独講和始末及び其批判」『中央公論』第三三巻第二号、一九一八年二月、一一三頁。

(48) Easurk Emsen Charr, *The Golden Mountain: The Autobiography of a Korean Immigrant, 1895–1960* (Urbana and Chicago: University of Illinois Press, 1996), pp. 158–159, 163.

(49) *Ibid.*, pp. 188–189.

(50) *Ibid.*, pp. 179–180.

(51) 「小弱国同会에 韓人代表者 보내난 사」『新韓民報』一九一七年一〇月二四日付、三面。

(52) 大戦期の在米ポーランド人については、中野耕太郎『戦争のるつぼ——第一次世界大戦とアメリカニズム』人文書院、二〇一三年、八二〜八九頁、リトアニア人については、志摩園子『物語 バルト三国の歴史——エストニア・ラトヴィア・リトアニア』中公新書、二〇〇四年、一四二頁を参照。

(53) "Small Nations Leagued Together," *The Survey* 38, May 5, 1917, pp. 120–121.

(54) "An Address to Senate," Arthur S. Link, ed., *The Papers of Woodrow Wilson* (Princeton: Princeton University Press, 1966–1994, 以下 *PWW*), Vol. 40, pp. 536, 539. Erez Manela, *The Wilsonian Moment: Self-Determination and the International Origins of Anticolonial Nationalism* (Oxford: Oxford University Press, 2007), pp. 23–24.
(55) "An Address to a Joint Session of Congress," *PWW*, Vol. 41, p. 526. Manela, *op. cit.*, p. 36.
(56) デイヴィッド・アーミテイジ著、平田雅博・岩井淳・菅原秀二・細川道久訳『独立宣言の世界史』ミネルヴァ書房、二〇一二年、三一頁。
(57) 中野耕太郎、前掲『戦争のるつぼ』、七～一〇頁。
(58) "Small Nations Leagued Together," *The Survey* 38, p. 121.
(59) "Quit Convention for Small Nations," *New York Times*, October 29, 1917.
(60) Kenneth E. Miller, *From Progressive to New Dealer: Frederic C. Howe and American Liberalism* (Pennsylvania: Pennsylvania State University Press, 2010), pp. 276–279.
(61) "Through Liberty to World Peace," *The Survey* 39, November 10, 1917, p. 137.
(62) Sarah-Beth Watkins, *Ireland's Suffragettes: The Women Who Fought for the Vote* (Dublin: The History Press Ireland, 2014), pp. 35–36.
(63) Miller, *op. cit.*, p. 279.
(64) ホノルル総領事諸井六郎から外務大臣本野一郎宛、一九一七年一〇月二五日付電報、外務省外交史料館、分類項目四-三-二-二-一-一五。朴容万は当時、大韓人国民会のハワイ支部で活動しており、ハワイ支部の機関誌『国民報』に「予の旅行と使命」という記事を寄せ、会議に参加する目的を述べた。引用は同記事を入手し日本語訳した官憲側の史料による。
(65) "Through Liberty to World Peace," *The Survey* 39, pp. 138–139.
(66) 「곤소식」『韓人新報』一九一七年一二月九日付、三面。
(67) 小関隆、前掲「未完の戦争」、七頁。
(68) Lyman P. Powell and Charles M. Curry, eds., *The World and Democracy; Selected and Arranged with Introduction and Notes* (Chicago: Rand McNally, 1919), p. 174.
(69) 「戦争目的再述」『東京日日新聞』一九一八年一月八日付、二面。同日付の『東京朝日新聞』もほぼ同じ訳である。

(70)「英国首相演説」『東京朝日新聞』一九一八年一月一〇日付、二面。
(71)「英国戦争の目的」『大阪朝日新聞』一九一八年一月九日付、二面。「連合国の目的」『大阪毎日新聞』一九一八年一月九日付、二面。
(72) 立作太郎「領土の処分と住民の意思」『外交時報』第三二〇号、一九一八年三月、一頁。
(73) 吉野作造「米国大統領及び英国首相の宣言を読む」『中央公論』第三三巻第二号、一九一八年二月、六頁。
(74) 長田彰文『日本の朝鮮統治と国際関係――朝鮮独立運動とアメリカ　一九一〇～一九二二』平凡社、二〇〇五年、七五～七八頁。
(75)「米大統領の教書」『大阪朝日新聞』一九一八年一月一〇日付、二面。細かな語句の違いはあるが、「米国の講和条件」『大阪毎日新聞』一九一八年一月一〇日付、二面、「米国大統領と講和条件」『外交時報』第三一九号、一九一八年二月、七一～七二頁も、ほぼ同じ訳である。
(76) "An Address to a Joint Session of Congress," *PWW*, Vol. 46, p. 321.
(77) 小関隆、前掲「未完の戦争」、九頁。
(78) 吉野作造「英米当局者の第二明言を読む」『中央公論』第三三巻第三号、一九一八年三月、四五頁。
(79) たとえば、『東京日日新聞』の場合、初報である一九一八年二月一四日付の「気炎万丈の米国大統領」(三面)では「民族自定」と訳しており、その二日後から「民族自決主義」に訳語を改めている(「米国の決心」『東京日日新聞』一九一八年二月一六日付、三面)。
(80) 吉野作造、前掲「英米当局者の第二明言を読む」、四八～五〇頁。同、前掲「講和条件の一基本として唱へらる、民族主義」、九四頁。
(81) たとえば雑誌では、永井柳太郎「我世界的大使命を果たす前提としての日支提携」『中央公論』第三三巻第四号、一九一八年四月、尾崎幸雄「世界永遠の平和と帝国の主張」『雄弁』第九巻第五号、一九一八年四月などがある。
(82) 麻田雅文『シベリア出兵――近代日本の忘れられた七年戦争』中公新書、二〇一六年、一一～一三頁。
(83) 小関隆、前掲「未完の戦争」、九～一〇頁。
(84)「日本の立場　尾崎行雄氏談」『東京朝日新聞』一九一八年一〇月二二日付、三面。
(85) 戸水寛人「講和に対する日本の態度及覚悟」『外交時報』第三一八号、一九一八年一二月、二～三頁。

(86) 吉野作造、前掲「講和条件の一基本として唱へらる、民族主義」、九五～九六頁。

(87) Manela, *op. cit.*, pp. 19–53.

(88) 塩川伸明『民族とネイション――ナショナリズムという難問』岩波新書、二〇〇八年、七～一七頁。

(89) Lloyd E. Ambrosius, *Wilsonianism: Woodrow Wilson and His Legacy in American Foreign Relations* (New York: Palgrave Macmillan, 2002), pp. 126–129. 中野耕太郎「『アメリカの世紀』の始動」山室信一・岡田暁生・小関隆・藤原辰史編、前掲『遺産』、二三〇頁。

(90) 唐渡晃弘『国民主権と民族自決――第一次大戦中の言説の変化とフランス』木鐸社、二〇〇三年、一二七～一二八頁。

(91) 「民族自決を認めよ」『大阪朝日新聞』一九一八年一二月一八日付、一面。

(92) "Constant Association and Cooperation of Friends," *The Survey* 41, December 21, 1918, p. 376.

(93) Howe F C to Wilson, December 16, 1918, Woodrow Wilson Papers (Library of Congress, Washington, 以下 WWP), series 5d, reel 419.

(94) 「民族自決主義에 대하여」『新韓民報』一九一九年一月二三日付、一面。

(95) Manela, *op. cit.*, pp. 47–53.

(96) Rhee S et al. to Wilson, December 22, 1918, WWP, series 5b, reel 387.

(97) 長田彰文、前掲『日本の朝鮮統治と国際関係』、一〇五頁。

(98) 金俊燁・金昌順編『韓国共産主義運動史――資料篇1』高麗大学校出版部、一九七九年、二三五頁。なお、呂運亨の生涯については、姜徳相『呂運亨評伝』全四巻、新幹社、二〇〇二～二〇一九年を参照。

(99) 「上海在住不逞鮮人逮捕方ニ関スル件（高第一一〇三七号、大正八年四月一一日）」外務省外交史料館、分類項目四-三-二-二-一-七。

(100) 崔善雄「張徳秀의 社会的自由主義思想과 政治活動」高麗大学校博士論文、二〇一三年、六三頁。

(101) 黄紀陶「黄介民同志伝略」『清江文史資料』第一輯、一九八六年、五六頁。

(102) 金弘壱『大陸의 憤怒――老兵의 回想記』文潮社、一九七二年、五一頁。

(103) 鄭秉峻「三・一運動의 起爆剤――呂運亨이 크레인에게 보낸 편지와 請願書」『歴史批評』第一一九号、二〇一七年、

二二八〜二三〇頁。
(104) 金俊燁・金昌順編、前掲『韓国共産主義運動史』、二四三頁。
(105) 小野寺史郎「中国ナショナリズムと第一次世界大戦」山室信一・岡田暁生・小関隆・藤原辰史編『世界戦争（現代の起点　第一次世界大戦）』第一巻、岩波書店、二〇一四年、一九四〜一九五頁。
(106) 鄭秉峻、前掲「三・一運動의 起爆剤」、二三一頁。
(107) 金俊燁・金昌順編、前掲『韓国共産主義運動史』、二四三頁。
(108) 鄭秉峻、前掲「三・一運動의 起爆剤」、二三三、二三四頁。
(109) 請願書の原本は鄭秉峻によって発掘され、前掲「三・一運動의 起爆剤」、二五四〜二五八頁に史料として収録されている。以下、本書では、とくに注記しない限り、鄭秉峻の論文に収録された請願書を活用する。なお、官憲が翻訳した日本語版は、金正明編『朝鮮独立運動Ⅱ——民族主義運動篇』原書房、一九六七年、八八〜九一頁に収められている。ミラードの著書に収録された請願書は、Thomas Franklin Millard, *Democracy and the Eastern Question: The Problem of the Far East as Demonstrated by the Great War, and Its Relation to the United States of America* (New York: Century, 1919), pp. 38–40.
(110) 金奎植のパリ行きについては、鄭秉峻「一九一九年、파리로 가는 金奎植」『韓国独立運動史研究』第六〇号、二〇一七年を参照。
(111) 大韓民国文教部国史編纂委員会編『尹致昊日記』第七巻、大韓民国文教部国史編纂委員会、一九七一年、二六四頁。
(112) 朝鮮憲兵隊司令部編『朝鮮騒擾事件状況（大正八年）』巌南堂書店、一九六九年、一頁。
(113) 姜徳相編『現代史資料（26）朝鮮（二）』みすず書房、一九六七年、一一頁。長田彰文、前掲『日本の朝鮮統治と国際関係』、一〇五頁。
(114) 在日朝鮮ＹＭＣＡと学友会の関係については、拙著『朝鮮独立運動と東アジア——一九一〇〜一九二五』思文閣出版、二〇一三年、第二章を参照。なお、在日朝鮮ＹＭＣＡの会館は関東大震災の際に焼失したため、現在記念碑が建つ在日本韓国ＹＭＣＡとは位置が異なる。一九一九年当時の在日朝鮮ＹＭＣＡは、現在の専修大学神田キャンパスの付近にあった。
(115) 姜徳相編、前掲『現代史資料（26）』、一六頁。
(116) “Koreans Agitate for Independence”, *The Japan Advertiser*, December 15, 1918, p.1.

(117) 田栄澤「東京留学生의 独立運動」『新天地』第一巻第二号、一九四六年二月、九七頁。
(118) 姜徳相編、前掲『現代史資料(26)』、二〇頁。
(119) 田栄澤、前掲「東京留学生의 独立運動」、九八頁。
(120) 姜徳相編、前掲『現代史資料(26)』、二一頁。
(121) 波田野節子『李光洙――韓国近代文学の祖と「親日」の烙印』中公新書、二〇一五年、八八〜九七頁。阿部充家の『毎日申報』の紙面改革については、李炯植編『斎藤実・阿部充家往復書簡集』亜研出版部、二〇一八年に所収の「解題」を参照。
(122) 波田野節子、前掲『李光洙』、一一九〜一二二頁。
(123) 李光洙「나의 海外亡命時代――上海의 二年間」『三千里』第四巻第一号、一九三二年一月、二八頁。同史料については、波田野節子氏にご教示いただいた。
(124) 以下、二・八独立宣言書の日本語版の引用は、「不逞団関係雑件 朝鮮人ノ部 在内地」外務省外交史料館、分類項目 四-三-二-二-一-四による。朝鮮語版は韓国の独立記念館に所蔵されており、原本の図版が、在日本韓国YMCA編『未完の独立宣言――二・八朝鮮独立宣言から一〇〇年』新教出版社、二〇一九年の巻頭にカラーで収録されている。残念ながら、李光洙が作成した宣言書の英語版は見つかっていない。
(125) 李光洙、前掲「나의 海外亡命時代」、二八頁。
(126) 姜徳相編、前掲『現代史資料(26)』、二一頁。田栄澤、前掲「東京留学生의 独立運動」、九九頁。なお、在日朝鮮YMCAの幹事だった白南薫は、崔八鏞ではなく白寛洙が宣言書を朗読したと回想している(白南薫『나의 一生』新現実社、一九六八年、一二七頁)。
(127) 「露国革命ノ朝鮮人ニ及ホス影響(朝憲機密第三〇六号、一九一七年一〇月一六日)」外務省外交史料館、分類項目 四-三-二-二-一-二。
(128) 劉孝鐘「二月革命と極東ロシアの朝鮮人社会」中村喜和編『ロシアと日本――共同研究』第二集、一橋大学社会学部中村喜和研究室、一九九〇年、六三〜六六頁。朴烜『러시아地域 韓人言論과 民族運動』景仁文化社、二〇〇八年、二二五頁。
(129) 劉孝鐘、前掲「二月革命と極東ロシアの朝鮮人社会」、六七頁。

(130) 同右、七〇頁。
(131) 林京錫『韓国社会主義의 起源』歴史批評社、二〇〇三年、六五頁。Ким Сын Хва, *Очерки по Истории Советских Корейцев* (Алма-Ата: Наука, 1965), с. 87.
(132) 十月革命十周年準備委員会編『十月革命十周年과 쏘베트高麗民族』、一九二七年、四六頁。
(133) 原暉之『シベリア出兵――革命と干渉一九一七～一九二二』筑摩書房、一九八九年、一七四～一七五頁。
(134) 十月革命十周年準備委員会編、前掲『十月革命十周年과 쏘베트高麗民族』、四六頁。
(135) 同右、四七頁。
(136) 劉孝鐘「極東ロシアにおける一〇月革命と朝鮮人社会」『ロシア史研究』第四五号、一九八七年、三五頁。
(137) 十月革命十周年準備委員会編、前掲『十月革命十周年과 쏘베트高麗民族』、四七頁。
(138) ニム・ウェールズ、キム・サン著、松平いを子訳『アリランの歌――ある朝鮮人革命家の生涯』岩波書店、一九八七年、一一八頁。
(139) 林京錫、前掲『韓国社会主義의 起源』、八二頁。
(140) 劉孝鐘「チェコスロヴァキア軍団と朝鮮民族運動――極東ロシアにおける三・一運動の形成」ソビエト史研究会編『旧ソ連の民族問題』木鐸社、一九九三年、一〇九～一一〇頁。
(141) 林忠行「チェコスロヴァキア軍団――未来の祖国に動員された移民と捕虜」山室信一・岡田暁生・小関隆・藤原辰史編『総力戦（現代の起点　第一次世界大戦）』第二巻、岩波書店、二〇一四年、六七頁。
(142) 同右、六七～六八頁。
(143) 「『韓族公報』의 出世」『新韓民報』一九一八年一〇月一〇日付、三面。「俄領実記（十）」『独立新聞』一九二〇年四月一日付、一面。朴烜、前掲『러시아地域 韓人言論과 民族運動』、二三〇頁。
(144) 劉孝鐘、前掲「チェコスロヴァキア軍団と朝鮮民族運動」、一四八～一五一頁。
(145) たとえば、「チェック共和国成る　大統領マサリック博士」『東京朝日新聞』一九一八年一一月一六日付、二面など。
(146) 「俄領実記（十二）」『独立新聞』一九二〇年四月八日付、一面。李炫熙『大韓民国臨時政府史』集文堂、一九八二年、四〇六～四〇七頁。大韓独立宣言書総覧編纂委員会編『大韓独立宣言書総覧』図書出版위드라인、二〇一九年、一四二頁。

(147) 張道政「高麗共産党ノ沿革」РГАСПИ, ф.495, оп.154, д.248, л.5.

第三章　三・一独立運動――支配者、協力者、そして情報源としての日本

(1) 以下、三月一日の京城の万歳デモについては、朴賛勝『一九一九――大韓民国 첫 번째 봄』다산북스、二〇一九年、一九八～二一三頁および金正仁「一九一九年三月一日　万歳示威의 再構成」韓国歴史研究会三・一運動一〇〇周年企画委員会編『三・一運動一〇〇年（2）事件과 目撃者들』휴머니스트、二〇一九年、一〇二～一〇七頁による。

(2) 柳震爀「내가 겪은 乙未万歳」『東亜日報』一九五六年三月一日付、三面。

(3) 高宗の突然死や毒殺説については、とくに注記しない限り、李昇燁「李太王（高宗）毒殺説の検討」『二十世紀研究』第一〇号、二〇〇九年による。

(4) 李垠と梨本宮方子の結婚は、一九二〇年に実現した。梨本宮方子（李方子）については、小田部雄次『李方子――一韓国人として悔いなく』ミネルヴァ書房、二〇〇七年に詳しい。

(5) 国葬の前日の三月二日ではなく一日になったのは、二日が日曜日であり、民族代表のキリスト教関係者が日曜日は安息日であるため拒否したからであった（長田彰文『日本の朝鮮統治と国際関係――朝鮮独立運動とアメリカ 一九一〇～一九二二』平凡社、二〇〇五年、一三七頁）。

(6) 三一運動データベース（http://db.history.go.kr/samil/home/main/main.do　二〇二一年二月二八日閲覧）。

(7) 朴賛勝、前掲『一九一九』、二二六～二二九頁。また、三・一独立運動に参加した女性については、宋連玉「朝鮮女性の視点から見た三・一独立運動」『大原社会問題研究所雑誌』第七二七号、二〇一九年が、数名の女性独立運動家を取り上げて詳しく論じている。

(8)「朝鮮各地の騒擾」『大阪毎日新聞』一九一九年三月一日付、一一面。

(9)「耶蘇教徒なる朝鮮人の暴動」『大阪朝日新聞』一九一九年三月三日付、七面。「一日の京城市中」『大阪朝日新聞』一九一九年三月五日付、夕刊、二面。

(10) 姜徳相編『現代史資料（25）朝鮮（一）』みすず書房、一九六六年、四七四頁。

(11) 水野直樹「韓国における三一運動研究の動向」『朝鮮史研究会会報』第二一八号、二〇二〇年、一〇頁。

(12) 朴賛勝、前掲『一九一九』、二七六〜二八一頁。
(13) 趙景達「三・一運動における民衆のナショナリズム——二つの事例から」『大原社会問題研究所雑誌』第七二八号、二〇一九年、二頁。
(14) 朴賛勝、前掲『一九一九』、二六七〜二七二頁。
(15) 布施辰治・張祥重・鄭泰成『運命の勝利者 朴烈』世紀書房、一九四六年、一四一〜一四二頁。
(16) 金仁徳『朴烈』歴史空間、二〇一三年、三六〜三七頁。
(17) ニム・ウェールズ、キム・サン著、松平いを子訳『アリランの歌——ある朝鮮人革命家の生涯』岩波書店、一九八七年、七一〜七三頁。
(18) "American Witness of Seoul Rioting," *The Japan Advertiser*, March 9, 1919, p.1. 長田彰文、前掲『日本の朝鮮統治と国際関係』、四一五頁。
(19) 「未公開資料 朝鮮総督府関係者 録音記録(四) 民族運動と『治安』対策」『東洋文化研究』第五号、二〇〇三年、二八六頁。
(20) 李昇燁、前掲「李太王(高宗)毒殺説の検討」、八〜一一頁。
(21) 当時の朝鮮人の人口は約二〇〇〇万人であるため、運動に参加したのは五%程度となり、実際は万歳デモに参加しない民衆のほうが圧倒的に多かった。江原道伊川郡の事例を分析した趙景達によれば、この地域ではデモを傍観するだけの民衆や、天道教徒に脅されて強制的にデモに参加させられる民衆が確認されるなど、彼らは日々の生活とデモに参加して鎮圧に巻き込まれるリスクを天秤にかけていたという(趙景達、前掲「三・一運動における民衆のナショナリズム」、八〜一五頁)。本書では民衆の万歳デモに深くは立ち入らないが、全民族的な運動であることが強調されがちな三・一独立運動のデモを分析するにあたっては、こうした運動に参加しなかったり、消極的だったりした民衆に着目することも重要である。
(22) 本書では、民族代表三三人や三・一独立運動に深く関わった崔南善らの訊問調書は、市川正明編『三・一独立運動』第一巻〜第三巻、原書房、一九八三〜一九八四年に収録されているものを活用した。以下、同書からの引用の際は編者名を省略する。
(23) 「李明龍地方法院予審訊問調書」『三・一独立運動』第一巻、三二一三頁。

(24)「米大統領의 要求條件」『毎日申報』一九一八年一一月一一日付、二面。
(25)「講和의 基礎条件」『毎日申報』一九一八年一一月五日付、一面。長田彰文、前掲『日本の朝鮮統治と国際関係』、一一六頁。
(26)『大阪朝日新聞』と『大阪毎日新聞』の朝鮮での展開については、拙著『帝国日本と朝鮮野球――憧憬とナショナリズムの隘路』中公叢書、二〇一七年、第二章に詳しい。
(27)「権東鎮地方法院予審訊問調書」『三・一独立運動』第一巻、二二八頁。「呉世昌地方法院予審訊問調書」、同巻、二四〇頁。
(28)松谷基和『民族を超える教会――植民地朝鮮におけるキリスト教とナショナリズム』明石書店、二〇二〇年、二四二頁。
(29)「崔麟地方法院予審訊問調書」『三・一独立運動』第一巻、二一四頁。
(30)「孫秉熙検事訊問調書」『三・一独立運動』第一巻、一一七頁。「孫秉熙地方法院予審訊問調書」、同巻、二〇二頁。「崔麟地方法院予審訊問調書」、同巻、二一四頁。「権東鎮地方法院予審訊問調書」、同巻、二二八頁。
(31)「崔南善警察訊問調書」『三・一独立運動』第三巻、一四頁。
(32)同右。
(33)大韓民国文教部国史編纂委員会編『尹致昊日記』第七巻、大韓民国文教部国史編纂委員会、一九八六年、二三六、二四二頁。
(34)前掲「権東鎮地方法院予審訊問調書」、八六頁。
(35)前掲「崔南善警察訊問調書」、一四頁。
(36)松谷基和、前掲『民族を超える教会』、二四五頁。
(37)「李寅煥地方法院予備訊問調書」『三・一独立運動』第一巻、二八八～二八九頁。李寅煥は李昇薫の本名である。
(38)松谷基和、前掲『民族を超える教会』、二四五頁。もっとも、同書によれば、牧師の吉善宙は李昇薫から独立運動計画の詳細を聞かされぬまま、三・一独立宣言書の署名者として名前を使われており、李昇薫はかなり強引にキリスト教側の署名者を集めていた。
(39)「崔麟検事訊問調書」『三・一独立運動』第一巻、一二一～一二二頁。

(40)「韓龍雲地方法院予審訊問調書」『三・一独立運動』第一巻、三八八頁。
(41)三月一日の平壌のデモについては、金正仁、前掲「一九一九年三月一日 万歳示威의再構成」、一〇七~一一三頁を参照。
(42)李昇燁、前掲「李太王(高宗)毒殺説の検討」、二二一~二二三頁。
(43)同右、二二一~二二三頁。
(44)原奎一郎編『原敬日記』第五巻、福村出版、一九八一年、八七~八八頁。天道教の密偵については、原敬が一九一九年四月二六日の日記に記している。
(45)長田彰文、前掲『日本の朝鮮統治と国際関係』、一一七頁。
(46)「諸小国独立の前途」『大阪毎日新聞』一九一八年一一月二七日付、一面。
(47)前掲「崔麟検事訊問調書」、一二〇頁。
(48)前掲「呉世昌地方法院予審訊問調書」、二四一頁。「申洪植地方法院予審訊問調書」『三・一独立運動』第一巻、三一七頁。
(49)前掲「崔麟地方法院予審訊問調書」、二二六頁。筆者が確認した限り、崔麟のほかに天道教では、孫秉熙、権東鎮、キリスト教では李昇薫、朴熙道、李甲成、呉華英、朴東完、仏教では韓龍雲が、朝鮮にも「民族自決」が適用されると思っていたと証言している。
(50)前掲「孫秉熙検事訊問調書」、一二〇頁。前掲「李寅煥地方法院予備訊問調書」、二八八頁。「玄相允検事訊問調書」『三・一独立運動』第三巻、四七頁。
(51)小関隆『アイルランド革命 一九一三~二三──第一次世界大戦と二つの国家の誕生』岩波書店、二〇一八年、一六五~一六七頁。厳密にいえば、一九一六年のイースター蜂起の渦中で「アイルランド共和国」の設立が宣言されており、一九一九年の独立宣言書はこれを再確認するものであった。
(52)「愛蘭の独立宣言」『大阪毎日新聞』一九一九年一月二五日付、夕刊、一面。「愛蘭独立の急先鋒」『大阪毎日新聞』一九一九年一月二五日付、朝刊、一面。『大阪朝日新聞』でも、シン・フェインが独立を宣言し、「愛蘭共和国の建設を布告」したことが報道されている(「愛蘭シン・フエン党」『大阪朝日新聞』一九一九年一月二五日付、一面)。
(53)前掲「孫秉熙検事訊問調書」、一二〇頁。前掲「孫秉熙地方法院予審訊問調書」、一〇二頁。前掲「崔麟地方法院予審訊問調書」、二二五頁。「李寅煥検事訊問調書」『三・一独立運動』第一巻、一四八頁。

(54) 前掲「孫秉熙地方法院予審訊問調書」、二一二頁。そのため、孫秉熙は高宗の死に対して「歳を永れば死する事は当然」と述べるなど冷淡であった。

(55) 前掲「崔麟地方法院予審訊問調書」、二一五頁。

(56) 前掲「崔麟検事訊問調書」、二一〇～二一一頁。なお、宣言書の一行目の「朝鮮」は原文では「鮮朝」と書かれているが、これは印刷を担当した天道教のミスである。

(57) 「崔南善地方法院予審訊問調書」『三・一独立運動』第三巻、八六、九二頁。

(58) 「崔南善高等法院予備訊問調書」『三・一独立運動』第三巻、一三四頁。

(59) 崔南善編『朝鮮独立運動小史』東明社、一九四六年、二八～三三頁。

(60) 「安世桓地方法院訊問調書」『三・一独立運動』第三巻、六三頁。前掲「崔南善地方法院予備訊問調書」、八九頁。

(61) 「林圭警察聴取書」『三・一独立運動』第三巻、六頁。

(62) 崔南善編、前掲『朝鮮独立運動小史』、二七頁。

(63) 中村屋およびボースについては、中島岳志『中村屋のボース――インド独立運動と近代日本のアジア主義』白水社、二〇〇五年を参照。同書によれば、ボースが匿われた洋館のアトリエは、六畳と四畳半の二部屋だったという（同右、一〇九頁）。林圭は「十畳敷位の一間」と述べており、広さはほぼ一致するが、間取りについては記憶違いが見られる。

(64) 田中美佳「崔南善の初期の出版活動にみられる日本の影響――一九〇八年創刊『少年』を中心に」『朝鮮学報』第二四九・二五〇合併号、二〇一九年、五一～五三頁。

(65) 『半島時論』第三巻第一号（一九一九年一月）に「社会의感化」という論説を寄稿していることが確認できる程度である。『半島時論』については、拙稿「植民地朝鮮における竹内録之助の出版活動――武断政治と朝鮮語雑誌」『史淵』第一五七号、二〇二〇年を参照。

(66) 「피의 抗戦 三・一運動回顧（1）金道泰氏談」『京郷新聞』一九五四年二月二六日付、二面。

(67) 「사모친 独立의 悲願 죽엄으로 正義의 抗拒 記憶도 生生三一年前壮挙」『東亜日報』一九四九年三月一日付、三面。

(68) 「林静子訊問調書（大正八年七月一六日 東京地方裁判所）」韓国史データベース（http://db.history.go.kr/id/hd_011_0020_0190 二〇二〇年九月一七日閲覧）。

(69) 相馬黒光『滴水録』相馬安雄（私家版）、一九五六年、四一八頁。同書は相馬黒光の死後に刊行された回想録である。本書で使用する朝鮮人に関する回想は、一九四〇年代前半に書かれたものと推定される。
(70)「相馬愛蔵訊問調書（大正八年七月一六日　東京地方裁判所）」韓国史データベース（http://db.history.go.kr/id/hd_011_0020_0200　二〇二〇年九月一七日閲覧）。
(71)「林圭地方法院予備訊問調書」、第三巻、七一～七二頁。
(72) 相馬黒光、前掲『滴水録』、四一九頁。
(73) 前掲「林圭地方法院予備訊問調書」、七二頁。
(74) 相馬黒光、前掲『滴水録』、四二〇頁。実際は、林圭が一階に下りる際に階段で刑事とすれ違ったが、状況を把握していた林圭は平静を装い、階段が薄暗かったこともあって、刑事は林に気がつかなかったという。
(75) 同右、四二三頁。「朝鮮暴動の二張本」『東京朝日新聞』一九一九年三月一三日、五面。
(76) 相馬黒光、前掲『滴水録』、四二一頁。
(77) 相馬愛蔵『一商人として――所信と体験』岩波書店、一九三八年、九五～九六頁。
(78) 相馬黒光、前掲『滴水録』、四二四頁。韓小済と俊子は女子聖学院の同窓生であった。韓小済は東京女子医学専門学校に進学し、一九二三年に卒業すると朝鮮人で「最初の女医師」になった（「韓国걸스카우트 創設者 韓小済씨 美서別世」『東亜日報』一九九七年三月六日付、四六面）。
(79) 崔承万『나의 回顧録』仁荷大学校出版部、一九八五年、八五～八六頁。
(80) 朴順天「政治女性半世紀（4）」『中央日報』一九七四年二月二八日付、五面。朴順天が中村屋に下宿していたのは一九一九年九月からの三ヶ月間であり、その後逮捕され、約一年間投獄された。回想に登場する黄信徳も独立運動家で、「解放」後は韓国で教育者として活動した。
(81) 中島岳志、前掲『中村屋のボース』、一二六～一三一頁。
(82) 相馬黒光、前掲『滴水録』、四二五頁。
(83) 以下、秦学文については、とくに注記しない限り、崔泰源「어느 植民地 文学青年의 行方――『몽몽』시절 秦学文의 日本留学과 文学授業」『尚虚学報』第五〇号、二〇一七年による。
(84) 尾崎宏次編『秋田雨雀日記』第一巻、未來社、一九六五年、四六頁。

(85) 秦学文「ボースさん」相馬黒光・相馬安雄『アジアのめざめ――印度志士ビハリ・ボースと日本』東西文明社、一九五三年、二五五、二五七頁。ただし、ボースと俊子の結婚式は頭山満の自宅で密かに執り行われたため（中島岳志、前掲『中村屋のボース』、一四二頁）、秦学文は式には出席していないと考えられる。

(86)「会計部」『大韓留学生会学報』第一号、一九〇七年三月、九四頁。なお、秦学文は一九五四年に発表した崔南善についての評論で、崔とは「五拾年来、少なくない交渉があった」と述べている（秦学文「六堂가 걸어간 길」『思想界』第五八号、一九五八年五月、一五三頁）。

(87) 秦学文、前掲「六堂가 걸어간 길」、一五八頁。

(88)「芸術座の一行妓生歌舞を観る」『京城日報』一九一七年六月一六日付、三面。「島村氏一行을 太華亭에 招待　崔南善등 諸氏가」『毎日申報』一九一七年六月一六日付、三面。

(89) ただし、崔南善についてはは相馬黒光もある程度知っていたようであり、「学問もあるし、門地も高い、又衆望をあつめるに足る人格者」と評している。なお、林静子は三・一独立運動後、朝鮮に戻ってアメリカ人が経営するミッションスクールに通った。一九二七年に相馬夫妻が朝鮮を旅行した際、林静子と数年振りの再会を果たすが、両者の面会を取り持ったのが崔南善だったという（相馬黒光、前掲『滴水録』、四二四、四二六頁）。

(90)「朝鮮の騒擾」『大阪朝日新聞』一九一九年三月八日付、一面。松尾尊兊『民本主義と帝国主義』みすず書房、一九八年、一三八頁。

(91) 松尾尊兊、前掲『民本主義と帝国主義』、一三九頁。姜東鎮『日本言論界と朝鮮――一九一〇～一九四五』法政大学出版局、一九八四年、一七一～一七二頁。

(92) 以下で述べる黎明会と朝鮮人留学生の交流については、松尾尊兊、前掲『民本主義と帝国主義』、一七八～一八三頁、拙著『朝鮮独立運動と東アジア――一九一〇～一九二五』思文閣出版、二〇一三年、第四章および第六章による。

(93) 黎明会と同時期には、吉野作造門下の東京帝国大学の学生団体である新人会が植民地支配を否定し、朝鮮の独立を支持した（松尾尊兊、前掲『民本主義と帝国主義』、一八一頁）。新人会には慶應義塾大学部の留学生で、近代朝鮮を代表する小説家となる廉想渉が参加した。一九二〇年代に入ると、日本人社会主義者と朝鮮人独立運動家の交流が本格化していく。詳しくは、拙著、前掲『朝鮮独立運動と東アジア』、第六章を参照。

(94) 坂口満宏「国際協調型平和運動――『大日本平和協会』の活動とその史的位置」『キリスト教社会問題研究』第三

三号、一九八五年、一二〇、一三〇～一三一頁。

(95) 王育徳『台湾——苦悶するその歴史』弘文堂、一九六四年、一一六～一一七頁。

(96) 松尾尊兊、前掲『民本主義と帝国主義』、一四〇～一四二頁。

(97) 末広重雄「朝鮮自治問題」『太陽』第二五巻九号、一九一九年七月、八〇頁。

(98) 大韓民国文教部国史編纂委員会編、前掲『尹致昊日記』第七巻、二三六頁。

(99) 同右、二四二頁。

(100) 同右、四三四頁。

(101) 同右、二三五頁。

(102) 同右、二六一、二六五頁。「鮮人の為に悲しむ」『京城日報』一九一九年三月七日付、三面。

(103) 大韓民国文教部国史編纂委員会編、前掲『尹致昊日記』第七巻、二六五頁。

(104) 同右、二六六頁。「朝鮮人을 為하여 悲劇、尹致昊氏談」『毎日申報』一九一九年三月八日付、二面。

(105) 大韓民国文教部国史編纂委員会編、前掲『尹致昊日記』第七巻、二九九～三〇〇頁。

(106) 同右、二九一、二九九頁。

第四章　朝鮮ナショナリズム——三・一後の独立運動の行方

(1) 趙素昻「三・一運動과 나」三均学会編『素昻先生文集』下巻、햇불社、一九七九年、六七頁。

(2) 「在外同胞의 現状을 론하야 同胞教育의 緊急함을」『大韓人正教報』第一一号、一九一四年六月。

(3) 太白狂奴「緒言」太白狂奴原輯『韓国痛史』大同編譯局、一九一五年、三頁。

(4) 田中美佳「植民地期朝鮮における崔南善の単行本出版とその編集方針——新文館刊『時文読本』を中心に」『九州歴史科学』第四八号、二〇二〇年、一五～一六頁。

(5) 趙素昻、前掲「三・一運動과 나」、六七頁。

(6) 在上海日本総領事館警察部第二課「朝鮮民族運動年鑑」姜徳相編『現代史資料（25）朝鮮（一）』みすず書房、一九六六年、一八八頁。波田野節子『李光洙——韓国近代文学の祖と「親日」の烙印』中公新書、二〇一五年、一二四頁。

（7）「韓日関係史料集」大韓民国文教部国史編纂委員会編『韓国独立運動史　資料4——臨政篇Ⅳ』大韓民国文教部国史編纂委員会、一九七四年、二〇七頁。
（8）「大韓民国臨時政府　憲法」大韓民国臨時政府資料集編纂委員会『大韓民国臨時政府資料集』第一巻、国史編纂委員会、二〇〇五年、三頁。
（9）「臨時議政院紀事録　第一回」大韓民国臨時政府資料集編纂委員会『大韓民国臨時政府資料集』第二巻、国史編纂委員会、二〇〇五年、一六頁。
（10）上海総領事有吉明から外務大臣内田康哉宛（大正八年四月一二日）、「朝鮮共和国ノ仮憲法ト称スルモノノ送付ノ件」外務省外交史料館、分類項目　四-三-二-二-一-七。
（11）朴賛勝『一九一九——大韓民国 첫 번째 봄』다산북스、二〇一九年、三一五頁。
（12）Joseph V. Fuller, ed., *Papers Relating to the Foreign Relations of the United States, 1918: Supplement 1, the World War*, Vol. 1 (Washington: United States Government Printing Office, 1933), pp. 850–851.
（13）「까이다将軍訪問記」『独立新聞』一九二〇年一月一三日付、一面。林忠行「チェコスロヴァキア軍団——未来の祖国に動員された移民と捕虜」山室信一・岡田暁生・小関隆・藤原辰史編『総力戦（現代の起点　第一次世界大戦）』第二巻、岩波書店、二〇一四年、六七～六八頁。
（14）呂運弘『夢陽呂運亨』青厦閣、一九六七年、四〇～四二頁。
（15）趙素昻「党綱解釈　草案」三均学会編『素昻先生文集』上巻、횃불社、一九七九年、二二五～二二六頁。
（16）在上海日本総領事館警察部第二課、前掲「朝鮮民族運動年鑑」、一九一頁。
（17）長田彰文『日本の朝鮮統治と国際関係——朝鮮独立運動とアメリカ 一九一〇～一九二二』平凡社、二〇〇五年、八八、一七四～一八五頁。
（18）"Egypt and Korea," *New York Times*, March 20, 1919.
（19）長田彰文、前掲『日本の朝鮮統治と国際関係』、一七四～一七五頁。
（20）篠原初枝『国際連盟——世界平和への夢と挫折』中公新書、二〇一〇年、八四、一三三～一三四頁。
（21）Thomas Franklin Millard, *Democracy and the Eastern Question: The Problem of the Far East as Demonstrated by the Great War, and Its Relation to the United States of America* (New York: Century, 1919), p. 37.

（22）李光洙「나의 告白」『李光洙全集』第七巻、三中堂、一九七一年、二五五頁。
（23）朱耀翰編『安島山全書』三中堂、一九七一年、五一九〜五二四頁。
（24）金俊燁・金昌順編『韓国共産主義運動史――資料篇1』高麗大学校出版部、一九七九年、三七四頁。上海総領事山崎馨一から外務大臣内田康哉宛、一九二〇年八月八日付電報、外務省外交史料館、分類項目 四―三―二―二―一―五。
（25）「万国社会党大会에서 韓国独立承認」『独立新聞』一九一九年一〇月二八日付。西川正雄『社会主義インターナショナルの群像――一九一四〜一九二三』岩波書店、二〇〇七年、九九頁。"The Independence of Korea," IISG, Archief Pieter Jelles Troelstra, 466.
（26）"The Independence of Korea," IISG, Archief Pieter Jelles Troelstra, 466.
（27）潘炳律『誠斎 李東輝一代記』범우社、一九九八年、一七四頁。
（28）潘炳律『統合臨時政府와 安昌浩、李東輝、李承晩――三角政府의 세 指導者』신사원、二〇一九年、七三〜八七頁。
（29）劉孝鐘「コミンテルン極東書記局の成立過程」、「初期コミンテルンと東アジア」研究会編『初期コミンテルンと東アジア』不二出版、二〇〇七年、二六〜二七頁。
（30）以下、本書で述べる上海派とイルクーツク派の高麗共産党の設立の経緯については、とくに注記しない限り、拙著『朝鮮独立運動と東アジア――一九一〇〜一九二五』思文閣出版、二〇一三年および拙稿「ロシア革命と朝鮮独立運動――現代韓国・北朝鮮の淵源」宇山智彦編『ロシア革命とソ連の世紀』第五巻、岩波書店、二〇一七年による。
（31）金俊燁・金昌順編、前掲『韓国共産主義運動史』、三七四頁。
（32）姜徳相編『現代史資料（27）朝鮮（三）』みすず書房、一九七〇年、三〇〜三一頁。
（33）原暉之「ロシア革命、シベリア戦争と朝鮮独立運動」菊地昌典編『ロシア革命論――歴史の復権』田畑書店、一九七七年、二〇〇〜二〇一頁。
（34）趙澈行「国民代表会 開催過程과 参加代表」『韓国民族運動史研究』第六一号、二〇〇九年、三〜四頁。
（35）波田野節子、前掲『李光洙』、一二七〜一二八頁。
（36）崔南善「模索에서 発見까지――朝鮮民是論（1）」『東明』第一巻第一号、一九二二年九月、三〜四頁。尹寧實「植民地의 民族自決과 世界民主主義」『韓国現代文学研究』第五一号、二〇一七年、九七頁。
（37）『東亜日報』に関しては、東亜日報社史編纂委員会編『東亜日報社史』第一巻、東亜日報社、一九七五年を参照。

(38)「主旨를 宣明하노라」『東亜日報』一九二〇年四月一日付、一面。
(39)同右。
(40)「美国来賓의 伝하는 말(二)」『東亜日報』一九二〇年八月二九日付、一面。
(41)金明植「大勢와 改造」『東亜日報』一九二〇年四月二日付、三面。
(42)以下、朝鮮労働共済会については、拙著、前掲『朝鮮独立運動と東アジア』、一四四～一四九頁による。
(43)朝鮮独立運動とスポーツの関係、朝鮮体育会の活動については、拙著『帝国日本と朝鮮野球――憧憬とナショナリズムの隘路』中公叢書、二〇一七年、第三章を参照。
(44)「朝鮮体育会에 対하여」『東亜日報』一九二〇年七月一六日付、一面。
(45)国際連盟規約の引用は、篠原初枝、前掲『国際連盟』、二八七頁による。
(46)東浦洋「日本人がその創設に影響を与えた国際機関」『人道研究ジャーナル』第四号、二〇一五年、一六五頁。
(47)「世界를 알라」『開闢』第一号、一九二〇年六月、四頁。
(48)玄波「『데모크라시』의 略義」『開闢』第一号、一九二〇年六月、九四～九六頁。
(49)たとえば、「世界改造의 劈頭를 当하야 朝鮮의 民族運動을 論하노라」『東亜日報』一九二〇年四月二日付、一面。
(50)「머리말」『現代』第一号、一九二〇年一月、一頁。
(51)崔録東『現代新語釈義』文唱社、一九二二年。
(52)物産奨励運動と民立大学設立運動については、朴賛勝『韓国近代政治思想史研究――民族主義右派의 実力養成運動論』歴史批評社、一九九二年、二四九～二八九頁を参照。
(53)拙著、前掲『朝鮮独立運動と東アジア』、一四八～一四九頁。
(54)以上の朝鮮における共産主義勢力の形成過程や、日本を経由した共産主義理論の伝播については、同右、第四章～第六章に詳しい。
(55)李星泰「中産階級의 利己的運動」『東亜日報』一九二三年三月二〇日付、四面。

終　章　韓国「建国」の起源

（1）拙著『朝鮮独立運動と東アジア――一九一〇～一九二五』思文閣出版、二〇一三年、二〇一～二〇二頁。なお、北風派に限らず、日本での朝鮮人共産主義運動は日本人共産主義者と活動をともにしたことが特徴である。両者は協力関係にあったが、共産主義革命を重視する日本人と、革命と同時に朝鮮独立も目指す朝鮮人共産主義者のあいだで葛藤も見られた。日本人共産主義者が朝鮮人とどのように向き合ったのかについては、黒川伊織『戦争・革命の東アジアと日本のコミュニスト――一九二〇～一九七〇年』有志舎、二〇二〇年を参照。

（2）水野直樹「初期コミンテルン大会における朝鮮代表の再検討」、「初期コミンテルンと東アジア」研究会編『初期コミンテルンと東アジア』不二出版、二〇〇七年、二九二頁。

（3）和田春樹『北朝鮮現代史』岩波新書、二〇一二年、二～五頁。

（4）呂運亨と金奎植がソヴィエト・ロシア（ソ連）に接触していく経緯については、拙稿「朝鮮独立運動とソヴィエト政府、コミンテルン」麻田雅文編『ソ連と東アジアの国際政治一九一九～一九四一』みすず書房、二〇一七年を参照。また、晩年の呂運亨に関しては、姜徳相『呂運亨評伝』第四巻、新幹社、二〇一九年に詳しい。

（5）김한길『現代朝鮮歴史』社会科学出版社、一九八三年、一～二頁。

（6）Ким Ир Сен, Торжество Идей Великого Октября, *Правда*, 22 Октября, 1957. 金日成『金日成選集』第五巻、朝鮮労働党出版社、一九六〇年、二〇六頁。

（7）洪宗郁「北韓歴史学의三・一運動認識」『서울과歴史』第九九号、二〇一八年、一五七～一八五頁。

（8）徐大粛著、林茂訳『金日成――思想と政治体制』御茶の水書房、一九九二年、二三三～二三四頁。

（9）洪宗郁、前掲「北韓歴史学의三・一運動認識」、一八一～一八五頁。

（10）拙著、前掲『朝鮮独立運動と東アジア』、二四～二六頁。

（11）洪宗郁、前掲「北韓歴史学의三・一運動認識」、一八五頁。

（12）雩南李承晩文書編纂委員会編『梨花荘所蔵雩南李承晩文書――東文篇』第四巻、中央日報社・延世大学校現代韓国学研究所、一九九八年、七二～七三頁。

あとがき

朝鮮独立運動に関する本を出すのは、二〇一三年の『朝鮮独立運動と東アジア――一九一〇〜一九二五』（思文閣出版）以来なので、約八年振りとなる。独立運動史研究が一段落した私は、前著の刊行をもってこの分野から撤退し、別の研究に専念するつもりでいた。にもかかわらず、その後も私は独立運動史研究を続け、さらにこうして本書を刊行することとなった。

朝鮮独立運動史の研究を続けることになったきっかけは、前著を刊行した翌年に第一次世界大戦の一〇〇周年をむかえたことである。日本に朝鮮独立運動史の研究者がほとんどいないこともあって、幸いにも私は、第一次世界大戦やロシア革命に関するさまざまな共同研究やシンポジウムに声をかけていただき、研究発表する機会に恵まれた。

当初は、これまで研究テーマとして挙がることのほとんどなかった第一次世界大戦と朝鮮独立運動との知られざる関係をリサーチすることで、なんとか自分の役目を果たせればと、まわりの足を引っ張らないことを第一に考えていた。しかし、専門の異なるさまざまな研究者との議論は刺激に満ちており、発見の連続であった。とくに、私自身の勉強不足や無知が大きな原因ではあるのだが、朝鮮近代史で「あたりまえ」だと理解されているものが、他地域の研究では全然「あたりまえ」ではなかったり、あるいはその逆だったり、そうした事柄が数多く存在することを痛感した。次第に私は、第一次世界大戦に関する各種のプロジェクトに加えていただいたことで、多くの気づきを得た経験をもとに、朝鮮独立運動史と世界史を接続する研究を、書籍のかたちでまとめたいと考えるようになった。

そうしたなか、二〇一九年をむかえた。二〇一四年からはじまった世界史上の出来事に関する一連の一〇〇周年企画の私にとってのクライマックスは、三・一独立運動一〇〇年である。これに関するいくつかのシンポジウムや国際会議に発表者として参加したことも、本書を執筆する動機となった。

本書の序章で詳しく述べたように、韓国において朝鮮独立運動の歴史は、常に政治に左右されてきた。韓国が一九四八年に「建国」されたことを記念する建国節制定の主張が社会問題化したことに見られるように、とくに二〇〇八年に保守政権が発足してから、この傾向は顕著になった。ただこの時点では、あくまでも独立運動史研究に従事するうえでは、それほど大きな影響は感じなかった。保守政権のブレーンであるニューライトが、独立運動史研究という学術の分野の主流ではなかったからである。

二〇一七年の大統領選によって進歩派の文在寅政権が誕生し、国民の圧倒的な支持を得ると、状況は変わった。大韓民国臨時政府を実質的な国家に見立てて、一九一九年の「三・一革命」によって韓国が「建国」されたとする政府見解を補強・擁護する目的で書かれた三・一独立運動の論文や書籍が明らかに増していったのである。もちろん、韓国のすべての独立運動史研究者がこうした態度をとったわけではなく、当然ながら批判的だった人たちも数多くいたことは強調しておきたい。

しかし、韓国は一九一九年に実質的に「建国」された、少なくとも三・一や臨時政府こそが起源であるという結論を重視するあまり、国際情勢との関連を含む広い視点で、歴史資料にしっかりともとづいて議論するという歴史学の基本が見失われつつあるのではないかと、私は独立運動史研究の状況に疑問を抱かずにはいられなかった。さらに、私が参加した三・一独立運動一〇〇周年イベントのなかには、議論の方向性を「三・一革命」へと誘導しようとするものもあり、政治が学術におよぼす影響力の大きさを実感したのであった。それと同時に、今こそ、韓国の政治状況からできる限り距離をとって、歴史資料をベースにして三・一独立運動を論じる必要があると、強く思うようになった。

以上が、本書の執筆の経緯である。そのため本書は、韓国内の三・一独立運動をめぐる歴史認識という現在的視点と、第一次世界大戦を切り口とする世界史的視点を前面に出していることが特徴になっている。本書が朝鮮史はもちろん、その他の地域・分野に関心をもつ方々に何らかの発見をもたらし、さらには現代韓国の理解にもつながるものとなっていることを願うばかりだが、これについては読者の判断に委ねるしかない。

なお、この「あとがき」を書いている二〇二一年一〇月現在、韓国では来年三月に控える大統領選挙の候補者選びが本格化している。独立運動史研究のあり方を大きく変えた文在寅政権もいよいよ終わりに近づいているが、今後も韓国「建国」をめぐる論争は続きそうである。

与党「共に民主党」側の大統領候補に選出された李在明《イ・ジェミョン》は、二〇二一年七月、一九四八年八月一五日の大韓民国政府の樹立は親日派の朝鮮人とアメリカ軍による「合作」であり、「綺麗に国が出発できなかった」と述べた。一方、現在、野党「国民の力」側の有力な大統領候補と目されている尹錫悦《ユン・ソクヨル》は、李在明の発言に対し、「大韓民国の正統性を否定」するものであり、「セルフ歴史歪曲」であるとすぐに批判している。

一九四八年八月の韓国「建国」の正統性をめぐる進歩派と保守派の歴史認識の対立は、主要な争点にこそなっていないが、大統領選挙ともまったくの無関係ではないのである。来年三月に誰が大統領となり、八月一五日の光復節の祝辞で、新しい大統領は韓国「建国」に関してどのような見解を示すのか、あるいは示さないのか。引き続き注目していきたい。

本書の執筆の過程では、先述した共同研究やシンポジウムなどでお世話になった先生方をはじめ、数多くの方にご教示やご支援をいただいた。感謝の意を表したい。また、本書の校正を担当してくださった中村孝子さんには、ありえないミスの数々の指摘から読みにくい文章の修正にいたるまで、本当に助けていただいた。最後に慶應義塾大学出版会の村上文さんには、企画の段階から何から何までサポートしていただき、なんとか本書を完成させることができた。心より、お礼申し上げたい。

小野容照

人名索引

朝鮮人名に関しては(　)にハングルの原音に近い読みをカタカナで記した。

タ行

ナ行

ハ行

事項索引

三・一独立運動および民族自決(「自決」)は本書で頻出するため、項目を採っていない。

事項索引

三・一独立運動および民族自決(「自決」)は本書で頻出するため、項目を採っていない。

タ行

図版出典一覧

0－1 https://upload.wikimedia.org/wikipedia/commons/a/a6/Ceremony_inaugurating_the_government_of_the_Republic_of_Korea.JPG?uselang=ja

1－1 趙容萬『六堂 崔南善――그의 生涯・思想・業績』三中堂，1964年。

1－2 金相泰編訳『尹致昊日記―― 1916～1943』歴史批評社，2001年。

1－3『東亜日報』1925年1月18日付。

1－4『大韓人正教報』第11号，1914年6月。

1－5 韓国・国家報勲処（https://e-gonghun.mpva.go.kr/user/ContribuReportDetail.do?goTocode=20001&pageTitle=Report）。

1－6 太白狂奴原輯『韓国痛史』大同編譯局，1915年。

2－1 Woodrow Wilson Papers (Library of Congress).

2－2 李萬珪『呂運亨闘争史』叢文閣，1947年。

2－3 韓国民族大百科事典（http://encykorea.aks.ac.kr/Contents/Index?contents_id=E0048376）。

2－4 在日本韓国YMCA提供。

2－5 在日本韓国YMCA提供。

2－6 韓国・独立記念館提供。

3－1 大韓民国文教部国史編纂委員会編『韓国独立運動史　資料4――臨政篇IV』大韓民国文教部国史編纂委員会，1974年。

3－2 筆者撮影。

3－3『東亜日報』1920年7月12日付。（本書カバー図版と同様）

3－4 韓国・独立記念館提供。（本書表紙図版と同様）

3－5（株）中村屋提供。

4－1 韓国・独立記念館提供。

4－2 韓国・独立記念館提供。

4－3 韓国・独立記念館提供。

4－4 韓国・独立記念館提供。

4－5『東亜日報』1923年2月16日付。

5－1 *Asia: The American Magazine on the Orient* 22, No. 12, December, 1922.

小野容照（おの やすてる）
1982年横浜市生まれ。九州大学大学院人文科学研究院准教授。専門は朝鮮近代史。2012年京都大学大学院文学研究科博士課程修了。博士（文学）。日本学術振興会特別研究員、京都大学人文科学研究所助教を経て2017年より現職。
著書に『朝鮮独立運動と東アジア　1910–1925』（思文閣出版、2013年）、『帝国日本と朝鮮野球——憧憬とナショナリズムの隘路』（中央公論新社、2017年）、共著書に『「甲子園」の眺め方——歴史としての高校野球』（小さ子社、2018年）などがある。

韓国「建国」の起源を探る
——三・一独立運動とナショナリズムの変遷

2021年12月15日　初版第1刷発行

著　者————小野容照
発行者————依田俊之
発行所————慶應義塾大学出版会株式会社
〒108-8346　東京都港区三田2-19-30
TEL〔編集部〕03-3451-0931
〔営業部〕03-3451-3584〈ご注文〉
〔　〃　〕03-3451-6926
FAX〔営業部〕03-3451-3122
振替　00190-8-155497
https://www.keio-up.co.jp/
装　丁————大倉真一郎
印刷・製本——中央精版印刷株式会社
カバー印刷——株式会社太平印刷社

Printed in Japan ISBN978-4-7664-2785-1